中國學術思想 研究輯刊

三七編

林慶彰 主編

第 13 冊

坐進此道——
《悟真篇》研究與實踐（第一冊）

仲秋艷、楊銳、劉嘉童、謝群 著

花木蘭文化事業有限公司

國家圖書館出版品預行編目資料

坐進此道——《悟真篇》研究與實踐（第一冊）／仲秋艷、楊銳、
劉嘉童、謝群 著 -- 初版 -- 新北市：花木蘭文化事業有限公司，
2023〔民112〕
序 4+ 目 2+226 面；19×26 公分
（中國學術思想研究輯刊 三七編；第 13 冊）
ISBN 978-626-344-181-1（精裝）
1.CST：道教修鍊 2.CST：學術思想
030.8   111021702

中國學術思想研究輯刊
三七編　第十三冊　　　　　　　　ISBN：978-626-344-181-1

坐進此道——
《悟真篇》研究與實踐（第一冊）

作　　　者　仲秋艷、楊銳、劉嘉童、謝群
主　　　編　林慶彰
總 編 輯　杜潔祥
副總編輯　楊嘉樂
編輯主任　許郁翎
編　　　輯　張雅淋、潘玟靜　美術編輯　陳逸婷
出　　　版　花木蘭文化事業有限公司
發 行 人　高小娟
聯絡地址　235 新北市中和區中安街七二號十三樓
　　　　　　電話：02-2923-1455 ／傳真：02-2923-1452
網　　　址　http://www.huamulan.tw 信箱 service@huamulans.com
印　　　刷　普羅文化出版廣告事業
封面設計　劉開工作室
初　　　版　2023 年 3 月
定　　　價　三七編 17 冊（精裝）新台幣 46,000 元

坐進此道——
《悟真篇》研究與實踐（第一冊）

仲秋艷、楊銳、劉嘉童、謝群　著

作者簡介

仲秋艷，女，1980 年生。哈爾濱商業大學工商管理學院畢業，獲管理學學位和法學學位。2014 年哈爾濱工業大學管理學碩士畢業。全真道華山派第二十四代弟子。

楊銳，女，1982 年生。江蘇科技大學經濟管理學院會計專業畢業，獲管理學學士學位。澳大利亞迪肯大學獲會計碩士和法學碩士學位。全真道華山派第二十四代弟子。

劉嘉童，男，1999 年生。（北京）中華女子學院（文化傳播學院）藝術系畢業，（布里斯班）昆士蘭大學社會學碩士在讀。全真道華山派第二十四代弟子。

謝群教授，成都人。研究方向為舞美藝術與宗教哲學。國家級社會科學基金重點項目《道藏源流考》整理出版的主要參加人，著有《女丹經典》（中醫古籍出版社 2019）一部，發表《漂浮在絲綢之路上的祥雲》等論文三十餘篇。隨元音老人學習心密；全真道華山派祥真曹師關門弟子；全國老子道學文化研究會副會長；大自然環境保護委員會會長；《道教學譯叢》編委。

提 要

人類在克服文化異化過程中，一些思想家開始從中國傳統文化中尋找智慧，中國傳統文化的「天人合一」思想被關注。在修行文化的視野下，內丹術不僅是一種宗教文化和精神信仰，也是一種「個人體驗」，即以人之自我身心為工具，通過「修煉」以達到「身心和諧」，乃至「天人合一」的理想境界。從「神仙不死」的長生追求出發，內丹術就建立起了「我命在我」、「神仙可學」的生命主體論，主張發揮主觀能動的作用，直至到達長生不死的理想境界。

於是，在理性未能達到的夢想之域，人們就需要信仰來「指導」了。這時就遇到了區分信仰與迷信的困難，人們往往由於崇拜有限的對象而陷入迷信。修行文化也有其「迷津」——諸如它內含的一些迷惑人心的逆天之「夢」。即如書稿中稱為的「內丹學派」，以「自然」之道來反抗「自然」之命運，而其文化本質上是「反自然」的，就像「永動機」一樣，任何違反自然規律的企圖或者理想，自古至今還沒有被人類發明和實現。

自然觀是人們對自然界的總看法，大體包括關於自然界的本質、結構和演化規律以及人與自然的關係等方面的根本看法，其核心內容可以用「宇宙秩序原理」來概括。探索現象背後的「秩序」是科學思想的源頭，這在世界各民族都是共通的。希臘文「宇宙」一詞即意為「秩序」，與中文「道」字的含義大體一致。

其實，檢視諸文明的歷史即可知，曾經流行於歐洲的赫爾墨斯主義（Hermetism）也有類似的修行文化，其終極理想在於，修煉靈魂以超越命運所統治的領域，直到與神合一。科學史學界關於近代早期赫爾密斯文獻的研究，對於內丹術文獻的研究當有可借鑒之處。

本書選取道教丹派南宗祖書《悟真篇》中的經典章句，結合印度、西亞蘇非派的思想，闡述了印度「梵我不二」中國「天人合一」希臘「人是萬物的尺度」等古人「天人同構」觀的起源和踐行。

序

許抗生〔註1〕

　　社會的主體是人，人類社會的發展歸根到底就是人的發展。而人的生理、心理的健康發展，乃是人從事一切活動的基礎。在物質文明高度發達、生活節奏日益加快的今天，如果一個人沒有生理、心理全面健康的身體，要立足於當今社會，承擔各種社會工作，將會帶來莫大的困難。

　　因此，我們今天要來發揚我國的養生學與醫學的文化寶藏，就成為了我們在二十一世紀的一項重要任務。中國道教富含養生學說和醫學思想，由於我沒有修煉過丹道，又眼見過不少人，原來本著身心康復、開發智慧的美好目的，但是甚至包括專業研究者在內的人練到走火入魔的尷尬境地。所以，當謝群同志把這一部關於內丹實踐的書稿交到我手中時，我很認真地閱讀了全篇。雖然如此，一篇序文也是不可能為此作全面而深刻的探討的，也只是對傳統的修行文化、養生思想和《坐進此道》談一些粗淺看法。

　　人的生命是可貴的，每個人僅只有一次。一般來說，人總是願意活得長一些，並希望獲得長生。在中國，道教自產生以來，不僅是為了自己的夢想，同時也為了順應人們的這種希望，而提出通過修煉獲得長生不死以成神仙的目的。要達到長生，首先必須通過修煉的工夫以達到延年益壽的目的。如果不能做到延年益壽，那怎麼還能夠談長生不死呢？而要達到延年益壽的目的，就必須拋棄命定論「死生由命」的思想，而提出自己積極的生命觀，確信自己的能動作用，確信通過自己的修煉是可以獲得長生的。所以，繞過了佛教的修來世的思路，著重今生的道教就提出了最響亮的、最鼓動人心的「我命在我不在

〔註1〕許抗生：北京大學哲學系教授、博士生導師。

天」的口號。

道教認為，道產生萬物，萬物中當然包括人在內，人亦由道而生。因此道教認為每個人都有道性，道是永恆長存的，所以只要人們通過修煉達到與道合一，即可得道長生。這應當說是道教養生學最終的哲學基礎。

道教的生命學說認為：「夫稟氣含靈，惟人為貴。人所貴者蓋貴於生。生者，神之本；形者，神之具。人稟氣含靈，氣組成形體，靈則為精神」，因此養生就要神與形並養。所以說：「故神生於形，形成於神。形不得神不能自生，神不得形不能自成，形神合同，更相和，更相成。」與這一思想相聯繫，道教更提出了人的生命由精、氣、神三要素所構成的思想。之後，精、氣、神三者合一的學說，也就成了道教養生學的基礎理論。道教的養生思想，大都是在這一理論基礎上建立起來的。

道教的養生方法、養生工夫是其養生學說的核心內容，內容極其豐富，「雜而多端」。它的一個主要來源是神仙方術，包括守一、存神、行氣、導引、服食、辟穀、外丹、房中等，後出的內丹術也屬於此類，這一類方術的目的，是企圖通過內煉，外養而長生成仙，一般為丹鼎派和煉養派道士所傳習。歷史上有不少道教學者對這些煉養術作了分類研究。兩晉時的葛洪則對他以前的養生術作了一次總結，並提出養生術之至要主要有「三事」的思想。他說：「欲求神仙，唯當得其至要，至要者在於寶精、行炁、服一大藥便足，亦不用多也。然此三事，復有淺深，不值明師，不經勤苦，亦不可倉卒而盡知」。在這裡，葛洪所講的「行炁」，主要指「胎息而已」。道教養氣「從調息起手」而達至「胎息」，認為「人得天地之氣以生」，得氣而生，失氣則死，故養生之學，不可不講養氣。存神則是使人精神專一，達至虛靜境地，「以一念不起為工夫」，認為「神凝則氣聚，神散則氣消。若寶惜精氣，而不知存神，是茹其華而忘其根矣」。

早在《莊子‧刻意》中就把導引之士、養形之人與山谷之士、非世之人，平世之士、教誨之人，朝廷之士、尊主強國之人，江海之士、避世之人等等，列為一類，認為他們皆不是得道的人。只有「不刻意而高，無仁義而修，無功名而治，無江海而閒，無道引而壽，無不忘也，無不有也，澹然無極而眾美從之」的得道之士，才是體道的聖人。這種聖人就是在精神境界上達到了「恬淡寂漠虛無無為」的人，也就是莊子所說的做到了「坐忘」、「心齋」的人。為此，唐代道教學者還撰寫了《坐忘論》一文，把坐忘得道當作練養心神的最高境界

和目的。

　　《坐進此道》以實踐為基礎，深入淺出地，從宗教中還原出一個在歷史上存在過的，貫穿儒釋道三家的、原本樸素的「內丹學派」的意圖，這是很明確的。我支持《坐進此道》中這種飽含揚棄思維模式的辯證法精神，和結合諸多交叉學科對內丹學進行科學意義上詮釋的思路。

2018 年初春於北大暢春園

目

次

第三冊

第四冊

一、今古上仙無限數　盡從此處達真詮

1

紫陽真人低吟：

　　陰符寶字逾三百，道德靈文滿五千。

　　今古上仙無限數，盡從此處達真詮。

——《悟真篇》七言絕句第十二

白玉蟾師承其道：

　　萬物有榮枯，大數有終始。

　　會得先天本自然，便是性命真根蒂。

　　《道德》五千言，《陰符》三百字。

　　形神與性命，身心與神氣。

　　交媾成大寶，便是金丹理。

——白玉蟾《大道歌》

陳致虛延續南宗：

　　大道從來是強名，《陰符》、《道德》始存經。

　　神仙次第丹經讀，口訣安能紙上明。

——上陽子《金丹詩二十五首其一》

　　一棵參天大樹，它出土的時候無非一個小尖尖兒兩片小嫩芽。

　　一個龐大的複雜的文化系統，在它形成之初也是這樣。

　　《易經》是中國文化的源頭，有「群經之首」之稱。它的內容包羅萬象涉及的範圍五花八門。對中國的道家、儒家、文學、數學、哲學、中醫、軍事、

政治，乃至民俗等都產生了重要影響。

《易經》最初是本占卜用書，在判斷吉凶的過程中，裏面就記載了不少歷史事件。秦始皇焚書時免於被焚，就是把它看成一般的占卜用書了。之所以給人高深的感覺，不過是因為它晦澀難懂，儘管它再晦澀難懂也只能糊弄一些不求甚解的人。

在老子孔子的時代，《尚書》、《詩經》、《禮記》、《樂記》是流行的，而《易經》是作為神秘經典保存的，國王每做一件事都要占卜，這些最高機密一般人是不可能輕易看到的。老子當時是國家圖書館的館長，他能接觸《易經》不會有什麼問題，而且應該是進行了深入的學習研究。孔子至少兩次拜見老子都沒有得到這部書。其中孔子在三十來歲的時候開始遊學，去周朝的都城見到了老子，老子領著孔子去皇家圖書館見識了一下，那是孔子第一次看到《易經》吧。不是老子對孔子留了一手，而是萬一外漏相當於洩露國家機密。後來孔子經過多年的出國求學考察傳教，逐漸有了一定的社會聲譽，最後被請了回來，而請他的這個魯君被後世尊為魯哀公。哀公雖然名號很衰，但在魯國的歷任國君中他的名氣最大，因為他是魯國歷代國君中和孔子交情最好的，把家傳鎮宅之寶《周易》借給孔子抄看。孔子在七十歲左右得到了這套手抄本後，抓緊時間「讀易韋編三絕。」可惜最後時日不多了，加上數年間幾個重要晚輩離世，擾亂了孔子潛心鑽研《易經》的學習情緒，最後只能發出感歎：「再給我幾年時間，或許就能把《易經》吃透了。」

陰陽觀念是中國文化或曰東方思維觀察世界的一個重要視角，它在《易經》中只是初現端倪，而理論的形成是在《易傳》中完成的。

《易傳·繫辭上》中有兩個最著名的句子：

    1. 一陰一陽之謂道。

    2. 生生之謂易。

一個可歸於「辯證法」的範疇，一個可歸於「唯物論」的範疇。

在訓疏層面的意義，自己去「故紙堆」裏翻吧。這裡只閒話一下「之謂」與「謂之」。清代戴震曾講過：「古人言辭，『之謂』『謂之』有異：凡曰『之謂』，以上所稱解下，如中庸『天命之謂性，率性之謂道，修道之謂教。』」「凡曰『謂之』者，以下所稱之名辨上之實。」（《孟子字義疏證》）意思是，甲「之謂」乙，是甲也可以稱作乙，就像男人也可以稱作人，是一種隸屬關係。例如，《易傳·繫辭上》之「一陰一陽之謂道」、「生生之謂易」；《中庸》之「天命之謂性，

率性之謂道，修道之謂教。」在古漢語語法上，「謂之」是固定而常用的表判斷的動賓搭配，謂是動詞，是叫做、稱為的意思。之是代詞。「謂之」連寫組成一個常用詞組，就是現代漢語中的叫它做、稱它為。甲「謂之」乙，甲就叫做乙，甲是對乙的解釋，乙是甲的稱謂。例如，《易傳・繫辭上》有「一闔一闢謂之變」、「形而是者謂之道，形而下者謂之器」。《道德經》有「此兩者同出而異名，同謂之玄，玄之又玄，眾妙之門。」《中庸》有「喜怒哀樂之未發謂之中，發而皆中節謂之和。」

孔子「晚年好易」，他看到的正是他一直身體力行的「乾健」，老子則是為「坤柔」拍案了、折服了。所以儒家發展了《易傳》的「形而下者，謂之器」，就是重現實，而道家則發展了《易傳》「形而上者，謂之道」，就是貴虛無。

有興趣的可以看看，《論語》裏面很多思想和說教都是來自《易傳》。而老子對《易經》的點鐵成金、發展創新的工作，更在孔子之上。有趣的是，八十一章中有七十餘章的格言警句，可以在《易傳》裏面找到痕跡和線索。而《老子》中只有一句話，也是全篇唯一一次出現陰和陽的概念，把「萬物負陰而抱陽」這句話，與「一陰一陽之謂道」比較一下，《老子》的陰（先）陽（後）之道，與《易傳・繫辭上》的那種陰陽五五開、對半論，有了顯著的區別：

老子的陰陽之道，就在道教的那個「抱拳禮」中，它是陰包裹著陽，陽被陰懷抱著的，即陰為大為先陽為小為後。

《內經》的道醫、養生體系是世間法，它繼承了《易傳》的陰陽統一與和諧，強調的是陰平陽秘的平衡觀。而內丹道是繼承了老子這種不相等、不對稱的觀念，以此（勢差）為「動機」，以此（勢差）破（世情人道的）「平衡」，以訴求「反者道之動」、「沖炁以為和」，而實現「倒行逆施」、與天奪命。畢竟，「沖炁」就是靜極之後（靜篤中）的一個（短暫的）動態……

內丹道從「萬古丹經王」到「南宗祖書」，無不反其世道，皆以陽為先為主導、以陰為後為屬從：

> 金華先唱，有傾之間。
> 解化為水，馬齒琅玕。
> 陽乃往和，情性自然。
>
> ——《周易參同契・流珠金華章第二十四》

草木陰陽亦兩齊，若還缺一不芳菲。
初開綠葉陽先倡，次發紅花陰后隨。

常道只斯為日用，真源返覆有誰知。

報言學道諸君子，不識陰陽莫亂為。

——《悟真篇》七言四韻第五

調和鉛汞要成丹，大小無傷兩國全。

若問真鉛是何物，蟾光終日照西川。

道光曰：驅龍則汞火飛揚，駕虎則鉛光閃爍。氤氳造化，一粒先天之氣結成丹。龍大虎小，陽尊陰卑之義何傷之有。蟾光者，金水之精。聖人以八月十五夜，合金木之氣，結真一之精。故云：蟾光終日照西川。

子野曰：求鉛伏汞之法，要在調和，使無太過不及之患，大過則恐傷彼，不及恐不結丹。大小者，言陰陽也，《易》曰：大往小來。蟾光照西川，水中有金也。

——《紫陽真人悟真篇三家注》

一點者，小也。

陽者，祖炁。所謂「小」；

陰者，心意，所謂「大」。

丹經每每有說「一點剎群陰」有說「金丹之法，盜其先天先地一點真陽之始氣，以煉還丹。」

實則呢，小也不小，大也不大。後說。

嗯，《參同契》之「陽（乃往和）」者何指，這要聯繫上文：

太陽流珠，常欲去人。

卒得金華，轉而相因。

化為白液，凝而至堅。

金華先唱，有傾之間。

解化為水，馬齒琅玕。

陽乃往和，情性自然。

簡注一下：在外丹術中，「太陽流珠」指汞喻神。「鉛沉銀浮，謂之黃輕，亦曰金華，亦曰秋石，亦曰黃芽，其性微熱，已是長生之寶」（《龍虎元旨》），所以「卒得金華」蓋言鉛能制汞。在被援解內丹道時，《鍾呂傳道集·論丹藥第九》概而言之，「八石之中，惟用朱砂，砂中取汞；五金之中，惟用黑鉛，鉛中取銀。」在（黑）鉛「解化為水」，得其「金華」如「馬齒琅玕」時，汞

也就（因化合反應而成一塊「乾汞」）留駐不「去」了——此「陽（乃往和）」者，「太陽流珠」的簡稱，非陰陽之「陽」。詳細情況你得去《道藏》中翻閱大量的外丹術資料，閱讀之下你就知道古代有多少人，為了某種理想，他們都做了什麼「化學」實驗，引得多少王公貴族的關注，服食了多少不知其名的毒藥，吃死了多少芸芸眾生，和帝王將相……

那好，「饒他為主我為賓」，就不用解釋了：完全地放棄主觀（之人），讓位於客觀（天道）。老子道「無為而無不為」程朱云「存天理滅人慾」。

這樣一來，《老子》與《易傳》孰前孰後就難說了。因為現存的史料上言之鑿鑿地說這些關於《易經》的研究成果經過孔子之手而傳世，而老子好像比孔子年長二三十歲吧，據說孔子曾求學問道於老子，所以說孔子的部分思想來源於老子，這個說得過去。

但是，《易傳》的陰陽之道來源於《老子》呢？還是，《老子》的道德之源在《易傳》呢？個人有種感覺，（經孔子整理的、摻和的）《易傳》的部分思想，來源於老子；而《老子》則對「原生態」的《易傳》思想，有著自己的發揮：

我們不能粗率地板書：道德＝陰陽，但是，基本上可以板書：道德≈陰陽。

就像，我們不能說，玄學＝老莊，理學＝道學，佛教＝印度教，現代人＝山頂洞人一樣，因為他們經過了，魏晉「新道家」以老莊格義儒學、兩宋程朱以釋道格義「儒教」、較為開明的佛教對保守的婆羅門教的「精神超越」，和修剪了鼻毛指甲戴上了近視老花鏡白手套穿著絲襪高跟鞋背著公文包拄著文明拐杖還有衣缽袍服之類啥的等等、等等，但是他們之間，有「約等於」的歷史痕跡化石存在。

人類文化的發展，就象生物的演變、大腦的進化一樣，從來，都不是突兀而現的，而是，像洋蔥一樣，一層裹著一層。這個文化進化的大致狀態，可以猜想一下：陰陽論出自《易傳》，啟發了《老子》的道德觀，然後，又融入了老子道學。就像五行論和精氣神這些原始概念，被內丹道援引，然後，又被賦予了新意。有興趣和閒情雅興的同學，是可以立一個課題做做學問的。做人亦復如此：

鑑於陰陽的「主要矛盾次要矛盾論」，那麼，沒有任何一種品格可以高枕無憂，清高者要兼以寬容，免流於孤傲；仁慈者還需果斷，不成其軟弱；強者知敬畏而規避暴戾；富有懂節儉而遠離奢靡。博學不為刁鑽古怪，尊貴更要禮賢下士。子曰：「五十知天命」。

　　以現代學界風俗想當然一下古代圈內風俗，身為道家的領袖老子固然安貧樂道，但是除了給另一個同樣貧窮卻懷「朝聞道夕死足矣」之心的儒家領袖一些金玉良言外，即便沒有贈送簽名著述，難道就沒有贈送一些古籍、資料，或者《易經》外集之類的抄本，以攜後學嗎？看司馬遷的講話：「孔子晚而喜《易》，序《彖》、《繫》、《象》、《說卦》、《文言》。」這「序」與「作」不是一回事，序通緒，為次序、排列、次第義。顯然此序為動詞，即排列次第，意思是收集整理、系統編排。班固也有類似的發言：「孔氏為之《彖》、《象》、《文言》、《說卦》、《序卦》之屬十篇。」亦未言「作」，言的是「為之」，與「序」接近。

　　對於考據，想必同學們和我一樣沒有多少興趣，「故紙堆」留給專業考古者和學究們去翻吧。但是對於通過眼睛進入頭腦的知識不理順，就不能算是「窮理」，根據這些歷史資料結合一下自己的閱歷，我們不妨以「中庸」之道來和一下稀泥，這樣比較省事和實用：《易傳》是古代那些精於易道易義易理的學者論文，這些從《易經》中挖掘出來的「微言大義」即易之精華，經過歷代積累，在春秋之際傳到了孔子之手，經過他的整理分門別類編為十個部分，即所謂的《易傳》，又稱為《十翼》。在漢代以前，《易經》和《易傳》在文本編撰上是分開的兩個部分，之後二者的關係越來越緊密，經東漢鄭玄到魏王弼，「經」和「傳」就被交叉錯綜編排在一起，形成今天《周易》通行本的體例。後代易學史逐漸形成以傳釋經、經傳不分的研究傳統。

　　注意，研究易學史不是這裡的重點，而研究這個過程，對於理解「外丹術」中的那麼多的術語概念被援入「內丹學」並被賦予新意的過程，是很有裨益的。在這個「窮理」的過程中，學者建立起自己清晰透徹的頭腦，才好把修道、修行、修養這件事做到「善始善終」。這個頭腦是否清晰的、通透的，還是半腸梗狀的，一開口，就展示無遺了。腦血管腦神經都是彆扭堵塞著的，就別指望經絡的順暢了。

　　雖然說《老子》受《易傳》影響，或者說《易傳》受《老子》的影響，甚至設想《周易》的傳部修編經過老子之手，都有些勉強，但二者之間確實有很多驚人相似的言論：

1. 論陰陽之道

　　《易傳》：「生生之謂易。」「一陰一陽之謂道，……仁者見之謂之仁，智者見之謂之知。百姓日用而不知，故君子之道鮮矣。」「立天之道，曰陰與陽；

立地之道，曰柔與剛；立人之道，曰人與義。」

《老子》：「萬物負陰而抱陽，沖氣以為和，道生之，德畜之，物行之。」

2. 本體論

《易傳》：「易有太極，是生兩儀，兩儀生四象，四象生八卦，八卦定吉凶，吉凶生大業。法象莫大乎天地，變通莫大於四時。」「八卦成列，象在其中矣；因而重之，爻在其中矣；剛柔相推，變在其中矣。」「近取諸物，遠取諸身，於是始作八卦，以通神明之德，以類萬物之情。」

《老子》：「道生之，德畜之，物行之，勢成之。」「道可道，非常道；名可名，非常名。無，名天地之始；有，名萬物之母。是謂無狀之狀，無物之象，是謂惚恍。迎之不見其首，隨之不見其後。」「道生一，一生二，二生三，三生萬物。」「天下萬物生於有，有生於無。」

3. 矛盾論，物極必反觀

《易傳》：「動靜有常，剛柔斷矣。方以類聚，物以群分，吉凶生矣。在天成象，在地成形，變化見矣。剛柔相摩，八卦相盪。」「變化者，進退之象也」；「八卦成列，象在其中矣；因而重之，爻在其中矣；剛柔相推，變在其中矣。」「龍戰於野，其血玄黃；鳴謙，上用行師征異國；君子暴變，小人革面」。「天地不交，而萬物不興。」

《老子》：「禍兮，福之所倚；福兮，禍之所伏。」「禍莫大於輕敵，故抗兵相若，哀兵勝矣。」「天地相合，以降甘露，民莫之令而自均。」

4. 做人之道：謙虛、誠實、愛心

《易傳》：「二人同心，其利斷金；同心之言，其臭如蘭。」「易曰：『負且乘致寇至』盜之招也。」「先迷失道，後順得常；坤載萬物，德合無疆；含弘光大，品物咸亨。括囊，无咎无譽。」「習坎有孚，維心亨，行有尚。君子如遁，小人否也。小人用壯，君子用罔。」「君子以恐懼修身。」「眾允之，志上行也。有孚不終，乃亂乃萃，若號，一握為笑。有孚發若，信以發之也。君子以恐懼修身。」

《老子》：「反者道之動，弱者道之用。天下萬物生於有，有生於無。上士聞道。勤而行之；中士聞道，若存若亡；下士聞道，大笑之。不笑不足以為道。」「金玉滿堂，莫之能守；富貴而驕，自遺其咎。功遂身退，天之道也。聖人為腹不為目。知足不辱，知止不殆，可以長久。」「曲則全，枉則直。輕則失根，燥則失君。知其白，守其黑；知其榮，守其辱，為天下谷。絕學無憂，小國寡

民。知人者智，自知者明。勝人者有力，自勝者強。大成若缺，其用不弊。大盈若沖，其用不窮。大直若屈，大巧若拙，大辯若訥，靜勝燥，寒勝熱，清靜為天下正。」「我有三寶，持而保之：一曰慈，二曰儉，三曰不敢為天下先。知不知，尚矣；不知知，病也。兵強則滅，木強則折。強大處下，柔弱處上。以其中不自大為大，故能成其大。」「終不為大，故能成其大。」

就像我們不能說單車、汽車和飛機是某某一人做成今天這樣兒的，《易傳》是在歷代有志之士的共同努力下，不斷來完善的哲學體系。由孔子為「群經之首」編織了翅膀，它才得以展翅飛翔。既然儒家祖師為《易經》整理了《十翼》，那麼道家祖師老子也應該在《易經》留下一個私印吧。即使老子雖然沒有為《易經》寫點什麼，但是他另闢蹊徑獨成一派卻是事實。如同後來的程朱援「道」入「儒」，而後以「理」立言一樣，甚至我們可以說，「道」、「德」在某種意義上亦是「陰」、「陽」的異名。

而《老子》更偏重於「坐進此道」，正說明他老人家貴清靜主無為的思想。

這正是他閱歷世事之後對周王朝的，或是對現實世界的失望，也是道家學派名稱的溯源。

《老子》一書主要講修身與治國，對治國的見解說明他老人家是為王室弟子王儲講過學，應該是帝師。

丹派則視《老子》之道德觀是《易傳》的陰陽說的一種更為落實的延續和詮釋：

《周易》是中國傳統文化的根源，為人們共識。

它最大的價值是貢獻了「一陰一陽之謂道。」

陰陽說呢，它的最大貢獻是：

1. 在技術匱乏的年代，幾乎獨自地陪伴著古老的中醫艱難行進。

2. 啟發了老子的道德論。

就像吾人一身，雖以億萬計數的細胞，溯其源頭，則均裂變自一個。

人類文化發展也是這樣，陰陽演變出道德：陰＝道，陽＝德。

道德呢，在文化的發展中也沒有停滯，它繼續「分裂」、進化。

諸多範疇逐漸鋪展，於是乎，最終的文化樹，遮天蓋地。

恐高沒有用的，這棵樹得你自己攀，佛曰「各人證」。

在下面「雜亂」、燒腦的等號關係中，你找到「先天一氣」時，也就找到了丹派的發軔──有無之境、虛實之間。板橋先生說得好，「刪繁就簡三秋樹，

領異標新二月花。」

這時候，（在理論上）我們就徹悟了，所謂「至德」，是何其重要。正是「他」，改變了「我」的命運，所以要排在前啊：

德＝炁，道＝神；

德＝命，道＝性；

德＝和，道＝中；

德＝他，道＝我；

德＝身，道＝心；

德＝有，道＝無；

德＝實，道＝虛；

德＝用，道＝體；

德＝精，道＝神；

德＝地，道＝天；

德＝一，道＝○。

換言之：

道是形而上，德是形而下。

道為德之隱，德為道之顯。

道為德之體，德為道之用。

一個小眾之學——內丹道的門把，看到了沒有？

注意是看到了，不是在手了。

落實在吾人內煉中，崔真人還造出了一對更為「具體」的範疇，實在的「乾貨」：

天應星＝道，地應潮＝德。

> 普度工夫又不同，金光爍爍照羅酆。
>
> 黍珠一顆空懸處，太極還歸無極中。
>
> ——儵然子《明真破妄章頌·普度有法》

看清楚了，由道德這個著名的範疇，（主要由丹派）演繹出來的知名的「二級範疇」，如性命者、如中和者，又獨成一門學問或論題，概稱「道學」，或內丹學（術）。至於神炁、剛柔、內藥外藥、他我彼此者，又是再次一級的範疇了，也是最接地氣的範疇——外延收縮而內涵具體。好了，讀吧。

> 學仙雖是學天仙，唯有金丹最的端。

二物會時情性合，五行全處虎龍蟠。

本因戊已為媒娉，遂使夫妻鎮合歡。

只候功成朝北闕，九霞光裏駕翔鸞。

道光曰：丹法七十二品，欲學天仙，惟金丹至道而已。此蓋無中生有，天地未判之前，煉混元真一之氣，非後天地生五金、八石、朱砂、水銀、黑鉛、白錫、黃丹、雄黃、雌黃、硫黃、砒粉、秋石、草木灰、霜雪冰滓質煮伏之類，及自身津、精、氣、血、液有中生有等物也。唯真一之氣，聖人以法追攝於一時辰內，結成一粒，如黍米，號曰金丹，又曰真鉛，又曰陽丹，又曰真一之精，又曰真一之水，又曰水虎，又曰太乙含真氣。人得餌之，立躋聖位，此乃無上九極上品天仙之妙道，世人罕得而遇也。五儕今得大道，斷念浮華，凝神碧落，毋為中下之圖，當證無上九極上品天仙之位。且真一之氣生於天地之先，混於虛無之中，恍惚杳冥，視之不見，聽之不聞，搏之不得，如之何而凝結以成黍米之珠哉，聖人以實而形虛，以有而形無。實而有者，真陰真陽也，同類有情之物也。虛而無者，二八初弦之炁也，有氣而無質。兩者相形，一物生焉。所謂一者，真一之氣而凝為一黍米之珠也。經曰元始懸一寶珠，大如黍米，在空玄之中者，此其證也。聖人恐泄天機，以真陰真陽取喻青龍白虎，以兩弦之氣取喻真鉛真汞也。今仙翁詩曲中，復以龍之一物名曰赤龍，曰震龍，曰天魂，曰乾家，曰乾爐，曰玉鼎，曰玉爐，曰扶桑，曰下弦，曰東陽，曰長男，曰赤汞，曰水銀，曰朱砂，曰離日，曰赤鳳，皆比喻青龍之一物也。又以虎之一物名曰黑虎，曰兌虎，曰地魄，曰坤位，曰坤鼎，曰金爐，曰金鼎，曰華嶽，曰前弦，曰西川，曰少女，曰黑鉛，曰偃月爐，曰坎月，曰黑龜，皆比喻白虎之一物也。又以龍之弦氣曰真汞，曰姹女，曰木液，曰青娥，曰朱裏汞，曰性，曰白雪，曰流珠，曰青衣女子，曰金烏，曰離女，曰乾龍，曰真火，曰二八姹女，曰玉芝之類，一也。又以虎之弦氣曰真鉛，曰金翁，曰金精，曰水中金，曰水中銀，曰情，曰黃芽，曰金華，曰素練郎君，曰玉兔，曰坎男，曰雄虎，曰真水，曰九三郎君，曰刀圭之類，一也。二物會時情性合者，二物即龍虎也。青龍在東屬木，木能生火。龍之弦氣為火，曰性屬南，謂之朱雀也。白虎在西屬金，

金能生水。虎之弦氣為水，曰情屬北，謂之玄武也。木、火、金、水合，龍虎情性通，四象會中央，功歸戊巳土。土者，丹也。此之謂真五行全。戊巳為媒娉者，木在東，金在西，兩情相隔，誰為媒娉，唯有黃婆能打合，牽龍就虎作夫妻。戊巳屬土，謂之黃婆。龍虎雖處東西，黃婆能使之歡會。金木雖然間隔，黃婆能使之交並。兩者，蓋真一之氣潛，兩者同，真一之氣變，真人自出現，此外藥法象也……

上陽子曰：道光謂仙有數等，有鬼仙、人仙、地仙、神仙、天仙，而陰真君又分上中下三品仙者，皆欲明天仙為高上。蓋天仙之道，除金丹之道，則餘無他術矣。金丹乃陰陽之祖氣，即太極之先，天地之根也。所謂二物者，一乾一坤也，一有一無也，一情一性也，一離一坎也，一水一火也，一日一月也，一男一女也，一龍一虎也，一鉛一汞也，一竅一妙也，一玄一牝也，一戊一巳也，一烏一兔也、一精一氣也，一龜一蛇也，一彼一我也，一己一身也，一金一木也，一主一賓也，一浮一沉也，一剛一柔也，一琴一劍也，一陰一陽也。皆云乾坤為二物之體，陰陽為二物之根，龍虎為二物之象，男女為二物之名，鉛汞為二物之真，彼我為二物之分，精氣為二物之用，玄牝為二物之門。惟先天混元真一之氣，乃產於二物之內。故夫一陽者，本乾也，因貪癡之後，乾之一陽乃寄於坤之中爻，而成坎。故一陰者，乃坤也，因錯亂之後，坤乃破乾之全體，指而成離。則離中之物，唯汞而已。坎中之物，卻名曰鉛。鉛從白虎而生，故曰虎之弦氣。汞從青龍而生，故曰龍之弦氣。龍乃屬木，木能生火，故曰龍從火裏出。虎乃屬金，金能生水，故曰虎向水中生。名之者，物之體也。用之者，物中所產之物也。故云二物會者，一情一性之交會也，一乾一坤之歡會也，一陰一陽之還會也，因會方能有合，戊巳為媒娉者，媒者，所以通兩家之消息。娉者，所以傳一時之過送。然有內亦有外，在外者，即泥九翁云：言語不通非春屬之謂也。在內者，戊巳為乾坤之門戶，為陰陽之去來，為龍虎之起伏，為男女之媒娉。以其鉛西汞東，間隔千里，若非戊巳兩相媒娉而會合之，則何由得產真一之氣哉。夫妻者，卻非世間之所謂夫妻也。世之夫妻，以生男生女為喜，以損精神為樂。因之而有恩愛，因之而有生

老病死，苦以纏絆。所以經云：父母取其恩，妻妾取其愛，兒女取其形者，皆因牽制於愛欲之場，不能割斷於富貴之域。惟聖人則能相時而用，不將不迎。年壯而育子者，續綱常也，及乎四十而不惑不動心者，不為愛育之所制也。金丹之言夫妻者，獨妙矣哉。又有內外，亦有數說，以虎而嫁龍，外也。以坎而適離，外也。以震男而求兌女，外也。至於以鉛合汞，內也。以氣合神，內也。以有入無，內也。皆為男女等相，又能以苦為樂，亦無恩愛留戀，且以割捨為先。交媾只半個時辰，即得黍米之珠，是以不為萬物不為人，乃逆修而成仙作佛者，此為金丹之夫妻也。雖然家家有之、而非自家所有者，蓋其見之不可用也。欲若求之，大要法財，必於神州赤縣者，為其用之不可見也。夫欲修此金丹，必先煉己以待陽生之時。若無煉己之功，則二物雖會，媒娉雖合，夫妻雖真，將見鉛至而汞失應矣。

——《紫陽真人悟真篇三注》

話說，每一個新理念新技術出現時，每一個行業都會關注，促其流行，成為「通用」。

比如：當納米還是新概念時，我國造納米鞋墊已經物美價廉地遍布攤位，並向世界做批發了。

陰陽說啟發了道德論，然後就有了道學專業。

有了專門的道學，也同樣會催生一些次一級的範疇、理念，諸如神炁、性命。

唐代著名的道學家，施肩吾狀元是一個傳奇：

高中之日也是身退之時，那一道背影，閃爍得歷史觀眾們都睜不開眼睛。

他的詩歌也是如此炫目：

陽自空中來，抱我主人翁。

兩個世紀後，高道張伯端奉和以絕句：

道自虛無生一氣，便從一氣產陰陽。

看清楚，乾貨在這裡：陽＝一氣！

繼續：

陽＝氣，陰＝神；

陽＝命，陰＝性；

陽＝和，陰＝中；

陽＝他，陰＝我；

陽＝身，陰＝心；

陽＝有，陰＝無；

陽＝實，陰＝虛；

陽＝用，陰＝體；

陽＝精，陰＝神；

陽＝地，陰＝天；

陰＝○，陽＝一。

……

或問，如此這般，是不是把陰陽的規模、把道德的規格，大大地降低了？

不是，修行人先得把這個窮理工夫做好在前，才有「盡性以至於命」的結果於後；先把於理上說理的部分鑽研透徹，才有於事上見理的可能。

老子之「萬物負陰而抱陽」，這是天演論，陰抱陽者可謂陰大陽小。從內丹道的「顛倒顛」的視野看過去，主要矛盾和次要矛盾就換了位置，陽為大而陰為小。施肩吾所以說「陽自空中來，抱我主人翁。」

注意，這是一句文言倒裝句式，換成白話是「主人翁抱我」，不能解讀為「主人翁」是「我」啊，老子尚且「吾不敢為主而為客」、「不敢為天下」先哦。

那麼究竟誰是主人翁呢？

請跪迎高人！

老子：額說兩句哈，①吾不敢為主而為客。②不敢為天下先。

崔真人：吾一言蔽之吧，識浮沉，明主客。

紫陽真人：沒啥說了，饒他為主。

好了，《道德經》向丹經的演義，即道家—道學與道教—內丹學派的源遠流長，於寥寥數語間，生動活潑得一目了然了。

既然老子都不是主人翁，諸仙也都左顧而言他。同學們想想，你再猜，主人翁是誰？要茶飯不思，晝夜不捨地參，參到頭爆，答案就出來了……

人生苦短，生死事大。譬如朝露，去日苦多矣。

除了「他」，還有誰啊？

注解一下：陽炁自虛空中而來，彼陽（「他」）抱此陰（「我」）的當下，是他——一陽來復者——即抱我之心神之陽炁——即「道自虛無生一氣」——就

是主人翁。紫陽真人謂之「饒他為主我為賓」，老子曰「虛其心實其腹」朱子所謂「離中虛坎中滿」。

上陽子曰：我雖外雄，其中唯雌。我雖外白，其內唯黑。彼之陰中，反抱陽精。以陽點陰，大藥方成。萬物得此靈藥，皆能變化，而況於至人乎。

——《紫陽真人悟真篇三注》

《靈源大道歌》之「不方不圓為至道。」《悟真篇》之「圓即圓兮方即方」、「大小無傷兩國全」，以及諸經之「外圓內方」、「以柔克剛」、「小往大來」，等等種種，不斷地在換代詞，而寓意也無異。同學們可以從下面的「公式」裏，一點一點地參起：

陽＝小＝剛＝方＝一點＝外藥＝他＝實其腹；
陰＝大＝柔＝圓＝群陰＝內藥＝我＝虛其心。

「陰陽」換成「道德」，同樣也成立：

德＝小＝剛＝方＝一點＝外藥＝他＝實其腹；
道＝大＝柔＝圓＝群陰＝內藥＝我＝虛其心。

修行混俗且和光，圓即圓兮方即方。
顯晦逆從人莫測，教人爭得見行藏。

——《悟真篇》七言絕句第六十四

在《老子解》中，蘇轍在《老子》的水之「七善」的「言善信」下，留下了一段佳話：「圓必旋，方必折，塞必止，決必流，善信也。」大學士眼中的老子的「上善之水」，所具備的「隨圓就方」（圓即圓兮方即方）的特徵——可以作紫陽真人「和光同塵」（修行混俗且和光）的最好注腳，沒有絲毫的牽強附會之演繹，比歷代丹家的注解都好。

那怎麼，曹仙姑又說「不方不圓」最為高呢？

這裡的方圓，有微言大義了。

你去「公式」裏面看，方＝一點，圓＝群陰。

比較繞是嗎？在道理沒有精純窮盡之前，你死記硬背個「圓心」就是了。圓者，心也。心即我也。記不住？呵呵，笛卡爾不是說過一個意思嘛，「我思故我在。」

內丹道「饒他為主我為賓」，以一點而搏群陰，紫陽真人於全篇中：

一曰：

　　　　兩歐相逢戰一場，波浪奔騰如鼎沸。

再曰：

　　　　群陰消盡丹成熟，跳出凡籠壽萬年。

三曰：

　　　　二歐相逢鬥一場，元珠隱伏是禎祥。

動極復靜了不是？

所以真人說：

　　　　蘊諦根塵空色，都無一法堪言。

　　　　顛倒之見已盡，寂靜之體攸然。

　　　　　　　　　　　　　　　　　——張伯端《心經頌》

所以仙姑說：

　　　　初將何事立根基，到無為處無不為。

　　　　念中境象須除拔，夢裏精神牢執持。

　　　　不動不靜為大要，不方不圓為至道。

　　　　元和內煉即成真，呼吸外求終未了。

　　　　　　　　　　　　　　　　——曹文逸《靈源大道歌》）

嗯，對了，內丹道的核心內容並不多，不方也不圓，就那麼一點……

　　　　盧陵米價近如何，問著休全舉似他。

　　　　一粒但能輕嚼破，始知佛法總無多。

　　　　　　　　　　　　　　　　——憨山《示盧陵僧密潔公》

　　《黃庭經》曰「一點落黃庭」，換句話說，就是一陽落黃庭，就是炁沉丹田。

　　呵呵，它前面的藥鏡就是「陽自空中來」啊，呵呵，易曰大來小往，契曰上下沉浮，佛曰如來如去而已。

　　　　修真之士，照破向來幻妄，從假處覓真，情中見性，如大夢方酣，猛然驚覺，靈明湛然。當此之時，業緣斷而生死之路絕矣。然則此一驚，覺猶如海底翻身於層波迭浪中。透出頭來，凝神定慮。把眼一看，彼岸非遙。清虛玄朗之鄉，依然不改。如浪子還家，遊人反舍。不亦快乎。吾見天下之人，迷真逐妄，難得一二於做夢熱鬧時，將一碗涼水，驀頭潑下，幻緣幻境，登時消殞。雖或有之，又苦不遇明師，盲修瞎煉，到底無成。生死之困人如此，豪傑豈能

不自主張，為天地間一大自在人哉？讀書講道，揮塵而談。探賾索隱，焚香而坐。遊六合以外之名山，觀八方不及之風氣。鼓瑟於琪林瑤圃，藝藥於瓊館芝田。至於天上高真分司造化，佐天帝於真空妙有之境，握樞機於太上無極之宮。如事其事而不勞，如行所行而不亂。天地之大，如指諸掌。近在目前，何樂如之耶。

——《唱道真言》

一點者，代詞也。修行人啊，你若把它指向「形態」，那就麻煩了。

一點者，小之代詞、精之代詞、炁之代詞、剛之代詞、命之代詞、方之代詞，種種等等，千變萬化，無外乎「水鄉鉛只一味」，無外乎先天一氣！

與之相對的是「群陰」，大之代詞、神之代詞、柔之代詞、性之代詞、圓之代詞。等等種種，皆喻吾心。

> 子野曰：金丹之道，與草木陰陽亦同。譬如草木方感陽氣，即時發生芽蘖，後必以花卉相繼而開花，謝則結實於中。猶人得此一點真陽之氣，其真陰自然混合成胎。

——《紫陽真人悟真篇三注》

> 上陽子曰：左為我，右為彼。饒他為主我為賓者，彼居上而我在下，彼欲動而我欲靜也。仙師言求丹乃以軍敵為喻者，蓋霎時間稍有不謹，即所敗矣，可輕易乎。金丹九還，唯只半個時中，造化爭馳，虎龍交戰。奪天地主宰之造化，奪太極未分之造化，奪乾坤交媾之造化，奪陰陽不測之造化，奪水火既濟之造化，奪五行戰克之造化，奪萬物生成之造化，聚於頃刻，而求一點先天真氣，以煉成丹，其可不謹懼哉。故此章專喻外丹法象。若得外丹，神仙之能事已畢，是戒臨陣休輕敵也。修行之士，做得這一著出來，方云難事。還丹只此實為最難，故如來云：世尊說此難事，是為甚難也。若稍輕敵，七情六賊有一不防，則吾家至輝至精之寶喪矣，安可輕敵乎。

——《紫陽真人悟真篇三注》

內丹之所以難以成就，修行人啊，我們是在以小搏大，以少勝多，以「真一之黍，吞歸五內，運火十月，煉盡群陰」，置於現代的語境中，即以有限的數十年之精力，扭轉無限的億萬年之進化，以脫生死而出輪迴，豈不難哉嗎？！

是以故，真人道「群陰剝盡丹成熟，跳出樊籠壽萬年。」

　　虛心實腹義俱深，只為虛心要識心。

　　不若煉鉛先實腹，且教守取滿堂金。

　　道光曰：守精以實腹，腹實則金玉滿堂。抱一以虛心，心空則一塵不立。方其虛也，則煉鉛以制之。及其實也，則抱一以守之。形神俱妙，與道合真。修丹之士若煉鉛金，毋搖汝精，精少則還丹不成。

　　子野曰：心虛則念淨，一塵不立。腹實則丹成，四大牢固。念淨丹成，形神俱妙。

　　上陽子曰：非煉己功勤，則欲心虛而不能非全精絕欲。煉鉛功熟，則欲腹實而不能全神。虛心常應，實腹常靜，常應常靜，常清靜矣。今人以精氣斯喪殆盡，為不識心。仙翁教守取滿堂金玉，方為返本還元也。

　　　　　　　　　　　　　　——《紫陽真人悟真篇三注》

　　虛心者，謂修性也。實腹者，謂修命也。《道德經》所謂「虛其心，實其腹」是也。但此二者之義，俱為幽深。然虛心須要識心見性，此如水中撈月，一時難以捉持。而不若實腹之道，先採煉其真鉛，有可下手之處。且教守取吾之精氣，乃用神火烹煉，以成遍體真金，猶如滿堂金玉之象，豈非易得之乎？《道德經》云「金玉滿堂，莫之能守。」今詩中之句，是藉此之義也。

　　　　　　　　　　　　　　　——《悟真篇正義》

　　《道德經》云：「虛其心，實其腹。」此句意義深遠，舉世莫能窺測。蓋實腹是有為之功，所以了命；虛心是無為之妙，所以了性。心體本同太虛，空空洞洞，萬象俱涵，一物不著，人能一念回機，直下識取本來面目，則心不期虛而自虛矣。此乃高上之士先了性而後了命者，所謂修上一關蓋下二關也。中下之流到此便無站腳處，不若先做煉鉛工夫以實其腹，命根即固，方可徐徐了性。然真鉛亦未易煉也。凡夫心擾欲牽，刻刻向外馳求，耗散本來，如金玉滿堂莫之能守。何以守之？只索收視返聽，絕利一源以招致先天一炁而已。六根大定，返乎先天，是為真鉛。真鉛即得，命基永固，而腹先實矣，煉之又煉，從有為入無為，直到性地圓明而心亦虛矣。虛

心實腹二義雖有了性了命之殊，而未常不同歸，可見聖意雖深遠難
測，而未常不可測也。

——《悟真篇闡幽》

所以說：陰陽轉化，虛實之間，有無之境，那裡是什麼？就是谷神不死、
天地之根、道之所在啊，其猶如橐籥乎？落實於內丹道，就是玄竅，就是氣穴
啊。

所以說：玄篇種種說陰陽，二字名為萬法王。

所以說：未有神仙不讀書。

別提「絕學無憂」，我們得追隨老子上了道，才能知道他為甚那樣說。

佛說非身，是名大身。

——《金剛經》

自性含萬法是大，萬法在諸人性中。

——《壇經》

元代陳致虛認為南宗禪就是丹。

他在構建禪丹理論時，他說這番話出自惠能：

六祖釋云「色身雖大，內心量小，不名大身；法身雖小，內心
量大，等虛空界，方名大身。色身雖如須彌，終不為大。」

——《金丹大要》

法身＝炁；色身＝我。

小即是大，大即是小。把小做大，會麼？

為了方便教化，佛法分析物質（色法）到極小接近於虛空，有一個名相叫
「臨虛塵」。

塵、芥、粟、葉、花、庵、殿，在凡夫位看，咋越來越大了？在菩薩位，
依然是一點。

在心中釋放一物的當下，人＝天，心＝三界，我＝你＝他——所以佛說「三
界唯心」道曰「一團混沌」——這不是推理出來的哲學思想，是體驗中的法界
之相、大同世界。

修行人修的是「道自虛無生一氣」——一物源自虛空，本無影蹤，小如塵
埃。

修行人行的是「如來妙體遍河沙」——吾心等同宇宙，不見首尾，遍及一
切。

所以，小即是大，大即是小。聽大師諄諄道來：

> 若能提起生鐵心腸，睜開金剛眼睛，一腳踢翻生死牢籠，如脫
> 鎖獅子自在遊行。看他善財初發心時，乍見文殊。打破此關捩子，
> 便解搖搖擺擺，南歷一百一十餘城，參見剎塵知識。然後毗盧老子，
> 亦不奈見。便得與法界等，與虛空等，與毗盧等，與普賢行願等。
> 若使渠最初不遇恁般人說破恁般事，將恐至今埋在一微塵中，牢牢
> 緊閉。猶如大鐵圍山，又不止禪人今日之死關也。安能一生成辦歷
> 劫因果，了卻從前冤債哉。禪人不信老夫之言，試向一毛端頭，拈
> 起放下，橫來豎去。時親切著眼覷看，若果一眼覷透，方信老夫不
> 欺汝，亦信毗盧老子不欺汝，歷代祖師亦不欺汝。即汝自信本心。
> 亦不自欺也。

——《憨山老人夢遊集》

把小做大，會麼？這就是修行人的終極目標——

莊曰「齊物」佛說「平等」老子道「大同」。

> 譬如虛空，無有父母、兄弟、妻子，乃至無有眾生壽命，（中略）
> 菩薩摩訶薩見一切法，亦復如是，其心平等，如彼虛空。

——《涅槃經》

為了方便對凡夫位講述這個道理，就有了種種的文學修辭比喻說，諸如，一粒粟與世界，水滴與大海，等等、等等。能拔得頭籌的說法狀元，維摩詰莫屬了，「以須彌之高廣，內芥子中，無所增減。」尤其是，他後面還說了一個更為「生動」的故事，自己去看。把三萬多個板凳塞進一個教室，每個板凳高「八萬四千由旬」，一由旬有八十、六十、四十里之說，那八萬四千由旬大約是地球到月球距離的七倍，地球已經容不下印度人（的板凳）了……

從他這個「公案」裏參出頭來，說法更為驚悚的還有，「待汝一口吸盡西江水，即向汝道。」——本質也無過「一點落黃庭」，俗話「炁沉丹田」。

凡夫位還有不驚愕萬分、跌落板凳的嗎？佛教圈粉無數，和印度人好說大話，不能說關係不大吧。說著說著，三十年過去了，LCA 起飛了，老摔機。阿瓊一發動，就趴窩。佛說「說似一物即不中。」

真真是好，中國文化的主旋律是儒道定制的，佛法恰如芥末咖喱，為它添加了一種別樣味道。其實，人一旦上了年紀，會更喜歡孔子，「子不語怪力亂神。」

六祖這句話的出處找不到，也沒有興趣找。我的興趣在於，會麼？

　　佛祖教人於生死中，頓證無生法忍。且每怪其於無生中，妄見生滅，此語如對市人說夢事。聞者非不明目張膽，但未證真耳。要之所說非所聞，所聞非所見也。

　　古人貴實證者，直欲於生死法中，親切勘破而已，非別有奇特處也。嘗見小兒怕鬼者，每於夜中行，恍然一物隨之，大生驚怖。雖慈母善諭本無，亦未之信。必待其自信不疑而後止。苟自至不疑之地，縱假鬼怖之，將一笑而釋矣。余昔遊塞上，同健兒乘馬夜行，道傍一石，馬忽見而大驚，幾墮地。爾乃頓轡奮力鞭策，繞石周行數十匝，仍引熟視良久，方縱逸而去，馬自是遇物皆不驚。余因是知道人遊生死險道，歷境驗心，必如是而後已。是故華嚴以善財表證，其所歷百城，參多知識。至於刀山火聚，亦遲回待勸而後入，及入之果得清涼大解脫門。此其策馬繞石，令其熟視之謂耶。

　　由是觀之，佛祖殊無他長，蓋能熟視世間相者耳。世人所驚怖者，非生死禍患乎？佛祖乃欲令人於中證無生忍，且又明言於無生中妄見生滅。噫，此果何謂哉，苟非熟視自到不疑之地，吾意雖慈尊善諭，殆亦難免驚怖也。余比以弘法罹難，上干聖怒。如白日雷霆，聞者掩耳。自被逮以至出離，二百餘日，備歷苦事不可言。從始至終，自視一念歡喜心，竟未減於平昔，觀者莫不驚異為非常。然而生死禍患，他人故為余驚矣，及視余不減歡喜心，乃又驚。余不驚其所驚，而人驚其所不驚，是或有道焉。

　　奇侍者，不遠三千里赴難，問余於幽獄。已而荷蒙聖恩，貶竄嶺南。奇乃伴行舟中，遂書此為別。嗟乎，生死險道，正在所驚，其無聞我歡喜心如夢事耶。異時驗子於寂滅場中，無以今日之言為夢語。

──《憨山老人夢遊集》

雷陽就是雷州，過了海峽就是海南，古謂「天涯海角」。

《將之雷陽舟中示奇侍者》是憨山要前往被貶之地的船上，對侍者「小奇」的說法。

高僧以自己親歷的捉「鬼」之事，不僅闡述了佛法要親見，而且也充分表達了個人的三觀──像當年的佛陀說法，散發著淡淡的樸素唯物主義氣

息⋯⋯

高僧講得語重心長，看點多多：

佛陀的教育是在面對「生死」的當下，頓悟「無生忍」。現實卻是，本在寂滅場中的眾生，卻被生生滅滅的現象所轉。聽法的人之所以沒有感觸無動於衷，是尚未證真之故。一言蔽之就是有的沒聽過，或者，聽了沒未曾親見。

古人追求實證（佛法）者，直把自己置於「向死而活」處，才能勘破了生死，然後方覺不過爾爾平淡無奇（「道之出口，淡乎其無味」）。比如小孩子怕鬼，縱然慈母反覆告訴無有之事，他也不信。怎麼辦？必須要他自信無疑後，縱然有壞人再拿「假鬼「嚇唬娃兒，娃也就付之一笑了。我當年塞上游⋯⋯

小奇你記住，有一天你面對生死之當下，就不會以為我今天所說為夢語了。

大師被流放前，皇太后贈重金給他建廟。而皇帝不待見佛教，派人私下追繳款項。

一查帳，高僧都用於賑濟災民了，這就是真正的高風！

至於鉛汞、精神、水火、坎離也復如是，皆是「陰陽」的代名詞，或者在道學中的落實。種種種種，無不由最古老的、最原始的範疇衍生而來。莊謂「不離於宗」荀曰「千舉萬變」。

要而言之，在描述宇宙之演化時，《老子》以陰在前者，謂德由道生，乃至萬物。

丹派在主講倒行逆施、扭轉乾坤的顛倒之術時，則以「陽先倡」、「陰后隨」，主講「大藥一味」，修德合道。

即也，此時當下，修行人全籍至德以成大道，或曰，無德實不成道。

談玄論道空說「道德」，或者閒燉「雞湯」，不把理論與實踐結合，不把大義向微言處落實，對我們修行毫無益處。否則，司馬遷稱老子「修道德，其學以自隱、無名為務。」就成了一句空洞無物的介紹，一句留給歷史的紙上陳言。不是嗎？如此一個「陰陽」偌大一個「道德」，你怎麼去修呢？

從兩教同源這個老生常談的角度，再談一談啊：

「空空如也」的佛教初入中土時，就被一群秀才們，比如精老莊、通《周易》的僧肇等學霸博士們，隨心所欲地捏扁揉圓，狠狠地攪和並發酵了一番⋯⋯

　　言盡口訣難免死，真個佛法不如此。

真個佛法便是道，一個孩兒兩個抱。

──劉海蟾《還丹破迷歌》

於是乎，對應著佛教，我們就可以說了：

道＝空，德＝色；

道是真空，德是妙有。北海若曰「德在乎天」。

把這個咀嚼透了，好了，落實了。於禪修而言，就有了抓手……

否則大多佛經讀來就像「唐僧」囉裏囉唆一樣，確實「繁穢不約」。

不得「妙有」之趣，等於沒有抓手；便要「騰空」而行，能不踩「空」嗎？這種摔法，一般都是頭衝下去，摔壞了腦子的，比比皆是……

南先生見多識廣，說他一生見所見者，基本如此……

莊子曰「天下之治方術者多矣，皆以其有為不可加矣。」

不把一個偌大的範疇接上「地氣」，太史公所謂的老子「修道德」，永遠是陳言廢話，空洞無物。

《道德經》最初版本，很能表現老子──一位修道高人的原旨：

最初分上下兩篇，上篇《德經》、下篇《道經》，也不分章。

後改為《道經》37 章在前，第 38 章之後為《德經》。

以天演論看，先有道──「強為之名曰大。」

以修道觀說，德在前──「反者道之動。」

還用白話說，道是陰，德是陽：

這個至高無上的「道」，它在宇宙、社會乃至生命人上，轉化落實，是以「德」來表達、展示的，是謂「無中生有」。

這個「德」，再落實於養生之道上，就是四肢百骸肉體色身。

再具體到丹道內煉中，就是一呼一吸、潮來汐去。

當然，「盜先天一氣以為丹」，也籍此後天之「德」返還而來，復歸於道──此即虛實相生，有無相成。所以，「始知男兒有孕」讓胡博士讀到了，不給個「滿篇鬼話」的批語，才怪。

嗯，「始知男兒有孕」，這一句的源流依次是：「窈兮冥兮其中有精」、「初結胎看本命」。

崔真人又說「終脫胎」，紫陽真人解說「嬰兒是一含真氣。」

我曾看過古往今來不少重度詮釋，得訣後重新翻讀，都是浮雲……

畢竟，這些古典朦朧詩，給世人的想像空間太大了……

男同志是遇不到神級別的接生婆，這一生都得呆在產房裏，難產。

　　先天地生者，謂丹胎之凝結，乃先天地之真一氣所生，非後天
地之有形質所化。道德經曰：「有物混成，先天地生。」是此義也。

——《周易參同契正義》

不過得強調一點：精、氣與精氣，在老子時代，同義。

「泛道主義者」要抬槓子了，與高道大德去抬吧：

　　易者，象也。懸象著明，莫大乎日月，窮神以知化，陽往則陰
來，輻輳而輪轉，出入更卷舒。

——《周易參同契·日月懸象章第三》

　　二物者，其在天地，則謂之日月水火也。其在人身，則謂之身
心情性也。其在藥物，則謂之鉛砂銀汞也。然其喻名頗多，不能悉
舉，凡丹書中以對待而言者，皆喻於此焉。今一言以蔽之，無非陰
陽而已矣。其修煉金丹之法，要使陰陽升降而生藥，二物會合以作
丹，故謂二物會時，則是乃情性交合也。

——《悟真篇正義》

　　丹法亦以乾坤為體，為鼎爐。坎離為用，為藥物。其陰陽二用，
亦周流於六虛之中，往來於鼎爐之內，而亦無中生有，以結其靈胎
者也。

——《周易參同契正義》

真人不僅在篇末告誡好道學者，他是「隨物稱呼」，爾等不要著相，他在
篇中也是屢屢發出警告：

　　卦中設法本儀形，得象忘言意自明。

　　舉世迷人惟泥像，卻行卦氣望飛昇。

——《悟真篇》七言絕句第五十七

佛也說得好，「一切名想，隨欲而立，不必如義。」

而真人於通篇中，怎麼又製造了那麼多的相說設辭？

這是一種古代的說理方式，諸子百家、古今中外皆同。

再晦澀的道理，一經相說，就容易地破迷開悟：

「爺，為什麼上學的路一直挖溝？挖了又鋪了，鋪了又挖？」

「孫，去把冰箱裏的肥肉，取出一塊。啊好，再放進去。」

「啊，你的手上是什麼？」

「油水。」

仁義禮智信，被老子歸納在下德的序列中，是大道破碎後的渣滓。

他是在描述自然、宇宙的演化以及原始社會向奴隸、封建社會過渡時的情景啊。

他是在感歎世風，而不是號召人們丟棄人性中的美德。

但是老子的視野，不僅僅是著眼塵世，他更多的時間，是舉首向天：「吾不知其名強名曰道。」

司馬遷說老子「修道德」，一個天一樣大的哲學範疇，「迎之不見其首，隨之不見其後。」怎麼起修呢？《大學》之道在於「知止而後有定。」崔真人曰「入藥鏡」。

在藥鏡中，在禪定中，在此時當下，識神退位了，六根脫落了。

識神序列中的「下德」，比如仁義禮信智，比如生死觀，此時就完全泯滅了。

老子曰「上德」。

莊子注道「古之真人，不知悅生，不知惡死。」

佛點贊「證生死」也。

啊──

有人問能不能「長生久視」？

想得美吧，咋恁麼多的貪婪和妄想啊，這不是叫花子要和皇帝比寶嗎？

嗯，也是，給皇上開的玩笑大了，徐福實在不敢回家了。

滿腦子都是「詩與遠方」，咸陽秦始皇也呆不住了。

不是徘徊在海邊張望，就是在去海邊的路上──千古一帝「太難了」。

一直到清代中葉，高道才笑出了聲音──這個反射弧……長不長？

> 若指皮囊，修養起來，亦多活幾年，不過死得遲些罷了，總非真道。色身縱留萬年，止名為妖，不名為道。
>
> ──《龍門心法》

修行修行，是修「健忘」、修「失憶」啊，呵呵，是把「老年癡呆症」提前捌飭出來了啊。

講真，太史公說老子以「修道德」為務，「修道德」這個「道」，是大道之「道」，是道家在表述「天長地久」──這個古代樸素的宇宙觀時的──指向。

內丹派所謂的修道，此「道」一字的已經悄然變化了，外延縮小，內涵明確。兩者若混淆了，也就有了「長生不死」說。

恩格斯的一句話，有不同的中譯：

1. 人類的每一個進步無不以遭受重創而促成。

2. 沒有哪一次巨大的歷史災難不是以歷史進步為補償。

都是導師的話，讓「牛虻」看了，就會與亞瑟的看法不同。

當然，幾十年前，紅衣主教還被定義為一偽善的、革命的敵人。

現在，沒有人這麼看了。都認同蒙泰尼里是一個信仰虔誠、心地純潔的好人。

一樣，哲學範疇的大道之「道」，與內丹道的修道之道，同名而有異義。

享年150餘歲的清代龍門宗師王常月，在面對這個傳說時，乾脆說了個笑話兒不了了之。只是這個黑色幽默，由先秦的方士發出後，到清代高道笑出聲，這個反射弧也太長了些。

噢，還有，想起了兩個人，伍柳值得人們禮敬。

這又得從龍樹說起。他說過他的等身著述，取自龍宮。

鳩摩羅什介紹過這個經過：大龍菩薩看到世上有這麼一個絕頂聰明的人，居然不知道佛法，「惜而愍之」。就把他接到海中，然後打開宮殿中的七寶藏，「以諸方等深奧經典無量妙法授之」。龍樹在龍宮讀了九十天的經典，龍王問：「都看完了嗎？」龍樹答：「我可讀者已十倍閻浮提。」呵呵，他的閱讀已經超過龍宮外的所有經典的十倍也不止了。大龍說：「諸處此比復不可數」我這裡的經典還不是全部，全部經卷「不可說不可說」《華嚴經》就是龍樹從大海裏請出來的，還僅僅是全本節選。就此，龍樹知道了佛的海量。

二十年前看不懂，儘管高僧的序讚美文既婉約又質直地做了寒暄：

> 像末多端，故乃寄跡凡夫，示悟物以漸。又假照龍宮，以朗搜玄之慧，託聞幽秘，以窮微言之妙。爾乃憲章智典，作茲釋論。其開夷路也，則令大乘之駕方軌而直入。其辯實相也，則使妄見之惑不遠而自復。

——《智論》序

但是依舊是徹夜不眠看得頭昏眼花……

伍柳一句「佛以對鬥明星起手。」多麼直接了當地把佛法接上了地氣，把佛門的把手指給你看。莫怪印光法師生氣，但凡理想主義者，心中的詩與遠方

被人「降低」了「品味」，換誰，誰也受不了。據說牛頓的體系被愛翁打破時，有幾位歐洲一流的物理學大師自殺了。

一旦參透了「炁沉丹田」的奧妙，《大藏經》也就全部打開了：

種種的「佛說」、無數的「不可說」，也就沒有你看不懂的了，從此不需要誰說。

> 一自親聞墨劫前，是時已結大因緣。
>
> 從今重理無生句，字字心開舌上蓮。
>
> ──憨山《示廣鎧侍者持法華經》

曾經淹沒在文障中的頭，這時忽而拔出。

重新捧頌，字字蓮花。

子曰「叮嚀告誡不過如此」。

入得藥鏡，也出得藥鏡；來去自如時，佛曰「解脫」。

出了藥鏡，就要面對仁義禮智信。

在世間做人做事，道德觀念缺失，做不好的。

不仁不義，在這個社會上別說修仙了，做人都走不遠。

做「規矩」中的人，又能「隨心若欲」，儒曰「至善」道謂「真人」。

老子傳道，他寫的是散文，他那個世界觀，有天道，也有人道，是摻和著講的。唯有其一團混沌，才有取之不盡用之不竭的意境⋯⋯

落實於修道文化，就是定中的、就是藥境的世界觀。

> 堪笑我心，如頑如鄙。
>
> 兀兀騰騰，任物安委。
>
> 不解修行，亦不造罪。
>
> 不曾利人，亦不私己。
>
> 不持戒律，不徇忌諱。
>
> 不知禮樂，不行仁義。
>
> 人間所能，百無一會。
>
> ──張伯端《無心頌》

噫──

算了，從世俗的角度，根本就是難以卒讀。但是紫陽真人真正地把老子「修道德」的心境描述出來了，或問你怎麼知道得這麼清楚？答曰「感同身受」啊。

一旦有了這個「感同身受」，那麼，《道藏》裏面隨便看，只要是真經，馬上你

就「感同身受」。其實，老子自己也描述過，只是過於言簡意賅了，嗯，就是無人不曉的「大智若愚」，但是像真人一樣體驗到的，就了了了。

噴噴，「不知禮樂，不行仁義。」這個一般人學不得，阮渾想學他老爹，步兵曰：「仲容已預之，卿不得復爾。」縱觀魏晉風度，恐怕也只有裴楷一人，領悟了《老》、《易》的精神，學到了「形神兼備」。

入得藥鏡，就是得道。老子道「身退」莊子曰「吾喪我」佛系則有個曼妙的故事：鳩摩羅什重譯《法華經》時，覺得竺法護譯文「天見人人見天」過於質直，缺乏文采，沒有味道。僧睿建議譯成「人天交接，兩得相見。」羅什稱善。今曰「天人同構」。

這時候，丹派又取對大道之「道」的各種描述，諸如：「至大無外，謂之大一；至小無內，謂之小一。」諸如「是道也，其來無今，其往無古，其高無蓋，其低無載，其大無外，其小無內，其外無物，其內無人，其近無我，其遠無彼。不可析，不可合，不可喻，不可思。唯其渾淪，所以為道。」等等曼妙文辭，援入丹經，喻言藥鏡──這是沒有問題的。

這時候，吾人渾化、天人合一，談天就是說人，說人也是談天；論天道就是論丹道，論丹道也是論天道。問題是，一些方形腦袋就出問題了，不是少數的人啊，要在本人腹內煉出一顆具有實質性的「黍米」、「玄珠」來。老子下凡、佛陀重生，也沒有能力把方腦袋捏扁揉圓啊，呵呵。

一句話，拿修道之道去與大道之道聯繫，會整出個長生不死的怪胎；援引大道之道而入內丹之道，也是流弊多多。不說了，喜歡就好。

還說道與德這一對概念，從某種意義上，可以說，是受到了《易傳》陰與陽的啟發，就像「理」受到了「道」的啟發後，又獨自發展出一門學說一樣。

但是，從本體論，包括「美學」的角度看，沒有高妙如老子之「道」者，這一對兒道德的內涵及外延，就在老子手中，又遠遠地超越了，曾啟發過他的──易之「一陰一陽」。又兼老子語言的魅力，他成為中國哲學乃至人類文化史上的旗幟，可謂「名至實歸」。引起後世的「泛道主義」思潮，也乃「順理成章」。

槓仔們請稍事休息了，掏出紙巾，擦擦嘴角的唾沫花兒和鼻涕泡兒先。

這一點不是每個人都聽得懂了，需要有深入的哲學史研究做支撐。

那換個通俗的白話的說法吧：

說「道是這個世界的本源」，大眾鮮有質疑的；

說「陰是這個世界的本源」，那就會炸鍋了。

如果老子當年強字之曰「陰」曰「理」，或曰「路」，那泛「道」主義就不存在了，但隨之泛起的，就是泛「理」主義了，等等、等等，今天也就沒有了「修道」這麼一門如此浪漫的學問了，流行的應該是「鋪橋修路」說了。其實，「泛道主義」無論看上去，還是呷摸起來，都比「泛佛主義」有味道得多，也更具有「學術」意義。

陰陽這個最古老的大範疇，老子從天演的角度，是以陰為「大」的，即：道是德的歸宿和主宰。

以《內經》為宗的道醫體系，就繼承了這種觀點：即心為君為主。

而在丹派的顛倒論、返還觀中，後者更被看重：即「德」即「他」即「命」──

這才是逆襲、扭轉的動力，是「反者道之動」。

落實在修行上，就是「知其雄，守其雌」、「知其黑，守其白」、「知其榮，守其辱」，就是「為者敗之，執者失之，無為故無敗，無執故無失」，就是「兵強則折」，就是「強大處下」，就是「不敢則活」，就是「弱者道之用」。

也就是「不敢為天下先，故能為成器長。」

也就是「後其身而身先，外其身而身存。」

繼續溯源，就到了內家拳的名句「以柔克剛」之道的源頭，老子道「弱之勝強，柔之勝剛，天下莫不知，莫能行。」

三豐祖師為什麼即是丹派大家，又是內家拳的宗師？

內丹道也講「以柔克剛」啊，其剛者，即坎中陽（炁），柔呢，即離中陰（神）。

老子「柔之勝剛」一句，讓紫陽真人來講，曰「饒他為主我為賓」。聽憨山大師從佛法角度闡述：

> 佛言「比丘心如弦直，可以入道。」淨名云「直心是道場。」聖人亦云「人之生也直。」是知佛心無別妙處，只是眾生中直心人耳。直則無委曲相。所言直者，乃一塵不立，方謂之直。譬如弓弦之直，能容何物哉？才有一念不直，便是過錯。能念念直，則念念不容一物。物不立處，則本體自現。
>
> 將凡情聖解，一齊掃卻，放得胸中空落落，不留絲毫知見作主宰。知見不存，則真見發光，自然了無一物矣。如此放下時，則當

人一念，如大火聚，一切塵情習氣，一觸便燒。如紅爐片雪，絕無影跡可留。回觀一切知見邊事，如說夢耳。

若有志參究，只須將從前知見，盡情吐卻。即上大人孔乙己字腳，亦不許存在胸中。吐到乾乾淨淨，一物不留處。放下又放下，放到無可放處，方是入手時節。此時正好著力做工夫，做到做不得處，如壁立萬仞，才是得力時節。如此用心，譬如逼狗跳牆，定有從中迸出一段光景，方是真受用處。殆非泛泛可到此地，苟非真正丈夫，有決定之志者，不能至也。世閒多少聰明伶俐漢，都納降款於五欲場中，高者納於功名路上。如此而已，幾曾有自己活計哉。

——憨山《示了無深禪人》

有點繞吧？消費腦子是吧？

《老子》以「負陰抱陽」之陰大陽小，蓋論天演；

丹派以「初開綠葉陽先倡，次發紅花陰後隨」之陽先陰後，主講顛倒；

《內經》倡議「陰平陽秘，精神乃治。」說後天事爾。

這個消費值不值，你說。

不繞出來就得困死在十萬大山、萬卷經典裏。

雄裏內含雌質，負陰抱卻陽精。

兩般合和藥方成，點化魄靈魂聖。

信道金丹一粒，蛇吞立變龍形。

雞餐亦乃化鸞鵬，飛入真陽清境。

道光曰：雄裏雌，是龍之弦氣。陰抱陽，乃虎之弦氣。二物交合，靈丹自結，吞入腹中，點化陽魂，以消陰魄。一粒如黍，雞餐蛇吸，亦化龍鵬，藥之神聖如此。

子野曰：陽中有陰，陰中有陽。陰陽相交，魂靈胎聖。

上陽子曰：我雖外雄，其中唯雌。我雖外白，其內唯黑。彼之陰中，反抱陽精。以陽點陰，大藥方成。萬物得此靈藥，皆能變化，而況於至人乎。

——《紫陽真人悟真篇三注》

丟掉你的知識，

讓風吹走那些廢紙。

留下字裏行間的精義，

止念於呼吸。

——Kabir（1398～1518）

明朝遍入孤峰裏，是處尋求不見師。
自古上賢難出手，為伊不肯淡工夫。
垂經留教五千卷，迷人看著轉迷途。
凡夫貪愛將為事，少得曹溪這老古。

——普庵《偈頌三十首》

昔日遇師親口訣，只教凝神入炁穴。

——薛道光《還丹覆命篇》

在一呼一吸之間，先天一氣至，「眾妙之門」開：

天地之間，其猶橐籥乎？虛而不屈，動而愈出。

天地之間，可謂「中」也者。

中者從「○」從「1」，「○」乃虛無，「1」為妙有。

橐籥者，風箱。

呼吸往來，內外溝通，天人合發。

此即虛實相生，有無相成，性相一如。

內丹學派謂之「玄關現象」。

玄竅似可猶如物理學家說的「奇點」，在「那裡」，時間空間尚未開始，換句話說，那裡沒有時間與空間，自然更無「人煙」。

自然，「我」之形而下者，如何深入其中？我們在此之前做的工夫，就是為了「忘我」。在「吾喪我」後，混沌之門豁然開朗，修行人由此登堂入室，進入了先天，古人謂之「返璞歸真」謂之「入藥鏡」。

在這個精神境界中，我孑然而行、獨自而立——整個世界就成了我的身與家。

佛陀謂「地獄不空誓不成佛」，那個地獄，原來是他的「色身」……

《入藥鏡》是第一首比較微示天機、影響深遠的契歌，「天應星地應潮」可以說是它的核心句子。且看釋子解：

一音圓遍未嘗停，苦樂同資不得名。
敢借海潮千里韻，與君助發沒弦琴。

——普庵《頌古九十八首》

西派祖師李涵虛有一段卓見：

　　玄關者，神炁交媾之靈光。初見玄關，明滅無定。初入玄關，
恍惚無憑。以其神炁乍合，未能固結也。到得交抱純熟，死心不離，
始識玄關之中，人我皆忘，鬼神莫測（離此不能躲無常）。渾混沌沌，
兀兀騰騰。此中玄妙，交化萬端，不可名狀。無怪其名之多也，各
人所見不同，各因所見而字，各就所用而號。

——《道竅談・玄關再說》

　　注意最後一句：「無怪其名之多也，各人所見不同，各因所見而字，各就
所用而號。」

　　我這裡也換個說法，你參透了，也就參透了萬卷丹經：

　　在行人走到「山窮水盡」、「無路可走」處……

　　那裡突然發生「滑坡」……

　　「路基」坍塌……

　　陡然顯出一個「坑」來……

　　「坑爹」的瞬間如「失重」一種感覺，心中一陣驚悚，牧兒就昏迷了過
去……

　　舉例說明，它就像我們經歷過的那麼漫長的愛情一樣，事後你回憶往昔，
彷彿只是一個瞬間……

　　「牧童未辨牛消息，至今落塹墮深坑。」呵呵，不省人事的那段，就讓南
宋神僧說吧：

　　　　無底琉璃井，忽而墮其中。

　　　　勝修萬劫功，跳出跳不出，瘖瘂又盲聾。

——普庵《三昧諸頌其九》

　　穿過「眾妙之門」，眼前一「亮」，人道就此結束，「接著」就是天道。

　　當下，我們就明白了什麼是「如來」也「如去」。

　　這個入門就是出口，經此「失落」就是解脫，一旦進去就是出來。

　　好了，個回各家各找各媽吧。

　　遊戲結束了。

　　禪師也告誡過玩家，這個遊戲並不好玩：

　　　　莫向如來行處行，一身墮落萬尋坑。

　　　　人神百億扶難起，耳不聞聲目似盲。

——普庵《頌十玄談・塵異》

以「神僧」生前聲譽，識者、追隨者仰慕者必不在少數。

但是禪師，也這樣告誡過學者，不是人人能玩轉的。這個遊戲，實在不好玩：

別去學習如來佛啊，一旦掉進那個坑裏，那就不是一般的「坑爹」⋯⋯

弄得你眼聾耳瞎，生不如死⋯⋯

所以，也可以說，遊戲才開始。

很矛盾是吧？

看看馬克思博士對「矛盾」的論述，這個問題就不是問題了。

痛並快樂者，交織於修行之道，在「月圓」之前。

古人只說修道的好處，以超生死脫輪迴，誘導學者入圍。這種誘導手段，在民智啟蒙的時代，已經不合時宜了。

玄關開則胎息現，胎息現在臍後處。

這就是上一節講的，上帝觀察世界的望遠鏡，鏡頭之所以從「臍眼」探出。

> 了了見，無一物，唯有天真一如佛。
>
> 普賢腹裏接觀音，善財稽首稱奇特。
>
> ──普庵《頌證道歌》

佛家的開悟必然要開竅。

丹派的開竅（「玉液還丹」）不一定開悟，開悟在道曰「大開之際」（「金液還丹」）。

天仙才子白玉蟾「歎古人六十四歲將謂休，得先聖八十一章來受用」。

張伯端白玉蟾兩位大師晚年皆用功於斯而得內丹成就。

有弟子問老師：您能談談人類的奇怪之處嗎？

老師答道：他們急於成長，然後又哀歎失去的童年；他們以健康換取金錢，不久後又想用金錢恢復健康。他們對未來焦慮不已，卻又無視現在的幸福。因此，他們既不活在當下，也不活在未來。他們活著彷彿從來不會死亡。臨死前，又彷彿從未活過。

經典說以童體入手易得，但是這個論述是「理」。

換句話說，這是「假設」和「推測」。

舉個例子：孩童時代，「記憶力」沒有形成，而修道者最顯著的一個特徵也是很「健忘」。

這樣一對比，由此推測，孩子煉丹是不是就省去了「識神退位」這一步？

其實，現在我們已經知道，是孩子的腦子還沒有發育好之故耳。

我看到不少學佛的人甚至從娃娃抓起，從小就叫孩子念啊念的，人啊，在什麼年齡幹什麼事，那麼個天真爛漫的年齡，應該做的是「好好學習天天向上」……

搬書的人，會害死自己，也會害死孩子的……

有趣的是，在古往今來的高道生涯中，有一個共同現象，那就是「功成當在破瓜年」，學者還可以想想為什麼一句俗話說「少不煉丹老不習武」，確實過來人語，慢慢悟吧。

又憂生，又憂死，我共他人都如此。

六十四年都大休，吾遇海蟾為弟子。

——馬自然《金丹口訣》

呵呵，別猜了，看《論語》第十六篇中，聖人的「經驗之談」：

君子有三戒。少之時，血氣未定，戒之在色；及其壯也，血氣
方剛，戒之在鬥；及其老也，血氣既衰，戒之在得。

人生在少壯年紀，容易為感情、為名利、為女人（或男人）、為面子，意識境界高端一點的，為建立不朽的功業以「慰平生」以「為國家」，而與天、地、人爭鬥不休，但是歸根結底，庸人是蒼生中的絕大多數啊，我們一般人不待老之將至，人到中年時差不多已經是拼搏得「傷痕累累」，掙得了滿腹的失落和懊悔。所以說人在老年時「戒之在得」，既怕失去一生用老命搏來的東西而患得患失。同時，脾胃與腎臟，就是所謂的後天根本和先天根本，就是最為人們關心的腸胃功能、生殖系統日漸虛弱，繼續胡吃海塞消化得了嗎？硬吃進去了占著茅坑又拉不出來那是什麼滋味？人啊，在青春得意之際，聽世界的征服者的內心獨白：「我若不是亞歷山大，我願是狄奧根尼」，是不會有多少感覺的，但當走到這個「人生末途」的階段，就比較容易顧影自憐了，呵呵，「我死後，請把我的雙手放在棺外，讓世人看看，偉大如我凱撒者，死後一樣也帶不去。」

兼具詩歌、格言、隨筆和散文風格的《老子》一書，傳世以來即見仁見智，有以為哲學，有以為兵書，有以為謀略，有以為君王術，有以為煉養。

「雖有拱之璧以先駟馬，不若坐進此道。」《道德經》的這句話，古代現代各大家在文字訓詁層面上的注釋存在差別，只要不要解釋成這個樣子就行了：請看，立天子，置三公，雙手拱抱璧玉，等駟馬先行，屌絲們哦，你看到這些貴人們的氣派和排場，一定是垂涎三尺的，那怎樣辦？那就按照前車之鑒

去落實自己的行動吧，發奮勵志，十年磨一劍，必然有所成就，然後，你看到的那個大排場，也就離你也就不遠了（「坐進此道」）。

我還是喜歡用傳統的思路來注釋：這個悲慘的世界，經過了「夏禹傳子家天下」、「戎馬生於郊」的「湯武革命」、「禮崩樂壞」的群雄爭霸，到今天的「立天子，置三公，雖有禮賓雙手拱抱璧玉，跟在駟馬後面以尊其位的大陣仗，都不如奉行清靜無為返璞歸真之道來得好。」其中古之「駟馬」，通今之「寶馬」，或者「大奔」吧。至於寶馬和奔馳有啥子區別？老話說得好：開寶馬，坐奔馳。

大家知道，老莊是道家，道家不煉丹，煉丹者是方士神仙家。起初道家和神仙家的訴求並不一致，道家貴在清靜無為，神仙家是要成仙得道，把秦始皇搞得暈頭轉向的就是這一家。或者說，「丹」在當時專指外丹，《道德經》用的是「一」，《莊子》講的是養生術。似乎，從目標的層面上看，老莊並列或不如黃老並列更接近真實。然後，隨著學術的交流和歷史的發展，道家、神仙家、陰陽家、醫家，還有部分墨家元素，慢慢地被網羅在一起，編織成了道教的太極八卦袍。其麾下的內丹學派，東西南北中，外加各派繼承人的不同詮釋，至少也有十幾派吧，但是清靜無為一直是個主要的原則。其至虛極守靜篤、無為而無不為，顯然是《老子》的「混沌」主張，《莊子》謂混沌開了七竅就死了，則更生動更容易被丹道演繹。毋庸置疑，《老子》一書對內丹學派有著深遠的影響，其方法論和世界觀無不受其普遍溉澤。在《道藏》及《全唐詩》、《全宋詞》中，即蘊藏著大量的由《老子》化出的丹經、契歌和道論。鑒於此，多年來在對《老子》的參研過程中，不由自主地就產生了這麼一種意識，《老子》旨在上窮天地之源，下論安邦定國，兼述養生之道，即「兼三元而論丹道」，在談天說地及人之餘，又飽含「坐進此道」的意境：在這部書中，他對推開「眾妙之門」的那一刻的深刻感受，反覆在行文中變換著名詞、概念，用比喻、排比等種種文學手法，進行描述和回憶，久久難忘。他形容來形容去，《老子》的這種一連串的隱喻，深遠地影響了內丹道，成為丹經的一種風格。

> 同出異名，皆由一門。
> 非徒累句，諧偶斯文。
> 殆有其真，礫硌可觀。
>
> ——《周易參同契·自敘啟後章第三十五》

祂給予她默觀中顯示的神跡，永遠地在她心上打上了烙印，我

相信，她永遠地不會忘懷。

——St.Teresa of Avila（1515～1582）

「修之於身，其德乃真；修之於家，其德乃餘；修之於鄉，其德乃長；修之於邦，其德乃豐；修之於天下，其德乃普。故以身觀身，以家觀家，以鄉觀鄉，以邦觀邦，以天下觀天下。吾何以知天下然哉？以此。」《老子》還有「慈、儉、不敢為天下先」的處世之道，謙卑、不爭、無為的人生法則，在紫陽真人這裡就演變成了「須知大隱居廛市，何必深山守靜孤」、「志士若能修煉，何妨在市居朝」，這些句子都告誡了學者，那種普遍認為煉養之事要在青燈黃卷離群索居下進行的觀念，即便在古代都是不成立的。

陳攖寧先生認為「在道教中雖有一些人想發揮老子的修養法，而對於本書的認識不足，所說未免支離，如白玉蟾的《道德寶章》、李清庵的《道德會元》，每喜用禪門的話頭附會《老子》，當然文不對題，又如明陸西星的《老子玄覽》、清李西月的《東來正義》都是用《參同契》、《悟真篇》金丹之說而隱約其辭地來解釋《老子》，也是費力不討好的一件事，惟清代黃元吉所撰《道德經講義》，全部用修養法作注，雖亦不免牽強附會之處，但比較尚屬可觀。」

所以很久以來，曾欲以「眾妙之門」為主題，以「管窺《老子》的玄關印象及其對內丹學派的深遠影響」為副題寫一寫老子的「初戀」，也就是後世丹經講的──水火相容、金木交並的那些事兒，但是寫著寫著也就坐忘了，我不做學者已經很久了……

道家不修煉金丹大道，老莊也從未談及內丹外丹。

道家只談至虛極守靜篤，絕學無憂，清靜無為，無為而無不為，而道士則是「無所不知」：

精、氣、神、經絡、丹田，這些是《黃帝內經》的、方仙家的東西，被道教援入，又歷經無數學者的參與、上千年的實踐而形成了一個穿行於宗教與世俗之間的內丹學派。

丹派者在「得道」──這個「得到」（玄竅）──的瞬間，就是萬卷丹經潑墨寫意的對象。

那麼丹經餘下的大部分內容是什麼？

除了敘說人生如夢世事無常外，就是談玄論道了，這一大部分「高談闊論」主要內容是「世界觀」，而非「方法論」。

科學有一個傳統，竭盡全力地，想把一個現象解釋明白，所有，後人總是

說是站在前人的肩膀上，所以看得遠了。

但宗教恰恰相反，它的「規矩」是不能越出雷池一步。那麼巨人的肩膀，不是讓你站的，是讓你仰視的。仰視也無妨，問題在於，仰視的時候，也不讓你看到神的面孔。

所以，宗教經書的出現和留傳，本身就是一座又一座的山——名詞概念太多，建立容易破除難——反而雲霧環繞重巒疊嶂，困在其中的都是好學之人、博學之士。

> 世間多學士，高妙負良材。
>
> 邂逅不遭遇，耗火亡資財。
>
> 據按依文說，妄以言為之。
>
> 端緒無因緣，度量失操持。
>
> ……
>
> 千舉必萬敗，欲點反成癡。
>
> 稚年至白首，中道生狐疑。
>
> 背道守迷路，出正入邪蹊。
>
> 管窺不廣見，難以揆方來。

——《周易參同契·同類合體章第十二》

> 彈指圓成八萬門，有無無有豈堪論。
>
> 假設千經並萬論，直應迦葉不聞聞。

——普庵《頌證道歌》

所以，他一把火就燒掉了經書：「窮諸玄辯，若一毫置於太虛；竭世樞機，似一滴投於巨壑。」

那麼，不讀經典，不站在前人的肩膀之上，從頭開始吧。

如此一來，傳承就又失去了意義。

沒有基礎，如何更上一層樓？難道靠臆想？

> 不得其理，難以妄言。
>
> 竭殫家產，妻子饑貧。
>
> 自古及今，好者億人。
>
> 訖不諧遇，稀有能成。
>
> 廣求名藥，與道乖殊。
>
> 如審遭逢，睹其端緒。

以類相況，揆物終始。

——《周易參同契·以類相況章第十四》

所以跟著丹經學道，沒有相應的知識水平和觸類旁通的「窮理」心智，這一條路很傷神。在禪門，達摩謂之「理入」。

至於高人是如何「行入」高處的，丹經中一般是給出一句「道發三千六百門」也就戛然而止了。

所以如何入道，「坐進」的方法，也是發生口舌之爭的另外一個火藥桶，把這個問題想透了，各門各派的「祖傳秘方」都是真的不值得一提的。

好為人師是人類的尤其是讀書人的通病，可以想像，第一個貿然「得道」的「高人」，他在百思不得其解後，乾脆找一個人來，來重複實驗一下，呵呵，這就是人類科學實驗意識的萌芽。他告訴他那個腹部雷鳴的大致位置，教他專心致志地守著，看有什麼現象發生。而另外一個，也開始招收弟子，他沒有教他意守丹田，而是告訴他如何進入混沌的方法，比如，也教他凝神氣穴，但是去守另外一處——守著一個不在身上的「外玄關」，這就分別是茅山上清派和內丹西派的「祖傳秘方」了——看有什麼現象發生。

結果也是「有鳳來儀」，一炁源自身內氣穴直達天庭……

嘗聞學道不依形，道不依形不離形。

不離不依猶寱語，尋思寱語本天真。

——普庵《學無學頌一十五首其一》

昧卻自家元炁主，妄想天罡對空取。

恰似騎牛去覓牛，此等之人何足語。

——翛然子《明真破妄章頌·取炁不同》

這個「身內玄關」明明是在身上的，但感覺上又不在此身，所以古謂「先天」。內丹道旨在重返先天。由玄關竅開，而深入混沌；由「先天一氣自虛無中來」，而得「天人合一」，即謂「得道」，也為「入門」。老子云：「致虛極，守靜篤，萬物並作，吾以觀其復。」

還丹還丹從此識，本在人身休外覓。

衣服任著不嫌粗，飲食盛餐無所益。

——馬自然《金丹口訣》

那麼對這種身心上靜極生動、驟然之間的那個現象那個感覺，被侷限在古代文化背景下的那些學者如何命名和怎樣描述，不僅關乎各家的文化修養、文

筆風格，也將涉及到流派、觀念。那些白日飛昇的「世界觀」，都不是一句話說得清楚講得明白教育過來的了，那就打住了。

> 若言佛有說，執指為真月。
>
> 月指兩俱迷，昧修多羅密。
>
> ——普庵《金剛隨機無盡頌·非說所說分第二十一》

前秦在淝水之戰後，王朝崩塌。苻堅家的「千里駒」苻朗投奔江南。

王素之是個話嘮，經常找苻朗扯淡。

王沒有到過北方，問及中原世風人情來沒完沒了，這讓「耽玩經籍，手不釋卷，每談虛語玄，不覺日之將夕」的苻頗煩。

一次王問：「中原地區的奴婢什麼價？」

苻答：「話少的十萬，話多的一千。」

一句話，道是修成的，不是論成的。

「多言數窮不如守中」。

> 春池夜長萍，浮生豈暫停。
>
> 解說千古事，到老也無成。
>
> ——普庵《金剛隨機無盡頌·淨心行善分第二十三》

前提首先是，「窮理」要「窮」到理論清晰、方法對路——這個過程不是靠「論證」而是與「修證」同行的！那還有就是，苦要準備吃，魔要準備破！

漁夫出海前，並不知道魚在哪裏。

修行也如此，不僅僅是「見機而作」，同時，「作了」才能「見機」。

元音老人說過這麼一個意思，我們在起步、參訪和下手之際，每一個人在身心「震動」之前，都經過一樣的艱辛的黑暗中的摸索，直到豁然開朗：

> 蠅愛尋光紙上鑽，不能透過幾多難。
>
> 忽然撞著來時路，始知平生被眼瞞。
>
> ——白雲端《蠅子透窗偈》

這首偈子中的「來時路」，就是內丹學派的「竅門」！

一旦發現和深入這個門徑，祝賀你，心中的「我」、「為什麼」、「駟馬」（現代曰奔馳寶馬），也就什麼都不是了。

> 引領搬徒訪萬山，深明下手處艱難。
>
> 圓成滿目蓮宮現，風鐸聲清意自閒。
>
> ——普庵《行住坐臥三十二頌》

　　想一想吧，在經書出現之前，在我們因為讀書和「知道」以前，大道就不存在嗎？大道就不運化嗎？

　　呵呵，舉例說明一下吧，動物不知道眼睛的工作原理，它們本能上的視野，也比我們懂得這個視覺原理的人類，不知強大幾千萬倍也！又比如，曾經，人們不知道腸胃的工作原理，或者不知道它的位置，飲食也是自然到位啊，包括最後的排泄都有「道」的參與。

　　人類進化到現在，生命已經呈現出了多樣性。

　　什麼樣的人生，都有它存在的道理。

　　但是不是每個人生，都適合修道。

　　有的人，他的性格注定了，他就是喜歡問「為什麼？」

　　或者，他就是懷舊，他累了，想順著走過的路折回，回到最初的家園去看看，或常住於斯。

　　這就是「修道」的目的：找回自己的「初心」，找回（人類）「孩提時代」的感覺。

　　然而回去的路和人生之路，同樣是坎坷曲折的，其中的辛苦，老子沒有說，他寫五千言的那個年齡早就不想和後生談人生了，甚至那被褶皺蓋著的眼睛都懶得睜開。

　　那麼學者去讀讀喬達摩·悉達多的傳記，看看他的青年時代，也就知道大概了。

　　要想做好修身養性這件事的話，莫過於找一本真經，一門深入。

　　一言蔽之，《老子》之後所有的丹經，講述的事情並不多，都是內丹學派和學者，對不期而至、驟然降臨的「胎息」（唐代稱謂）、「開關展竅」（宋代稱謂）、「煉精化炁」（明清稱謂）和通俗的說法「水火相濟」——也就是你返還之道上必經的隘口——「玄關」與「眾妙之門」的深刻記憶，和無窮回味：

> 萬卷丹經語總同，金舟只此是根宗。
>
> 依他坤位生成體，種在乾家交感官。
>
> 莫怪天機都洩漏，只緣學者盡愚蒙。
>
> 若能了得詩中意，立見三清太上翁。
>
> ——《悟真篇》七言四韻第十六

而萬卷丹經中，又以「萬古丹經王」《參同契》和「南宗祖書」《悟真篇》行文晦澀、難以卒讀。

又以《入藥鏡》和《百字碑》較為「淺顯易懂」。前者是「醉翁」的吟誦，文字之間就散發著一種「醉意」，然，小醉耶？酣醉耶？偶醉耶？常醉耶？還是不飲已醉？這些「醉意」分別對應的就是小藥、大藥；玉液、金液，這些是給知己看的。「因看崔公入藥鏡，令人心地轉分明」，之後，在呂祖的筆下，《百字碑》就顯現了「章法」的痕跡，前五十字，說法理，言性功：

> 養氣忘言守，降心為不為。
>
> 動靜知宗祖，無事更尋誰？
>
> 真常須應物，應物要不迷。
>
> 不迷性自住，性住氣自回。
>
> 氣回丹自結，壺中配坎離。

後五十字談「醉意」、說內景：

> 陰陽生反覆，普化一聲雷。
>
> 白雲朝頂上，甘露灑須彌。
>
> 自飲長生酒，逍遙誰得知。
>
> 坐聽無弦曲，明通造化機。
>
> 都來二十句，端的上天梯。

高僧那邊有奉和：

> 我有一條鐵柳栗，縱橫妙用無人識。
>
> 臨行撥轉上頭關，轟起一聲春霹靂。

——道川《句》

> 群陰剝盡一陽生，草木園林盡發萌。
>
> 唯有衲僧無底缽，依前盛飯又盛羹。

——道川《偈二首》

老子觀察到「其精甚真」，他選了腳下的「路」，給所見命名。

「呂祖」把它豎起來，眾始發現，哦，「端的上天梯」。

老子強名的道，就是中黃，就是上天梯。

至於呂祖是描述小藥、玉液還是大藥、金液，那恍惚之中的人啊，不必勞什子「研究」和與人辯論以爭是非。

「道之為物，惟恍惟惚。恍兮惚兮，其中有象；恍兮惚兮，其中有物。窈兮冥兮，其中有精，其精甚真，其中有信」，老子把這個都「道明」了，還不是最主要的部分嗎？

臨時舒卷事幽微，人天交集有誰知。

用處無心非即離，一聲雷震動須彌。

——普庵《頌古九十八首》

如果您問我，我們怎麼可以樹立一個我們看不見的確信呢？我也不知道。這個確信的來源，我們無法理解，這是上帝的事。在討論像這樣的問題時，我們不必刨根問底，不必上下求索，這是人類智力所不逮的。那麼，又何必在不可知上勞神呢？只要我們知道上帝（「元神」）的能力是無限的，就夠了。

——St.Teresa of Avila（1515～1582）

學道的有互相攀比功景、或追求功景的習氣，這是精神分裂的前奏。

有句話叫「大行不必顧細謹」，但凡事無鉅細都白描得一絲不苟的「經典」，一般不能看。嬤嬤這一段，可以看，因為看完這個，丹道的「開關展竅」，也就不需要誰來給你耳提面命了：

任何一個靈魂，若她親臨這種境地，就會知道被上帝提拔的靈魂所承受的痛苦，有多麼大多麼深。

很多次，只要意識渙散，祂就會立刻就喊醒她。有人說乃是一道閃光，或者是一聲響雷，然而，她自己卻懵懂無覺，不過她又很清楚是天主祂在引導她。在神跡來臨之初，她戰慄、心慌。然後祂以有一種莫可名言的甜蜜方式傷害她，然而她卻不知道是誰傷的，並且如何受的傷。並且她知道這是一次珍貴的上天的眷顧，因為她嘗到了一種比在祈禱的神醉中更純真的幸福。

在靈魂整個的被焚燒時，彷彿是一隻鳳鳥飛入了烈焰，祂便來與其結合，這個除了他們二位，是沒有人瞭解的。

精神的世界，不像我們肉眼中的世界那樣容易說清。因為我竟找不出恰當的比喻，來替您詮釋這個聖寵。這個恩惠在靈魂上神效無比，使她五內如焚。她不知該祈求什麼，因為她已經很清楚「基督」（「真人」、「法身」、「如來」）就在她內裏了。你們要問我，如果她事先瞭解這個，她還願意如此嗎？又是誰給她了這致命的一擊

呢？這對她是多大的榮幸呢？我不曉得，我只知道這種撞擊，深達
五內，在牠拔出射中她的箭時，真的好像如心肺被扯空了……

這種甜蜜的苦痛，或本不應稱這是痛苦，那又能稱之什麼呢？
有時候它持續得很久，有時候它逝去得很快，這都要依據牠的意願，
實在不是我們所能把握的……

本來，內丹之道的一個大的規律，就是靜極生動、動極而靜，「有物混成
先天地生」的那麼一個「道之為物」，順著「中黃」一脈上下來往的逐次遞陞
的（「黃庭一路皆玄關」）循環之道，「迎之不見其首，隨之不見其後」、「天地
之間，其猶橐籥乎？虛而不屈，動而愈出。」萬卷丹經的精細化的描述，沒有
超越《老子》的「一言蔽之」，這就是道祖老子永恆的魅力所在。

看另外一位道家弟子，《晉書‧隱逸傳》中的陶淵明，「性不解音，而畜素
琴一張，弦徽不具，每朋酒之會，則撫而和之，曰：但識琴中趣，何勞弦上聲。」
這就是他借自佛門的那張名琴。

三十年來無孔竅，幾回得眼還迷照。

一見桃花參學了，呈法要，無弦琴上單于調。

折葉尋枝虛半老，拈花特地重年少。

今後水雲人慾曉，非玄妙，靈雲合破桃花笑。

——黃庭堅《漁家傲‧其一》

念無字經，唱無生曲，吹無孔笛，彈沒（無）弦琴，栽無根樹，種種神
秘幽玄的意象，在佛教中代指不立文字、教外別傳、無法表述、不可思議的
旨趣。

菩提樹下久棲遲，時復經行繞樹思。

遙想當初栽樹日，曾經親手一封泥。

——憨山《贈訶林裔公》

僧來到首山處，說：「誰能為我奏無弦琴？」
首山靜默良久而問：「聽見了嗎？」
「沒聽見。」僧答。

月作金徽風作弦，清音不在指端傳。

有時彈罷無生曲，露滴松梢鶴未眠。

嘖嘖，法諱不詳的「止翁」彈奏了一首絕曲，他連名字都不願意留下。
因為懂的，只有老鶴。

鶴，也無，法相也。

佛系有一本叢書《人天眼目》，單看書名就很有趣：

> 無為國，高臥羲皇上，行歌帝舜時。
>
> 無星秤，斤兩甚分明。
>
> 無根樹，不假東皇力，常開優缽花。
>
> 無底缽，託來藏日月，放下貯乾坤。
>
> 無弦琴，不是知音莫與彈。
>
> 無底船，空載月明歸。
>
> 無生曲，一曲兩曲無人會，雨過夜塘秋水深。
>
> 無孔笛，等閒吹一曲，共賞太平時。
>
> 無須鎖，擘開難動手，合定不通風。（又云金槌擊不動）
>
> 無底籃，能收四大海，包括五須彌。
>
> ——《十無問答》

聽丹派祖師的《洞天清唱》：

> 俺將那沒底籃仗人挑，俺把那沒弦琴懷中抱。
>
> 俺輕輕撥正赤鳳頭，嘿嘿鑽入烏龜竅。
>
> 擒陽氣，過鵲橋，運陰符，急相包。
>
> 忽然覺泥丸如湯沸，丹田似火燒。
>
> 設屯蒙，忘昏曉，達四肢，薰蒸到。
>
> 若有那魔境相招，俺這裡只是，靜坐如如不動搖。
>
> ——《玄要篇》

山谷曰「琴唯無弦方見心」。黃庭堅，這名字道緣深啊。

因為這把無弦琴頗具《老子》「大音希聲，大象無形」也就是弦外之聲、象外之形，非常地合拍於丹道的「先天」理論。所以用無弦琴來比喻，可使學習者避免為物象所拘。把它援入內丹道系統的，是呂洞賓（「坐聽無弦曲，明通造化機」），同時賦予了它新意。而此以後，談琴論道互為唱和的高道高僧也就多了起來：

> 吾家本住石橋北，山鎮水關森古木。
>
> 橋下澗水徹崑崙，山下飲泉香馥郁。
>
> 吾居山內實堪誇，遍地均栽不謝花。
>
> 山北穴中藏猛虎，出窟哮吼生風霞。

山南潭底藏蛟龍，騰雲降雨山濛濛。
二獸相逢鬥一場，元珠隱伏是禎祥。
景堪羨，吾暗喜，自斟自酌薰薰醉。
醉彈一曲無弦琴，琴裏聲聲教仔細。
可煞醉後沒人知，昏昏默默恰如癡。

——張伯端《石橋歌》

一盞中黃酒更甜，千篇《內景》詩尤好。
沒弦琴兒不用彈，無生曲子無人和。
朝朝暮暮打憨癡，且無一點閒煩惱。

——白玉蟾《快活歌》

直入孤峰意甚深，相逢道伴少知音。
無物堪比龐居士，分明解聽沒弦琴。

——普庵《頌古九十八首》

識得水中金。鍛鍊烹煎理更深。進退抽添須九轉，浮沉。溫養潛龍復與臨。

妙運自天心。託仗黃婆配丙壬。醞就醍醐山頂降，頻斟。慢撥無弦一曲琴。

——蕭廷芝《南鄉子》

我家此曲皆自然，管無孔兮琴無弦。
得來驚覺浮生夢，晝夜清音滿洞天。

——丘處機《青天歌》

歌中所言琴笛歌曲，皆是寓言，仙翁恐人取相而求，故復終篇道破。言我家此曲，乃罔象之象，希聲之孔，謂管無孔，謂琴無弦，所謂無情作用，無情聽受者，迴與世俗之樂仙凡不同。且閻浮之世，濁夢昏沉，洞天之中，清音遍滿，故塵夢非此樂而不解，此樂非夢醒而不得，豈不寤寐遐思，令人忻戀哉。

——陸西星《青天歌測疏》

　　而且，從嚴格意義上說，詩歌本來就不是用來進行「定義」的文體，它是讓人感受的。你可以深刻地感受到：四海聖賢，其心相通。聽一曲高山流水吧：

出竪琴者，聖音。

玄舞者，無手無足而舞。

妙樂者，無指無耳自奏。

神聖的那位，

是萬有耳根，

也是一切的聆聽者。

神聖之門雖然緊閉，

春的芳香仍然入內。

無人看到此中玄妙

但跨越二道門檻者，

即刻頓悟本詩精微。

我醉在──

聖音內，

非藥物，也非杯中物，

凡飲無盞之酒的，

才是真正的陶醉者！

你聽過無指自彈的天籟嗎？

其餘音繞梁三日不絕於耳。

你又，何必離開你的家？

即使一個人道貌岸然，

但是如果沒有內在東西，

有用嗎？

穆聖的子孫在文字中鑽研，

不時指出這個重點、那個則要，

倘若其人心胸沒有為愛所浸染，

有用嗎？

瑜伽士穿著耀眼的袍子來往，

倘若他的裏面毫無光彩，

有用嗎？

──Kabir（1398～1518）

2

七女告帝釋曰：願與我輩願，帝釋許諾。

一女曰：我願欲得無根無枝無葉樹。

——《七女經》

無根樹子，混盲非出入。

頭尾應皆急，妙了過這邊，渡海何曾濕。

——普庵《三昧諸頌》

修行的終極目的，都是要學者的心，擺脫對這個世界的附著。無論是道者的無弦琴，還是他頭上的無根樹，顯然都不是這個世界的東西。

即便真相，在佛教修行家看來也是「著相」，那一句「月明簾下轉身難」顯然是大師的經驗之談。學者更沒有必要在繁瑣細節上予以關注。知道有這個事兒有這個「地標」之景兒就行了，「多知為敗」，既要能知，更要能忘。凡人有「人體差異」，「道人」也一樣的，如果深深地陷入一種具有個性化的文字，就真的對不住《老子》「絕學無憂」的善意提示，被擋在佛教說的「文字障」外了，是難得一「醉」的，更別說把握住那個「似醉非醉」——「止於至善」了。

你聽，那個在「安樂窩」中淺斟低唱的，才是善飲者：

安樂窩中三月期，老來才會惜芳菲。

自知一賞有分付，誰讓黃金無子遺。

美酒飲教微醉後，好花看到半開時。

這般意思難名狀，只恐人間都未知。

——邵雍《安樂窩中吟》

「醉」的本質，不僅僅是多巴胺內啡肽做媒介，還是物質與能量的釋放，知道「樂極生悲」的意思嗎？那就是「爛醉如泥」，就是「藥物老了」……

尤其值得注意的是，丹經中相關的「內景」的描述，越是刻畫得細緻入微，那麼杜撰、臆想的成分也就越多：「靜定之中，忽覺坤田之內，丹光上湧，外達於目而生輝，直將二目催開，光耀閃灼，一連二三次而後已。或丹光湧出，明如金錢，赤如火珠，從大眼角流出，累累成珠，一連二三顆，滾滾下滴，落在身上似覺有聲。」看《大成捷要·第八節真陽發生天機》的這一段「內景」，如果不是傳抄、筆誤所導致，那麼這應該是一個嚴重的「走火」。

所以，當年錢學森先生關注人體科學研究時，告誡要建立「唯象氣功學」，

就是說學術體系要建立在現象之上。現象包括身心兩方面的，而且是無限的接近客觀的真相，帶有自己主觀意識的「真相」，傳播出去，那真是個災難。但是，修煉又確確實實是個從「主觀」入手，到「客觀」結束的過程。這裡面就存在著，學者應當具備很好的、全方位的審視能力。既不能隨便否定古人、他人，也不能人云亦云，見云是雨。

故而，參研經典，一味好古，不存質疑之心，怎樣鑒定「真偽」？真經偽經尚不能判，又怎能把這件事做得「善始善終」？

當我說的天上神水流入我們心靈深處時，（修行）人的心扉就洞開了，同時施與我們不能解釋的溫暖。我這樣比喻是為了你們易於瞭解。懂得的人一聽即知。這個神恩不是由幻想所致，縱使我們用盡方法，也無法羅致。這個神恩中也不是出於我們這塊土壤（「後天」），而乃是天主上智的顧全（「先天」、「無根樹」）。在這裡，我以為深入妙境非人力可為。我這裡的說法可能與我前者所說的有出入，也不足為奇，因為我有十五年的經驗，其間有了新的認識。

——St.Teresa of Avila（1515～1582）

3

現在一些涉及體育的影視，什麼《工夫足球》、《壯志雄心》啥啥啥的，弄一班偶像明星，動畫片一樣的劇情，韓劇一樣的對白，臺劇一樣的口音，屁顛屁顛的就來賺收視率了。特懷念小時候看的《排球女將》，在當年開播時那叫一個火爆！那叫一個萬人空巷！傳達的思想健康德也是沒得說，一群女中學生為了參加奧運會而努力打拼的故事，我們誰沒有被她們的精神打動過？誰沒有被「小鹿的微笑」動情過？誰沒有被她們的失敗惋惜過？誰沒有被由佳的死傷心過？哦，記憶裏有一個情節很深，就是背景是電閃雷鳴，窗戶外面出現了一個恐怖的面孔，夏川由加看到的那個恐怖的形象，後來知道是阿努比斯（Anubis），是古埃及神話中的死神。初次在屏幕上見面著實被他嚇得不得了，一回生二回熟，時過境遷，物是人非，現在已經是老朋友了，常一起喝酒……

跟「名人」的私交就不說了，印象最深的還是幾個妹子打個球拼到飛起來翻跟頭加高空旋轉：

小鹿純子初次上場，遇到了花田隊的新戰術——「遊動掩護」和「流星趕月」。話說遊動掩護是一群妹子集中在一起，擋住南鄉小雄，再由南鄉小雄進

行單人時間差攻擊（和二戰時日本人的偷襲戰有著驚人的相似），流星趕月是南鄉小雄獨創的一種發球，球打過來時，飄忽不定，忽左忽右，在接球的人眼裏看起來像是扁的，讓人難以捉摸。

空曠的體育館裏，女主角一個人在一遍一遍地練習發球，她一直打到天黑，還是打不出旋轉球，在她的眼裏，球還是雪白雪白的。她腦子裏迴響起部長和矢崎的話，卻怎麼也想不明白。她看著球場上散落的球，那些球好像都在藐視她，嘲笑她，純子心頭升起一團怒火，恨不得把這些球砸個稀巴爛。她把球高高拋起，跳起來揮拳狠狠地向球砸去，球好像變成黑色，拐著彎飛了出去。成功了，純子終於恍然大悟。與東丸隊比賽開始了，教練沒有讓純子上場，純子內心也十分篤定，並不著急。東丸隊防守很強，以守為攻，靠隊長的逆旋轉發球連連得分，把比分拉至 12：1，這時，教練啟用了秘密武器——小鹿純子。純子上場後，憑藉著新研發的「旋轉日月」和「鯉魚跳龍門」打得東丸隊措手不及。旋轉日月是將球拋起，再跳起來用打旋轉球的手法將球發出，類似流星趕月，但威力不如。鯉魚跳龍門就邪了，後排扣球到對方半場突然拐彎。

能打出這樣的花招，小鹿純子的天賦肯定是極高的，比如第一次使用晴空霹靂就技驚四座。而她只是在一天以前才知道有晴空霹靂這一傳說的，西方美樹是用了四天的時間才學會了晴空霹靂。而太地姐妹迅速研發出來的「交叉攔網」使得霹靂首次失措。

然後，高津密子研製出的「反晴空霹靂」，「以其人之道還治其人之身」，和由加相同的招數，完全封死晴空霹靂。夏川由加迅速造出「封住霹靂」，用與晴空霹靂相反的翻滾動作跳起，將反晴空霹靂徹底封殺。隨後，夏川由加祭出「流星火球」，躍到高空，將球大力扣出，飛速襲來的球周圍彷彿有著一圈分身，威力不亞於晴空霹靂！然後，純子和由佳（及西芳美樹）合作生產的「雙重晴空霹靂」登場，矢崎杏子的「螺旋飛球」、太地姐妹的「幻影遊動」也紛紛亮相。這個幻影遊動當年可是了得，姐妹倆在空中移形換位，同時做出扣球動作。能使得排球產生出一個分身幻影，使對手瞬間蒙圈。為了對抗幻影遊動，白富士學園更是新鮮出爐了「三頭六臂」，即以三位隊員同時出擊，才封殺了「幻影遊動」。還有東丸隊長的「逆旋轉發球」，球帶有強烈的後旋，在飛到對方場地後會忽然向網前倒飛，玄乎不？還有飛燕展翅、高拋發球啥啥的印象不深，就都不說了。

　　看了這個節目，你還能不感覺到這群日本妹子可以打遍天下？誰知和中國女排一接手，被打得不成人形。這也照樣不耽誤小日本繼續意淫《足球小子》、《灌藍高手》。

　　《排球女將》是在講排球運動嗎？我真的不懂排球，我也不是在說排球，我在說什麼你懂得。

二、禍發必因斯害己　要須制伏覓金公

　　我們暫且放下這部「沉重」的經典，來看一部通俗小說。

　　一個筋斗雲能去一十八萬里，來無蹤去無影的孫悟空，這是一隻活脫的心猿，《西遊記》中給了他一副火紅的雷公貌，舉止乖巧，心性靈動，這是依五行之火、五臟之心勾勒出的一個人物。道書中常見「火逼金行」這個術語，講金火一家，金火共用，故《西遊記》中，孫行者又別稱「金公」。

　　行者本是東海花果上的一塊仙石，「石產一卵，見風化一石猴」，其時，立刻驚動了天上諸神，蓋「佛配自己之元神」（第三十一回），此段叫人領略了道教的「精動神知」一說，在這本神話小說中，已是如此的栩栩如生。

　　心用具有很重要的宗教學含義。摘錄幾句三教中的議論吧：

> 心有所定，計有所守。（孔子）

> 達摩西來一字無，全憑心意下工夫。（禪宗）

> 大道教人先止念，念頭不住亦枉然。（《規中指南》）

> 如所問道，則示之以心，如所問金丹大藥，則又示之以心，愚
> 深知一切唯心矣。（《紫清指玄集‧鶴林問道篇》）

　　不厭其煩地選抄許多，小說將孫行者定為西行的主將，已不言自明。

　　第一回「靈根育孕源流出，心性修持大道生」，講了石猿出世，拜師學道兩個故事。行者的第一個傳道師為菩提祖師，菩提雖是佛教語，但他滿嘴是道家話，他教樵子「念念《黃庭》，一則散心二則解困」，即可證之。石猿按樵子指示，來到了「靈臺方寸山斜月三星洞」，這是菩提祖師的修道處，祖師的居穴，可謂「祖竅」。作者筆下心猿停止漫遊，安居學道，是謂「心伏祖竅」、「心

繫祖竅」，作者之描寫止念、修心，可謂妙筆生花！

學道小成的孫悟空回到花果山，想求得一件稱心的兵器，下東海（神火下注），入龍宮（水火交融）。龍王說「大禹治水時，留下了一個定江海淺深的定子，是一塊神鐵」（水中金）。乃定海神針（先天根本，道教欲修的腎中精）。悟空得了這根水中神鐵，可謂「水火既濟」、「精神若一」了。這根棒又弄起來得心應手，不用時還可藏之於耳（腎之竅在耳）。

這裡附帶一筆水簾洞與東海龍宮的關係：行者出世時，「精動神知」，天庭諸神一併振動，這裡的天上人間素來是道教中描述上下、身心、坎離、精神的大手筆。那個水簾洞則是「鍋邊傍崖存火跡，樽罍靠案見肴渣。石座石床真可愛，石盆石碗更堪誇。」讀者細看，這是否在寫意吾人的口腔牙床？其間的那座橋，又令人遐思至道教中的上鵲橋，道流稱那裡艱澀，不易行之，故曰「鐵板橋」。「橋下之水，沖貫於石竅之間，倒掛流出去，遮閉了橋門。」似是取象於醫家的舌下之金津、玉液，醫家又以金津玉液之根源在於腎中精水，故四老猴道：「大王既有此神通，我們這鐵板橋下，水通龍海龍宮。大王若肯下去，尋著老龍王，問他要件甚麼兵器，卻不趁心？」

一日夢中，行者「闖入森羅殿上」，勾去家族姓名，自銷了死籍──《老子》的「長生久視之道」在這裡得以形象描述。

天上諸將降不下行者，玉帝依菩薩之計，請來下界灌江口二郎神，書上稱「以相生相剋拿他」。「二郎實在就是古代神話中治水的李冰」（《神話論文集‧中國神話對後世的影響》）。二郎神即為水神，他捉拿行者是合於五行相剋之理的，所謂水剋火。

佛祖「將五指化作金、水、木、火、土五座聯山，喚名五行山，輕輕地把他壓住。」文采絕倫，想像奇特。在文學家筆下，神秘的五行論顯得格外瑰麗、生動了。

跟隨了唐僧之後，行者先是打死攔路猛虎（虎性猙獰，道教喻身喻精喻情），得一件虎皮裙，又收服玉龍三太子（龍性猖狂，道教喻神喻性喻心），化為白馬（龍馬精神，源自《易傳》，借指「乾」之剛健），唐僧有了自強不息的得力的坐騎。

路過高老莊，又收了豬八戒，行者有了合作夥伴，此後捉怪時，總是二人協同（水火共用），沙僧守護師父行李（土主藏納）。作者說收徒一段的意思是：

五行匹配合天真，認得從前舊主人。

煉己立基為妙用，辨明邪正見原因。

金來歸性還同類，木去求情共復論。

二土全功成寂寞，調和水火沒纖塵。

其中「金來歸性」、「木去求情」，是唐僧（性木）收行者（金公）、豬八戒（情）之事。「二土」即沙僧，它是丹道「全功」的先決條件：「四象五行全藉土，三元八卦豈離壬」（《悟真篇》）。

至此，內丹之道的「合和四相」、「攢簇五行」之事，在小說中已編寫完畢。

第二十三回，「四聖試禪心」時，不能逃此劫難的是豬八戒，他是五行之水，若遇美女，便難以自拔，這是老毛病。行者之誤多是頑劣、逞能。他係五行之火，鎮元子的人參果樹一相遇著，焉能不壞？所謂「火生於木，禍發必克」（《陰符經》）。能挽救這株性木慧根的，唯有觀音的淨瓶甘露水，行者請來相救，醫活了古木。這一段是在演義丹道的歌契「忙求北海出潮水，灌濟南山老樹根」。這株人參果別名又稱「草還丹」，是藥方名，見於《濟陰綱目》卷六十四，稱此方「延年嗣續之至藥也」。丹道稱身中亦有此味大藥，修之可以返老可以還童，可以精神恒駐。它的原料中最基本的一味便是「內丹腎」中的元精，所謂的五行之先天水。再讀本段故事，源流已明朗，蓋在排演道教的「以水涵木」之理。

著名的那段三打白骨精，是取自佛教的「屍魔」之典。說的是未了道的唐僧，看不破色相之障，怨忿行者隨便傷生，逐之而去。

行者回到久別的花果山，從前的青山綠水，現在已是瘡痍滿目，作者極盡饒舌之力，將此淒涼詩敘一番。再是行者下了一番工夫，重整了形神衰敗的花果山，以丹道理論說來，就是「神回體內氣自生」。

攆走了行者，西天之路寸步難行，唐僧被魔頭捉去，出逃的豬八戒前來游說，義激美猴王出山，方解唐僧身難，再次強調了行者在拜佛路上的獨特作用，顯示了該小說創作思緒中的濃鬱的「唯心觀」。

同時要注意，《西遊記》中的唐僧、托塔李天王，和歷史上的玄奘、李靖，也不是同一個人，是不能畫等號的。

再看真人契歌，蓋其言下之意，無需多言，一目了然矣：

火生於木本藏鋒，不會鑽研莫強攻。

禍發必因斯害己，要須制伏覓金公。

　　　　　　　　　　——《悟真篇》七言絕句第二十四

三、能於日用顛倒求　大地塵沙盡成寶

1

此法真中妙更真，都緣我獨異於人。
自知顛倒由離坎，誰識浮沉定主賓？」

——《悟真篇》七言四韻第四

不知玄中顛倒顛，爭知火裏好栽蓮。
牽將白虎歸家養，產個明珠似月圓。

——《悟真篇》七言四韻第十三

俗語常言合聖道，宜向其中細尋討。
能於日用顛倒求，大地塵沙盡成寶。

——《悟真篇》七言絕句第五

日居離位反為女，坎配蟾宮卻是南。
不會個中顛倒意，休將管見事高談。

——《悟真篇》七言絕句第十五

蘊諦根塵空色，都無一法堪言。
顛倒之見已盡，寂靜之體攸然。

——《悟真篇外集·心經頌》

如果知道如何睡覺，那麼睡著比醒來好。
讓注意力深入內息，五句咒自動繼續唱誦。
凡能在醒著時入睡，而睡時與天地同眠，

　　　　他的靈魂之弦，必跟源頭相繫，

　　　　沒有一刻斷線。

　　　　家破人亡時，

　　　　人們悲傷痛苦。

　　　　豈知神不守舍，

　　　　才是被劫掠了一空。

　　　　殺戮，那

　　　　當殺戮帶著復活來時，

　　　　你為至善，不是行惡。

　　　　　　　　　　　　　　　　——Kabir（1398～1518）

　　顛倒之說，是道教內丹學派的一個重要觀念，這一講的內容是，根據中國哲學發展史的儒道互補性，結合儒家的性情學說，對此觀念的來龍去脈進行考察。主要內容都是很久以前的部分論文，雖然乏味，但是，「窮理」工夫，不可或缺。

　　「顛倒」和「火裏栽蓮」在《悟真篇》及其後的丹經中，是慣用的理論、術語，它們做何解釋，這要溯源到儒家的性情學說、陰陽家的五行思想和中國哲學史上的儒道互補以及「三教九流」的若干雜說，這是符合道教金丹派南宗創始人張伯端的學術生涯的：「僕幼親善道，涉獵三教經書，以至刑法書算、醫卜戰陣、天文地理、吉凶生死之術，靡不留心詳究。」（《悟真篇原序》）

　　性，在儒家有人性、天性、本性等涵義。隋唐佛教用以指佛性，「性名自有，不帶因緣。若帶因緣，不名為性。」（《大智度論》卷三十一）程朱學派以性為宇宙的本原，「性是太極渾然之體，本不可以名字言。」（朱熹《答陳器之》）可以說，性是超越任何客觀條件和關係的東西，在中國哲學中具有形而上學的意味。

　　情，即情感、欲望，這是容易理解的。

　　令人感興趣的是，縹緲虛幻的天人之性與「伸手可觸」的眾人之情是怎樣結合併落實於丹道的過程——瞭解了這段儒道互補的歷史，丹道性命之學的神秘幻彩便略可褪色。

　　　　喜怒哀樂之未發，謂之中，發而皆中節謂之和。

　　　　中也者，天下之大本也；和也者，天下之達道也。

致中和，天地位焉，萬物育焉。

——《禮記・中庸》

子思認為人的喜、怒、哀、樂的情感在還沒有被激發的時候，其心境是無所偏倚的，故謂之中。情緒已出，而能調節，故謂之和。南宋朱熹則把中、和直接解為性、情：「喜怒哀樂，情也。其未發，則性也。無所偏倚，故謂之中。發皆中節，情之正也。無所乖戾，故謂之和。」（《四書章句集注》）

南宋胡宏認為：「聖人發而中節，而眾人不中節也。中節者為是，不中節者為非。」（《知言》）

可見，儒家傳統不主無情，而主「節」情。道學雖主無情，但它卻是從「節」情入手的，「除情去欲，守中和，是謂知道要之門戶也。」（《河上公章句・體道》）

戰國法家申不害《申鑒》：「養性秉中和」。

《管子・內業篇》：「定心在中，耳目聰明。」

《荀子・天論》：「心居中虛，以治五官。」

空洞的性被落實到人「心」，道學有了可以「操作」的具體之物。

按照中國傳統的思維模式，性、情也有善惡、陰陽之分，在一定意義上可以說，中國歷代哲學家、思想家，有關性、情的爭論，都是圍繞著善與惡而展開的。孔子是中國哲學史上第一個提出人性理論的思想家。他的「性相近也，習相遠也。」（《論語・陽貨》）在人性論上具有發端的意義，但他說的「性相近」是善相近還是惡相近呢？「習相遠」是善相遠還是惡相遠呢？他都沒有具體地闡發。

孟子是最早明確地提出性善論者。戰國中期以後，人和人性問題，逐漸被提到諸子爭論的日程上來了。在此期間流行的人性觀點，歸納起來有：「性無善無不善；性可以為善，可以為不善；有性善，有性不善；性善。」（《孟子・告子上》）

孟子的性善論是針對告子的性無善惡論提出來的。告子認為「生之為性」，「食色性也」。（《孟子・告子上》）這實際上是說包括人在內的所有動物具備的共同屬性。所以孟子反問道：「生之為性也，猶白之為白與？……然則犬之性猶牛之性，牛之性猶人之性與？」（《孟子・告子上》）孟子認識到，動物與人不是同類，所以本性不同。他認為性是人生來具有的純善本性，其中蘊藏著仁義理智等道德意識的萌芽，並進一步指出，人的本性、本心和禽

獸不同,由於有的人不知道保存本性、本心,而喪失了本性,丟失了本心,結果變得與禽獸差不多了;由於有的人能夠保存善性,修養本心,而成為聖人、君子。(《孟子‧告子上》)這是孟子「存心」、「養性」說的基礎,人為了實現盡心、養性、事天、立命的最高境界,達到最和諧的精神生活,就要「養氣」。氣為充塞宇宙、周流人身之物,為人和萬物之生命所在。人能培養自身之氣,人的心、行就和天地相通,與萬物融為一體,這時主觀精神和宇宙精神合而為一,即「天人合一」了。所以孟子說:「夫君子所過者化,所存者神,上下與天地同流,豈曰小補之哉?」(《孟子‧盡心上》)孟子自稱自己是「善養浩然之氣」者,這種「浩然之氣」雖不是物質元氣,卻是以物質元氣為基礎的。

> 志,氣之帥也;氣,體之充也。
>
> ——《孟子‧公孫丑上》

當孟子的弟子公孫丑問他什麼是「浩然之氣」時,他回答是:「難言也。其為氣也,至大至剛,以直養而無害,則塞於天地間」。就是說,這種經過人的主觀精神培養而形成的精神志氣,它具有大、剛、直的特點,不懈地培養則不斷地增長,以至於「塞於天地間」。人具備了「浩然之氣」,既能上下與天地同流,又能與萬物為一體,結果是「萬物皆備於我矣」——可以說,「浩然之氣」是「天人合一」的物質基礎,後世的丹道以「煉精化氣」為第一步,至此也就不難理解了。可以說,孟子的性善論、養氣說和天人合一觀對丹道理論的建立起到了巨大的作用!

具有法家意識的荀子針對孟子的人性論提出了相反的看法。他認為「凡性,天之就也,不可學,不可事。」(《荀子‧性惡》)就是說,性是天賦的自然本質,與生俱來的原始的質樸的自然屬性,是不加人為之偽的自然者。在荀子看來,由於人的自然本性都是好利多欲的,凡人都是「饑而欲食,寒而欲暖,勞而欲息,好利而惡害,是人之所生而有也,是無待而然者也,是禹、桀之所同也。」(《荀子‧非相》)人人都有物質欲望的追求,這是不用學習就有的,這種自然的物質欲望的追求,就決定了「人之性惡」(《荀子‧性惡》)。荀子認為,在人的惡性中,不存在仁、義、禮、智等道德原則,人性的內容就是情,就是欲,並把情和性並稱:

> 若夫目好色,耳好聲,口好味,心好利,骨體膚理好愉佚,是皆生於人之情性者也;感而自然,不待事而後生之者也。……夫好

利而欲得者，此人之情性也。

——《荀子‧性惡》

　　性、情、欲三者的關係是：「性者，天之就也；情者，性之質也；欲者，情之應也。以所欲為可得而求之，情之所必不免也。以為可而道之，知所必出也。」（《荀子‧正名》）所謂「質」，就是能。就是說，性是天之自然成就，情是性之資質，欲是情之感應。由於人有先天賦予的自然本性，這本性就是追求食色慾望，即好利避害和喜怒哀樂之情，所以「性之好、惡、喜、怒哀、樂之情。」（《荀子‧正名》）有了情，人的器官就會被感動，引起反應，這就是欲。性、情、欲是人的天性追求、本性反應，為了改變這種本惡的性情，就需要後天的禮義教化，使人由惡變善，這就是「化性起偽」。荀子不同意孟子的性善論，他一面講人性是「天之就」，「生之所以然」，「不事而自然」的性惡；但另一方面他認為人人都有成聖之質，「聖人」是由「人之所積而致也。」（《荀子‧性惡》）宣講人要去惡為善，而「善」為後天人為之「偽」。在這兩者中間，荀子特別強調、重視後者，注重後天培養對人性轉換的重要作用。丹道雖然沒有接受荀子的性惡論，但對荀子的「積善而不息」，人就能達到變善成聖的境界確實是贊同的——這些辭意在丹學經典的字裏行間時常閃爍，如《悟真篇》說：「人人本有長生藥，自是迷途枉擺拋。」如《黃庭經》說：「仙人道士非有神，積精累氣以成真。」

　　孟、荀之爭是先秦學人關於性的屬性的兩大對峙，丹道就取了孟子的性善論和荀子的積善論。

　　自董仲舒以性為陽、情為陰后，情即成了宋人所謂的「私欲」，這是對性善說、性惡說的折衷。董仲舒首先認為，整個宇宙中的人和萬物，都是上天有意識、有目的地創造和安排的，人是天的縮影，是天的副本。然後，他在這種天人合一論的基礎上，展開了人性理論的論述。董仲舒認為，人之性來源於天之命，人性是由天賦予人的，即人的性情來自天的陰陽：

　　　天之副在乎人。人之情性有由天者矣，故曰受，由天之號也。

——《春秋繁露‧為人者天》

　　　天之所生，謂之性情。性情相與為一冥。情亦性也。

　　　……身之有性情也，若天之有陰陽也。言人之質而無其情，猶言人之陽而無其陰也。

——《春秋繁露‧深察名號》

> 人之誠，有貪有仁。仁貪之氣，兩在於身。身之名，取諸天。
> 天有陰陽之施，身亦兩有貪仁之性。天有陰陽禁，身有情慾桎，與
> 天道一也。

——《春秋繁露・深察名號》

人為天所造，人之身來自天，人之性情也來自天，所以說「人之情性有由天者」，為天所授。天有陰陽，人亦有情性；天有陰陽之施，故人有貪仁之性。性為陽氣為仁，情為陰氣為貪，天人相配，合而為一。但天是主宰者，人是天的附屬物，故人之性來之天命。在董仲舒看來，人性既有善的因素，又有惡的因素。董仲舒認為，由於當時的學者不瞭解人性的實質，故有人性善惡等不同的說法。因此，他提出了人性三品說，即聖人之性，中民之性，斗筲之性。

宋明理學的先驅、唐代的韓愈，在人性理論上繼承了漢代以來的性三品說，又對孟子、荀子、揚雄等人的學說進行了總結、去取、補充、修正和發展，論述了性與情的關係，完善了性三品說：

> 性也者，與生俱生也；情也者，接於物而生也。性之品有三，
> 而其所以為性者五；情之品有三，而其所以為情者七。曰何也？曰：
> 性之品有上、中、下三。上焉者，善焉而已矣；中焉者，可導而上
> 下也；下焉者，惡焉而已矣。其所以為性者五：曰仁、曰禮、曰信、
> 曰義、曰智。上焉者之於五也，主於一而行於四；中焉者之於五也，
> 一不少有焉，則少反焉，其於四也混；下焉者之於五也，反於一而
> 悖於四。性之於情視其品。情之品有上、中、下三，其所以為情者
> 七：曰喜、曰怒、曰哀、曰懼、曰愛、曰惡、曰欲。上焉者之於七
> 也，動而處其中；中焉者之於七也，有所甚，有所亡，然而求合其
> 中者也；下焉者之於七也，亡與甚，直情而行者也。情之於性視其
> 品。

——《韓昌黎集・原性》

韓愈認為，人性是與生俱來，生而具有的；情慾是接觸外物而產生的。人性分為上、中、下三品。上品之性是至善的，中品之性是可善可惡的，下品之性是至惡的。人性之所以劃分為上、中、下三個不同的等級，就在於是否具有仁、義、禮、信、智這五種道德。上品之人生來就具有這五種道德，所以是善的；中品之人生來就對於這五種道德是欠缺的，所以是可善可惡的；下品之人生來就不具有這五種道德，所以是惡的；在韓愈看來，孟子的性善論和荀子的

—60—

性惡論，都是指中品之性而言，並沒有包括上品之性和下品之性，都是得其一而遺其二，因而都是欠缺的。

韓愈的學生李翱，在韓愈性情三品說的基礎上，繼承了思孟學派的觀點，吸取了各家的人性思想，援入了禪宗的神學思想，構建了自己的性善情惡的復性論：

> 人之所以為聖人者，性也；人之所以惑其性者，情也。喜、怒、哀、懼、愛、惡、欲七者，皆情之所為也。情既昏，性斯匿矣。非性之過也，七者循環而交來，故性不能充也。水之渾也，其流不清；火之煙也，其光不明；非水火清明之過。水不渾，流斯清矣；煙不鬱，光斯明矣。情不作，性斯充矣。
>
> ——《復性書上》

李翱認為，人之所以為聖人，就在於其所具有的先天本性清淨純潔，而不為後天的情慾所侵染、破壞。人之所以不能為聖人，是因為其所具有的先天清淨純潔的本性，被後天的情慾所侵染，而使先天具有的善性不能擴充、發展，所以成為眾人。這如同水火與沙煙的關係，水的本性是清淨的，由於泥沙渾濁，把水攪混了，當泥沙沉澱後，水就清淨了，這就叫做「復性」。再如，火光的本性是明亮的，由於煙霧混雜，使火光不明，去掉煙霧之後，火就明瞭，這就叫做「復性」。同樣，人的本性是至善的，由於被後天的情慾所侵襲、擾亂，而為不善了，為了恢復本來的善性，就要去掉情慾之擾，這就叫做「復性」。李翱以此說明情是性之累，情是眾人成聖的障礙。因此，李翱認為，性和情是對立的，性本善，情為惡。於是，他提出了性善情惡、復性為善的復性論。李翱認為，只要排除情慾，不為情慾所昏，使心處於寂然不動的狀態，就會達到廣大清明的「至誠」境界，達到這種境界，就可以「盡人之性」，「盡物之性」，更可以「通天下之故」，「贊天地之化育」而「與天地參了」。這顯然是對《中庸》的天人合一思想的發揮：

> 誠者，聖人之性也，寂然不動，廣大清明，照乎天地，感而遂通天下之故，行止語默，無不處於極也。復其性者，賢人循之而不已者也，不已則能歸其源矣。
>
> ——《復性書上》

人只要不動心，心不為情慾所引誘、牽動，永遠保持「不動」、「清明」的境界，就可以恢復善的本性。這種復性的境界叫做「誠」或「至誠」。在這種

境界中，情不動，欲不發，因此是恢復了善的本性。達到這種境界，便能成為「範圍天地之化而不過，曲成萬物而不遺」的神通廣大者，這就是聖人。

李翱的性情論具有承上啟下的意義。他在接受了韓愈的性情觀後，進而主張復性滅情，開啟了宋明理學的天理人慾之辯的先河。同時，道教內丹學派的「後天」返「先天」的理論，也脫胎於此。

宋、元之際，正是丹道理論援儒、釋而蓬勃發展的時代，這樣，丹道也以情為惡。同時，丹道把解決性、情的矛盾作為理法的關鍵了。「後天」的現實世界在丹學中，成了水火之宅，蓬頭跣足的隱士像是《一千零一夜》中的漁夫，想方設法地要把浮出瓶子肇禍的魔鬼裝回瓶中，恢復風平浪靜的性海天空——所謂「先天」。結果是導致宋初道士陳摶把古老的、盛行於隋唐的胎息術充實在《無極圖》中來設計煉丹的程序，後世籍此發展出所謂煉精化氣、煉氣化神、煉神還虛的三個丹道階段，在明清之際終成定式。而陳摶的《無極圖》在啟迪了周敦頤的靈感後，使其以一幅《太極圖》來演示宇宙萬物的進化而開啟了理學之源，並以《太極圖說》對其所繪的《太極圖》加以說明，全文僅二百五十餘字，卻對宋代的文化意識形態產生了深遠的影響，這是內丹學派對儒家的回報。

五行說起初只是一種關於宇宙生成的設想理論，發展到後來成為中國思維的基本方式之主流。於是，政治、軍事、農業、天文曆法乃至宗教、倫理、藝術都與五行說有了扯不斷、理還亂的關係，這種習氣也不可避免地影響了丹道理論體系地創建。五行論認為，金—水—木—火—土，依此是相生關係。

　　　火生於木，禍發必克。

《陰符經》這句話被內丹派看中後，發揮出了極大的含義。

內丹學認為「性」順生「情」，簡單而言即五行的順生——木生火，這就是人道。逆人道之常「情」，則現天道之恒「性」，用五行的語言來講就是五行逆轉——火生木，就是「火裏栽蓮」（佛教語言），就是丹道，就是「顛倒」，就是「倒行」，就是「逆施」，就是「抽坎填離」，就是「扭轉乾坤」，詳而言之，即以土—火—木—水—金為丹道的生化次序，即「土」釜（丹田）若經「火」候的鍛鍊，則性「木」萌發，以「水」涵木而得以「金」丹成象。這就是《悟真篇·外篇·直瀉天機圖論十七》所謂的「五行之顛倒」。

「陰在上，陽下奔」——如果說魏伯陽的用語「奧雅難通」，呂先生曰「上升下降谷神糧。」如何？耽源呈頌「湘之南，潭之北，中有黃金充一國。無影

樹下合同船，琉璃殿上無知識。」如何？

張伯端的詮釋已經是「了了分明」了：

> 坎者，腎宮也。離者，心田也。坎靜屬水，乃☵也。動屬火，乃
> ☲也。離動為火，乃☲也。靜屬水，乃☵也。交會之際，心田靜而
> 腎府動，得非真陽在下而真陰在上乎？況意生乎心，而直下腎府乎？
> 陽生於腎，而直陞於黃庭乎？故曰『坎離顛倒』也。若不顛倒而順
> 行，則心火動而不靜，大地火坑之意明矣。
>
> ——《玉清金笥青華秘文金寶內煉丹訣》）

鑒於《悟真篇》在道教史上的聲望，後人對「顛倒」、「火裏栽蓮」的注解
屢屢不絕：

宋夏宗禹：

> 火城栽蓮，雖平叔以外事託喻，其實是內丹作用工夫。學者不
> 得師傳，謾勞注解。且蓮生於水，水生於木。今以水中之物而種於
> 火，豈理也哉！亦以人身中一物，如蓮之狀，生於真陽之火。雖曰
> 火也，其實水也。雖曰水也，其實火也。以水言之，則不流失不潤
> 下；以火言之，則不炎上不就燥。火氣藏於水，名曰內陽。水氣藏
> 於火，名曰內陰。陽陰聚精於木火，故有象，如蓮之質。其蓮栽種
> 成熟，千變萬化，或甜如蜜，大如桔者。此蓮也果生枝上，子在胎
> 中者，亦此蓮也。以至為交梨火棗，千名萬字，總是金丹之表德也。
>
> ——《悟真篇講義》

清董德寧：

> 自知顛倒由離坎者，以離為日為火，居於南方，而在卦反屬陰，
> 又謂之中女；以坎為月為水，居於北方，而在卦反屬陽，謂之中男。
> 此乃離坎之顛倒，為修養之玄功，其殆我自知者也。誰識沉浮定主
> 賓者，蓋主賓之道，則主居於內，而賓在於外；其五行之理，則金
> 水下沉，而木火上浮。此皆常道也。今煉養之法，要使金水自東上
> 騰，而木火自西下奔，以成交互之功，則猶主反為賓，而從左外出，
> 賓反為主，而從右內入。如此之玄機，其誰識之哉？此乃天地之日
> 月，卦象之坎離，其陰陽之顛倒有如此耳。至於修丹之造化，亦復
> 傚之。如水要其生，火要其降；金則使之浮，木則使之沉；其在下
> 者採之以登天，在上者取之以入地；而陰中藏真火以煉其鉛，陽中

含真水以烹其汞。是將次二物運行於黃道，封固於黃庭，以凝結成
丹，則顛倒之能事畢矣。火裏不可栽蓮，男兒安得成孕？今修煉之
道，乃玄中之玄，妙中之妙。還返陰陽，顛倒造化，而使男子結胎
以成丹，此猶火中栽蓮以結子也。

——《悟真篇正義》

清劉一明：

顛倒者，顛倒陰陽，逆使造化也。離坎者，離為火，外雄而內
雌，其內之雌為真陰，在人為靈知，藏於人心，人心動而靈知飛，
如火之上炎也。坎為水，外暗而內明，其內之明為真陽，在人為真
知，具於道心，道心昧而真知藏，如水之下流也。用顛倒者，生道
心定人心也。道心生則真知剛健，而精一之水上升；人心定則靈知
柔順，而亢燥之火下降。水上火下，而水火相濟矣。靈知為性，性
屬木，木性柔，易浮；真知為情，情屬金，金情剛，易沉。靈知浮而
用事為主，真中有假；真知沉而不彰為賓，假陷其真。此順行也。
定主賓者，以真知之情為主，使沉下者而浮上；以靈知之性為賓，
使浮上者而沉下。主賓反覆，而金木相併矣。不識陰陽顛倒之法，
怎知火裏栽蓮之妙？顛者何顛？倒者何倒？……真情即返，真性即
現，性情相戀，先天真一之氣，自虛無中來，結成一粒寶珠，如圓
滿之月，光輝照耀，山河大地，如在掌上，金丹有象。《參同契》所
謂『金來歸性處，乃得稱還丹』者是也。

——《悟真直指》

清朱元育：

坎離交而產藥，乾坤交而得丹，總是顛倒妙用，但世人知之者
希耳。即如常道陰陽，火生於木，水生於金，順而出之，欲動忿勝，
生轉為殺，所謂五行順行法界火坑也，在《陰符》謂之禍，發必克
丹道。丹道陰陽則不然，水轉生金，火轉生木，逆而反之，忿懲欲
窒，殺轉為生，所謂五行顛倒大地七寶也，在佛經謂之火宅生蓮。
金丹之要只在真鉛，真鉛之用不出坎離二物。離為日，日乃太陽真
火，是先天乾父法象，不知乾破為離，乾父反為中女矣；坎為月，
月乃太陰真水，是先天坤母法象，不知坤實為坎，坤母反為中男矣。
此先天轉作後天顛倒之妙也，若能再一顛倒，則離中一陰復歸於坤，

坎中一陽復歸於乾，親上親下，各從其類，後天不又轉作先天乎？

——《悟真篇闡幽》

　　以上所選錄的四大家之解語，立論都不盡相同，這與他們的聞知、理解、經歷乃至於文化背景，都無不有著千絲萬縷的關係，於是影響了他們的慣用語言和思維方式。比如清代，道教呈衰落之勢，身在佛教中的全真道龍門傳人柳華陽，就是用佛教術語來詮譯丹道的，同樣不失其一派學說的歷史價值。於是，有一點便顯而易見了：在歷史上對內丹理論頗有建樹者，若非「鴻儒」，則難以成其為「高道」，高僧也不例外。這就是內丹學意義上的儒道互補或三教合一。

2

In order to arrive at pleasure ineverything

Desire to have pleasure innothing.

In order to arrive atpossessing everything,

Desire to possess nothing.

In order to arrive at beingeverything

Desire to be nothing.

In order to arrive at knowingeverything,

Desire to know nothing.

In order to arrive at thatwherein thou hast no pleasure,

Thou must go by a way whereinthou hast no pleasure.

In order to arrive at thatwhich thou knowest not

Thou must go by a way thouknowest not.

In order to arrive at thatwhich thou possest not,

Thou must go by a way that thoupossesst not.

In order to arrive at thatwhich thou art not,

Thou must go through that whichthou art not.

When thy mind dwells uponanything,

Thou art ceasing to castthyself upon the All.

For in order to pass from theall to the All,

Thou hast to deny thyselfwholly in all.

And when thou comest to possessit wholly,

Thou must possess it withoutdesiring anything.

For, if thou wilt have anythingin having all,

Thou hast not thy treasurepurely in God.

這是一位基督徒 St.John of the Cross（1542～1591）的詩歌。

聖十字若望（也譯作聖十字架的約翰）是 16 世紀西班牙詩壇巨擘、默觀玄冥密契者、聖女大德蘭神修之友。直到今天，他的主張仍是西方真實靈修的經典和修行指南，他對教會靈修教導的貢獻，一直以來，影響深遠，地位卓絕。在若望詩集所附的手稿中揭示出他高超的實證，這為他贏得了教會聖師的榮譽。

西班牙耶佩斯是耶佩斯的若望（即聖十字若望）及其後繼者的發源地，若望於 1542 年出生，是一位織工的兒子。若望在一家耶穌會學校半工半讀，他的隱修是在這幾年學習中扎下的根。1568 年是他餘生的一個標記，因為主張宗教改革而被押羈押在一個叫陀列羅的偏遠小鎮上，他們將其囚禁在水牢裏，且每週鞭打三次。不斷興起的反對聲浪、誤解，甚至是迫害與囚禁，就是聖人堅持改革所償付的代價。在黑暗、潮濕與狹窄的囚室內，修道士除了天主外，一無所有。「十字架」的真義──即耶穌的受苦、死亡與復活的經驗，逐步地滲進他的靈魂裏。若望在獄中度過了艱難生活達九個月之久，他住在一個寬六尺，長十尺的小牢房，除了牆上高處的細縫射入的光線外，沒有一點光亮。他在自己的痛苦中，體驗到一份淨化的超昇（purifyingascent）。若望也因此在這種景況中寫出了經典的神修巨作，他的許多神秘經驗與靈感，幾乎都在那囚禁的九個月時領受的，在這期間他完成了他絕佳的詩作《心靈的讚歌》的第一章。

經歷了各種困難、迫害和屈辱，望奇蹟般地成功逃出牢獄；若望的餘生，肩負了多個管理修會的職務，於 1591 年逝世於烏伯達（Ubeda）。

說起基督教系統的隱修，人們感覺大多是：啊，好神秘！

若望卻以生活中的比喻，讓人容易親近。他提出：若有人在此世尋求幸福，那無異於「一個張開口企圖從空氣中尋求飽足的人。」凡經歷過生離死別的人，沒有誰會對此有異議吧？這和佛教的悲苦論以及弗洛伊德說的「人類的社會就是個悲劇」如出一轍。

人到中年，也就不需要哪位導師再來宣講人生之偉大意義了，在這個沒有任何意義的、意外的、偶然的，又是難得的生命之旅中，得遇解脫之道，真好。

至於是修道還是學佛或接受基督還是像蘇非一樣孑然獨行，這就是個人的緣分了。

若望還指導人們，唯有破除欲望的捆綁，人們才能夠奔向天主。他尤其關切在修行中遭受神枯與沮喪的人，換句話說，就是元音老人說的黑暗摸索期。他會激勵他們，並引導他們走入更深的信德之中。他批出，在修行的過程中，會經歷一種什麼感覺都沒有的狀態，感覺不到愛、溫暖，若望稱這叫「黑夜」。人唯有經歷感官和心靈兩種黑夜的考驗，靈魂才能脫離軟弱無助的階段，達到成全的境界，他在《心靈的黑夜》描述了成聖道路上所經歷的努力與考驗。心靈的黑夜分為主動與被動黑夜。A、主動黑夜：克己苦身，包括感官的淨化（五官）和精神的淨化（三思：理智、意志、記憶）。B、被動的黑夜（完全交託於天主，由他來引導）感官完全由天主引導，天主直接把自己啟示給人，不需要任何媒介。聖徒說：

> 靈魂啊！你還渴求什麼呢？在你內已擁有你的所愛與渴求——祂是一切富足、喜樂、滿足與國度的來源，那麼你在外頭還找尋什麼？在你內渴望祂、朝拜祂吧！別在你自己以外追尋祂；你會在你內因追尋祂而更加感到喜樂，否則你會找不到祂並失去祂。

> 從未見過如此清澈、顯耀與明亮的光芒；我知道一切的光都是從它而出，儘管是在黑夜裏。

這些在中國傳統的內丹學派中，都有一一的對應，留待後敘。

在看過多種版本後，感覺文青所譯不是十分達意，現在從修行文化的角度，試譯一下前面提到那首英文詩，讓我們品味品味裏面滿滿的「顛倒「之味和《老子》之趣吧：

> 若要受用一切，
> 先求一無所用。
> 若要擁有一切，
> 先求一無所有。
> 若要成為一切，
> 先求一無所是。
> 若要知曉一切，
> 先求一無所知。
> 要到一無所樂處，

必經所不樂。

要到一無所知處，

必經所不知。

要到一無所有處，

必經所沒有。

要到一無所是處，

必經所不是。

當你在「我執」中，

你就失去了整個。

為了擁有整個，

先要無我。

於是，當整個被你擁有了，

那一定是一無所有的「有」。

因為，倘若認為擁有萬物即擁有一切，

你就失去了純粹屬神的——你！

——St.John of the Cross（1542～1591）

四、勸君窮取生身處　返本還源是藥王

1

陽裏陰精質不剛，獨修一物轉羸尫。

勞形按引皆非道，服氣餐霞總是狂。

舉世漫求鉛汞伏，何時得見虎龍降。

勸君窮取生身處，返本還元是藥王。

——《悟真篇》七言四韻第九

但將死戶為生戶，莫執生門號死門。

若會殺機明反覆，始知害裏卻生恩。

——《悟真篇》七言絕句第三

由於你，一切的債務已償清，

你賜給我的死亡，它又已轉化為新生。

——San Juan de la Cruz（1542～1591）

《紫陽真人悟真篇注疏卷一》翁葆光注戴起宗疏：仙翁垂憫直言，窮取生身處，豈不直露天機。此正合鍾離云：生我之門，死我之戶。

從內丹學派的傳承意義上講，翁戴的這個聯繫（到漢鍾離）是對的，但是他們的猜想是荒唐和謬誤的，在「窮理」上就已經步入了沼澤迷津了。這也難怪，這一句話是整個丹道經典中最能引起猜想的一句，而在沒有微言大義的地方深挖，是謂穿鑿，動輒塌方。

紫陽真人在《悟真篇》絕句六十四首的第三十九首又說：

要得穀神長不死，須憑玄牝立根基。

《老子》第六章：

> 谷神不死，是為玄牝。

那麼，真人的這一句就很明確，不會引起誤會了。

究其實質，他的兩首詩意是一樣的。

再向上就可以追溯到了《易傳·說卦》：

> 窮理盡性，以至於命。

從丹道的意義去詮釋，命即生身處。

何為命？落實到吾人，即先天一氣（「炁」），佛謂「報身氣」。

丹經所謂炁為母神為子，炁生神也。

所以「生身處」的「身」是了悟的關鍵，即，它不是色身肉體。

> 有此氣即有此身，此氣運行周流六虛，形以之而成，心以之而
> 靈，耳目以之而聰明，元神以之而運行，五行以之而化生，散之則
> 混融無間，聚之則凝結成藥，此即修煉金丹之大藥。
>
> ──《金丹正宗》

生身之「處」，即玄竅氣穴。

> 既有此竅即有此身，所謂與生俱生者也。上不在天，下不在地，
> 中不在人，即元始空懸寶珠之地。
>
> ──《金丹正宗》

丹經一般來說是都是高談闊論的「形而上學」，是很少涉及形而以下的那些諸如人類性器這些「附件」的。紫柏老人笑了：

> 大可笑，大可笑，好漢多迷屎尿竅。
> 臭皮袋上巧莊嚴，相看莫不稱為妙。
>
> ──紫柏《龍蛇戒淫歌》

有「丹鼎派」反對了，三豐祖師說得分明：

> 無根樹，花正新，產在坤方坤是人。
> 摘花戴，採花心，花蕊層層豔麗春。
> 時人不達花中理，一訣天機值萬金。
> 借花名，作花神，句句《敲爻》說得真。
>
> ──張三豐《無根樹》

你喜歡就好。不過，悟元老人解得也分明：

新者，本來之物埋沒已久，忽而又有之謂。花至於新，光輝復生，如月現於西南坤方，純陰之下，一點微陽吐露，比人之虛室生白，真靈發現，復見本來面目矣。這個本來面目，即我本來不死之真人，有此人則為人，無此人則非人，乃我之秉受於天，而得以為人者是也。但此真人不輕現露，非可常見，當虛極靜篤、萬緣俱寂之時，恍惚有象。虛極靜篤，即坤純陰之象，故曰「產在坤方坤是人」。這個人久已為塵垢掩埋，絕無蹤跡，一旦現象，便是新花，時不可錯，急須下手，摘之採之，以為我有。摘花戴者，摘此真人之花也。採花心者，採此真人之心也。漸摘漸採，由少而多，積厚流光，真靈不昧，則花蕊層層，萬理昭彰，隨心走去，頭頭是道，其豔麗如春日，陽氣遍地，處處花開矣。但此花人人俱有，人人俱見，人人不達，每多當面錯過，若有達之者，超凡入聖剎那間耳，故曰「一訣天機值萬金」。仙翁慈悲，借花之名，作花之神，即有形無，句句「敲爻」，分說先天之旨，蓋欲人人成道，個個作仙，奈何時人不達此花中之理，而猶有以御女閨丹妄猜妄作者，雖仙翁亦無如之何也。可不歎諸！

——《悟真直指》

明代最偉大的正一派道士，就是那位奉旨去尋訪最偉大的隱仙派道士張三豐的張宇初，這位「道門碩儒」，是歷代天師中最博學者之一。他有幾句話，發人深省：

凡係本宗科典經書，齋醮道法，詞意榜語，必當貫熟該通，潛心究竟出處，語默修習為常，行有餘力。若儒之性理，釋之禪宗，更能融通一貫，猶為上士。

——《坐圜守靜》

那麼，「生我之門死我戶，幾個惺惺幾個悟？」也就好理解嘍：

此門彼戶總歸是氣穴一處。

要想活一個，就得掛一個，都是在同一處、在同一時完成的。

前一個活的，是真「我」——元神、真身；

後一個掛的，是識神、色身。

而丘處機說的那一句「天門常開地戶永閉」，「天門」謂「玄關」，「地戶」謂「精竅」——這是高道中比較少有的論及色身組件了，畢竟降龍伏虎是丹道

的基礎，天上沒有遺精的神仙，神仙還休例假這個說不過去的，呵呵。神僧贊曰：

> 洞山活計未全包，太老贊龜罕辨爻。
>
> 有物先天非相貌，豈干動用色相交。

——普庵《頌古九十八首》

內丹學派具有一脈相承的特色，類似的說法，在經典中層出不窮，但是具體所指，又不是特定的，所以你看高人論道，也許他們表面上似乎彼此「矛盾」著，但是本質內涵還是一致的，這就是「大道無二」，這個就需要我們在修證中參悟了，所謂「一通百通」。

佛教相對比較統一，因為大家信仰的和詮釋的是一個人，所以也是「無二法門」。

> 看看你，你這個瘋子
>
> 嚷著口渴，
>
> 在沙漠中奄奄一息。
>
> 然而你周圍除了水還是水！
>
> 你從一室走到另一室，
>
> 搜尋一條鑽石項鍊。
>
> 而它正掛在你的脖子上。

——Rumi（1207～1273）

> 取不得，捨不得，自是眼盲心裏黑。
>
> 居大洋海口焦乾，兩手問人覓水吃。

——普庵《頌證道歌》

> 我是熱情的，
>
> 充滿著渴望。
>
> 我探尋著，
>
> 深長久遠。
>
> 但那一天，
>
> 一個真實的人告訴我，
>
> 我就在自己的家裏。

——Lal Ded（1320～1392）

2

漢鍾離權：要識金丹端的處，未生身處下工夫。

此「身」，指形而下指色身，那麼「未生身處」在哪裏呢？別在「色身」上找，它在「形而之上」，就是「我」來到塵世之前的、那個「無我」的先天境界了，換言之就是「靜篤」、「杳冥」之境，就是魏伯陽隱喻的「陰陽之始，玄含黃芽。」就是張伯端明示的「道自虛無生一氣。」

「通天下一氣耳」（《知北遊》）是莊子的說法。老子道：「致虛極，守靜篤。萬物並作，吾以觀復。夫物芸芸，各復歸其根。」

在《金丹四百字》中，紫陽真人又換了說法：

> 虛無生白雪，寂靜發黃芽。
>
> 玉爐火溫溫，金鼎飛紫霞。

「一葉墜時秋遍界，春風微動一時花。」

一氣、白雪、一葉、一時，皆一物也。留待後敘。

「呂洞賓」《玄牝歌》：窮取生身受氣初，莫怪天機都泄盡。

而這裡的「身」，如果還以他老師的「色身」來理解，詮釋起來就不僅比較得「拐彎抹角」，還容易「誤入歧途」。而以法身、道胎和大丹來解較為順暢。普庵禪師「切」道，看老衲解來：

> 一個閒身用不盡，肯承當者奉相呈。
>
> 黃金萬兩非堪比，東西南北至分明。

張天師呵呵一笑，然也然也：

> 號頭用處須天篆，原是皇人按筆書。
>
> 倉頡後天塵世字，用之總是惑迷愚。
>
> ——翛然子《明真破妄章頌・先天字號》

有考據者說，據天師道秘傳的法本說：「中盟籙者，因度普庵真人，是釋迦弟子，所以無經只有籙也。」當年普庵去張天師處問雷法，天師考慮到他是佛門弟子，所以只授了靈寶中盟籙，卻沒有傳經書給他。普庵禪師學的是地司雷法，從秘傳的普庵禪師的法本來看，裏面請的主法神將，以殷元帥為主，也明顯的以道教的罡步、咒語、符法為主。

普庵禪師既以高僧的身份，慣用道術，無疑是知「竅」者。

道法書文匯編之一《道法會元》，《正統道藏》收入正一部。其撰述人有白玉蟾、王文卿、鄒鐵壁、黃舜申、薩守堅、莫月鼎等宗師，以元末明初清微派

道士趙宜真之文論最多且最晚：

> 畫符不知竅，反惹鬼神笑。
>
> 畫符者知竅，驚得鬼神叫。
>
> 今之行持者不明道法之根源，妄於紙上作用，以為符竅。殊不知此竅非凡竅，乾坤共合成，名為神氣穴，內有坎離精。當於身中而求，不可求於他也。
>
> 符者，天地之真信。人皆假之以朱墨紙筆，吾獨謂一點靈光，通天徹地，精神所寓，何者非符？可虛空，可水火，可瓦礫，可草木，可飲食，可有，可無，可通，可變，夫是謂之道法。
>
> ——《道法會元》卷一

所以，這裡的「竅」，不是指作畫時的「竅門」，而是：

> 一窈包藏造化功，三般大藥內圓融。
>
> 巽風吹起爐中火，煉出神丹滿鼎紅。
>
> ——薩守堅《焰口》

閒話了。

「受氣」即先天一氣，紫陽真人又謂黃芽（白雪），又謂「丹頭和合類相同」。以下皆如此：

金孫不二《女功內丹次第詩》：吾身未有日，一氣已先存。

明張三豐《龍虎還丹指迷歌》：煉之只在生身處，十殿冥王共此方。

> 聖門一貫之道，何道也？即玄關一竅。若離此一竅，即是旁門。以人之生，生於此一氣，人之死，死於此一氣。了悟此個玄關，始知我之生而入世，非此竅無由來。我之化而出世，非此竅無由往。跳出生死之法豈有他，只在此一竅而已。凝神即性，調息即命。無動無覺，即性即神。有動有覺，即命即炁。此個玄關，不在動靜，而在動靜之間，方是真正玄關，隨時皆有，特患人不細心探討耳。
>
> ——《樂育堂語錄》

黃元吉先生已經把話說到了：「諸子諸子，著意著意，於此切勿忽略。」

> 元精元炁與元神，三者無形亦有形。
>
> 運用得傳真可見，光明無極是分明。
>
> ——翛然子《明真破妄章頌‧人身三寶》

東方常常用「不在身內不在身外」來描述玄竅、氣穴，寓意「先天」。而

其實它就在我們的「身內」，離開「色身」這個基礎對象，一切都將不存在！

而更為西方強調的「上主」就「在你身內」，這位「無相之君」，不在你抬頭可見的「天上」。

各有語境，各有側重。這就使得，儘管入門不一，但殊途同歸。

不僅僅是丹派各家，而且釋道之間、乃至於幾個宗教之間（的修道者），他們一旦攀巔峰，描述所見所聞時，絕對地擁有「共同語言」：

> 序以御政，行之不繁。
>
> 引內養性，黃老自然。
>
> 含德之厚，歸根返元。
>
> 近在我心，不離己身。
>
> 抱一毋舍，可以長存。
>
> ——《周易參同契·自敘啟後章第三十五》

> 歷江海，入此土，萬水千山同一路。
>
> 來時無物去時空，稽首牟尼悉加護。
>
> ——普庵《頌證道歌》

> 你應該在身體內，尋求
>
> 最高之主在其中居住，
>
> 貪婪和迷惘很快就會削除，
>
> 榮耀的光環將會環繞
>
> 你這個身體。
>
> ——Lal Ded（1320～1392）

> 我再復述一下上帝對人靈的提拔：那一時刻，靈魂就像離體了似的。
>
> 另一方面，很顯然，我所說的那個人並沒有死亡，但是她說不出靈魂是否還在肉體內。
>
> ——St.Teresa of Avila（1515～1582）

> 祂我心中，也在你心中，
>
> 就象生命隱藏在每一粒種子中。
>
> 放下你的矜持，問道的人，
>
> 去裏面見祂。

當我結跏於神的國土
億萬顆太陽熠熠生輝，
燃燒的海洋跨越天空，
海浪卷走，
一切業。
不擊自響的鍾鼓齊鳴，
祂就在這裡，享樂吧！
沒有水滴的雨傾注而下；
河道里，流光溢彩，
貫徹宇宙十方。
而在我們的四重體內，
要覺知此種何等困難。
依賴學識的人失敗了，
正是心智的矜持使我們分離，
絕學吧，何憂之有？

──Kabir（1398～1518）

五、黃婆自解相媒合　遣作夫婦共一心

1

長男乍飲西方酒，少女初開北地花。

若使青娥相見後，一時關鎖在黃家。

——《悟真篇》七言絕句第三十三

華嶽山頭雄虎嘯，扶桑海底牝龍吟。

黃婆自解相媒合，遣作夫妻共一心。

——《悟真篇》七言絕句第三十四

赤龍黑虎各西東，四象交加戊已中。

復垢自茲能運用，金丹誰道不成功。

——《悟真篇》七言絕句第三十六

古典文學名著《西遊記》中，挑擔的和尚沙僧別名叫「刀圭」、「黃婆」，這與道教有關。

刀圭，原來是古代量取藥物的用具。《抱朴子內篇·金丹》說「並毛羽搗服一刀圭，百日得壽五百歲」，即取量器原意。《周易參同契》：「粉提以一丸，刀圭最為神。」朱熹在注《參同契》時說：「粉提、刀圭未詳。」此語令人不解；與朱同時代的岳珂（岳飛之孫），取笑劉過「沁園春」詞中有與作古之人白居易、蘇軾、林和靖的對話時說：「恨無刀圭藥療君白日見鬼症耳。」眾人大笑。可見在座皆知「刀圭」為何物。

後來，道教內丹學派援入並賦予了新的內涵，《悟真篇》：「敲竹喚龜吞玉芝，撫琴招鳳飲刀圭」。玉芝和刀圭，都指的是內煉的大藥。

「刀圭者，丹藥之異名。」清代善調素琴的李涵虛，有一個有趣的詮釋：

> 丹家以「戊己」為「刀」、「二土」為「圭」者，結字肖形，正示人以打合之意。但二土為圭，人所共知；戊己為刀，人所鮮知者。潛虛云：「有一士人會意而解「勹」（原注音捏）己字、「丿」（原注音撇）戊字，前無所本，似為得之。」涵虛云：非無本也。琴譜以數字攢一字，一字取一畫，合左右投彈之法，備見於一字之中，此即以琴譜為本者也。「勹」者己之頭，「丿」者戊之旁，戊己二土，以「刀圭」兩字合之，蓋望人將離己坎戊之二土合為一處也。仙家隱語，往往如是。

他說這是借鑒了古琴工尺記譜法，「一字取一畫」，戊己合成「刀」，二土則成「圭」——「中土」成相，蓋以金丹乃戊己二土和合而成。為了把自己的這個參研搞得嚴肅化和學術化，李真人還特意有這麼一段話擱在前面，這其實也是宗教的一貫傳統：

> （三豐）先生曰：「吾與涵虛子談七返九還金液大丹之道，涵虛曰：據先生言，是皆刀圭妙用耳。他日見涵虛作《戊己二土篇》，深合玄意，爰錄而傳之。學人慾了長生，捨此不能通神也。」

就是說，在李子整理的《張三豐全集》中，為了奠定學問的正統性，李子說他的這個學術成果，是得到了張子的肯定和嘉許，明白沒有？換言之就是說，李子在他編纂的著作中，借張子之口給自己點了贊。以世法觀之，他的這個手法很幽默。在宗教文化中，這個手法是被允許的，不很新穎，經常為釋道共用。揀說兩則：

其一也是可以給贊的，據說有一次康熙微服私訪時，行走在路上總聽到身後有馬蹄聲，問道：「身後何人？」有人答道：「二弟雲長。」康熙一愣：關羽對自己稱「二弟」，莫非我是劉備轉世？疑惑之間他追問：「三弟何處？」身後又答道：「鎮守遼陽。」康熙很是快慰：看來自己確為賢德明主昭烈帝轉世，那麼滿漢一家親是不容置疑的了，又有關二爺的英靈護佑，大清必然大興！於是，他當即敕封關羽為「關聖帝君」、「伏魔大帝」，下了一道聖旨曉諭天下，舉國普建關帝廟，塑「關聖帝君」金身，萬世享祭。又派欽差前往遼陽宣調「三弟」——遼陽知縣，進京伴駕。讓聖君沒有想到的是，這遼陽知縣是個巨貪，接旨當天夜裏懸樑自盡了。但是遍祭「關聖帝君」的聖旨一下，各州府縣開始大興土木，一座座「關帝廟」相繼修建起來。「關聖帝君」的香火之盛，一時

超過玉皇大帝、太上老君諸神及西天諸佛祖。康熙皇帝又欽定關羽單刀赴會的五月十三日為關帝廟的「廟會日」。由此開始，每年五月十三日，中國各地祭祀關羽的廟會都辦得非常隆重，成為舉國祭祀的重要節日。

其二就太蹩腳了，只能吐槽不能給贊。看看那篇《大學淺言新注》，其中的呂祖就差親自由天而降參加抗戰了，滿嘴還是佛教術語，一位道爺替佛教拉人頭，拜託這說書的人您能不能把神話說得有點水平好不好呢：知止即知己所當止之境。定者羈心猿繫意馬，不能任其馳騁，使其有所歸宿也。靜者清靜無為，念茲在茲，朝斯夕斯也。安者身有所循，心有所歸，性有所安，各得其所，次第不紊也。慮者內功已足，而慮外功之弗成，抱悲天憫人之至慮，慮人不修性，慮世不清寧也。得者盡其性中之能事，廣建聖功，慈以化人，悲以憫世，三千大千視為一體，四億七千萬悉如同胞，由我性天之光明，而推及億兆同胞，各復自性，而我之佛果，不期其得而自得也。

別把腹肌笑出來，書歸正傳吧。拆字本是一種古代的文字遊戲，春秋之際就有楚莊公「止戈為武」之說，漢代的讖緯神學也屢屢用之，道教援入其法，在宋元最盛。內丹學派將「圭」字拆開，是兩個土，再配以陰陽，陽者動，稱戊土，陰者靜，稱己土，內丹學派講究的是煉己成戊，感而遂通，故，內丹家素有「己屬土，謂之黃婆」一說。《悟真篇》稱「黃婆自解相媒合。」說是黃婆在丹道中的作用像是世上的媒人一樣，旨在通融神氣「二物」。小說中沙僧之「黃婆」別名即此。他具有土的品質，備敦厚之德，任勞任怨，處處主動調和師徒兄弟尤其是行者、八戒之間的水火之隔。於是，黃臉的「刀圭」（沙僧）、紅臉的心猿（行者）、黑臉的木母（八戒）、白臉的禪主（唐僧），外加一匹「青龍」意馬構成了取經的「五行」僧團——丹道謂之「合和四相」、「攢簇五行」。

2

古波斯的托缽僧毛拉那・夏比斯塔瑞（Maulana Shabistari）在《玫瑰園的秘密》說了一句密語：「她返回到自己最初走出的門。」

印度的那位真古魯，寫過一首《落跑新娘》的寓言詩，我看過幾種譯文，不是囉唆就是離題，重新意譯一遍吧：

　　　　　我答應嫁給祂，但沒有履約。

　　　　婚禮上我悄然出走，

　　　　　在我知道了愛的真諦時，

歸心似箭。

回家的路上我念念在茲。

在門外，

我吹奏了一曲長相守。

我就不多說了，自己拿去和紫陽真人的丹經對比吧。

姹女遊行各有方，前行須短後須長。

歸來卻入黃婆舍，嫁個金公作老郎。

——《悟真篇》七言絕句第二十五

歷代丹派大家的注解一一羅列其後，於詳略大同之間，君可自參其小異也。

道光曰：姹女，汞也。遊行有方，是外藥作用。煉丹之初，運汞火不半個時，即得真精餌之，此為前行須短。服丹之後，運己汞火，卻有十月之功，此為後須長。黃婆為內象，即土釜。金公即真鉛，老郎即純陽也。

子野曰：姹女，己之陰汞。前順去，後逆歸。順去則片餉之間陷溺於彼，逆歸則自下即上周流一身，落中宮為鉛合而結聖胎。

上陽子曰：姹女是己之精。遊行有方者，精有所行之熟路，常人精每虧少，但凡交感，激撓一身之骨豚，攪動一身之精髓。情慾方動，心君亦淫，三尸搬於上，七魄摧於下，方得精自兩經而上，由五臟升泥丸，與髓同下，自夾脊雙關至外腎交媾，此為五濁世間法，此謂遊行自有方，此謂常道之順也。金丹則不然，行顛倒之法，持逆修之道。大修行人煉己純熟，身心不動，魂魄受制，情慾不干，精氣滿盈。如驟富之家，何處不有金玉。待彼一陽初動之時，先天真鉛將至，則我一身之精氣不動，只於內腎之下就近便處，運一點真汞以迎之，此謂前行短也。真鉛既渡鵲橋之家與混合，卻隨真鉛升轆轤三車，由雙關夾脊上入泥丸，遍九宮，注雙目，降金橋，下重樓，入絳宮冶煉。此為遊行自有方，此謂後須長也。然後還歸黃庭神室，交結成丹，此謂歸來卻入黃婆舍，而嫁金翁也，此為顛倒五行而逆修也。及溫養十月，以成真人，與天齊壽，是謂老郎。仙師說得次第明白如此，諸家所注皆略而不詳者，莫敢洩漏故也。僕願天下人、願後世萬萬人，皆以此而成仙作佛，僕亦甘受漏泄之咎。

真仙聖師在上，天地神明鑒之。

——《紫陽真人悟真篇三注》

姹女，即前詩所解靈知之性是也，因其入於後天，人心中有識神居之，未免真中有假，因靈生妄，見火則飛，遊行不定。所謂出入無時、莫知其鄉者是也。欲修金丹，必先使此一點靈性遊行於所當行之方，虛其靈而不昧其靈，則靈歸真靈矣。前行須短者，以性求情也；後行須長者，以靈養真也。以性求情，一時結丹之妙，故謂短；以靈養真，十月溫養之功，故謂長。宜短即短，宜長即長，是謂自有方。依其方而行之，金丹有望，但須先黜聰毀智，迴光返照，將此一點靈性安於中央正位，是謂「歸來卻入黃婆舍」。黃婆舍即不偏不倚，中正之舍。靈性中正，心正而意誠，意誠而信真，信真而不遊行於外，由是以性求情，情來歸性，性情相戀，合為一氣，是謂「嫁個金公作老郎」。作老郎不是尋常語，大有深意。蓋修丹之道，始而以靈性招真情，真情復而靈性不動不搖，靈性亦自歸真；既而以靈性鈐真情，必須養真情於純陽無陰之地而後已。如郎老妻老，夫妻偕老，不使中途反目破鏡也。此正「後須長」之意，學者須要深究。

——《悟真直指》

姹女者，靈汞也，即流珠也。前後者，謂鼎爐之方向也。長短者，謂靈汞之行路也。前行須短者，從申以入於戌也。後須長者，自寅而達於申也。此之謂「姹女遊行自有方」也。黃婆舍者，乃坤母之家，其中宮土位是也。言姹女之遊行歸來，卻入於坤母之家，而與鉛為配，是乃姹女嫁金公也。以鉛稱為金公，豈非老郎乎？夫上章言金公之出處，而採鉛以配姹女。此章言姹女之由來，而取汞以嫁金公，俱各有其理存焉。

——《悟真篇正義》

此章言以汞投鉛也。離中流珠喻後天之心，其性喜走，出入無時，流連前境，未肯退藏，若女子之好遊。然本自一精，明分為六，和合六根六塵，隨其所向而晝夜奔馳，何時得休歇乎？不知涉境則覽物招愆，退藏斯安身得地。譬如女子在母家之日宜短，在夫家之日宜長，自有一定安身立命底所在。故曰：「姹女遊行各有方，前行

須短後須長。」學道之士必須刻刻回機，時時返照，把這點流珠收歸中黃神室，即取坎中真陽以制伏之。若女子嫁夫之後，宜室宜家，克相夫子而不敢妄動矣。故曰：「歸來卻入黃婆舍，嫁個金公作老郎。」離宮取得坎中一陽，返而為乾，老郎之象，此與上章反覆一意。上章言招男以配女，此章言嫁女以配男，總是坎離顛倒法象。祖師以世間法喻出世法，太煞婆心，令學人易曉耳。切不可泥男女字面，流入淫穢，以招上蒼重譴也。

──《悟真篇闡幽》

如果未解祖師文言所云，參看釋子云：

免使從前業浪奔，直入圓音普眼門。

賓主歷然誰委悉，不是通方莫與論。

──普庵《加頌蜀僧雪頌》

愚人也以白話直說了也。落實於修行，即：前行短者，乃百日之功；後行長者，謂十月養胎。概言兩段工夫也。

哦，還有個問題想和專業人士商榷一下，請看：

前弦短兮後弦長，元陽初動運神光。

射入祖穴回斗柄，機關切莫向人揚。

──《覓玄子語錄》

前弦短兮後弦長，機關且莫向人揚。

射入龍宮為斗柄，元陽初動運神光。

──《地仙玄門秘訣》

《語錄》和《地仙》這兩個孤本，早年我都在王沐先生那裡得以抄寫和閱讀，後者是前者的刪減本，這個我有過「論述」。基於這個關係，又基於古代文化傳播的不易，兩首詩歌的大同小異也就可以理解了。紫陽真人也有談「前弦」、「後弦」的句子：

前弦之後後弦前，藥味平平氣象全。

採得歸來爐內煆，煆成溫養似烹鮮。

──《悟真篇》七言絕句第四十二

很明顯，《語錄》、《地仙》的句子不是由此一首改出的，紫陽真人「七言絕句第四十二」只有前後之說，沒有「七言絕句第二十五」的長短之別。

讓人們不好理解的是，紫陽真人的「前行」、「後行」給改成「前弦」、「後

弦」了。儘管這可能是在「普通話」未流通年代的「口口相傳」的失誤，但是這一改，倒改出了些意思來。

前弦之後，後弦之前，似也可從「方位」的角度解為「中黃」，這個也可以說得過去。丹道以月圓、二八隱喻得竅，望之前的剎那，其時短也貴也，而「得竅」之後就是「中黃」嘛。這是一種修行文化的特殊語境，即聖人簇一年火候於一月，前弦後弦，上弦下弦，以一月周天概括了丹道的全程，這就像胎兒在母腹中的兩腮和尾巴等等種種的「原始跡象」的再現，在一個「瞬間」即全息了整個人類的進化史一樣。

為了更好地說明這個「剎那」之間，這裡引用一下天文學家卡爾·薩根在《伊甸園的飛龍》中的那個宇宙年歷說。他把 138 億年的歷史壓縮到（1 年的）12 個月裏，在這個日曆裏，每一秒即 438 年。

於是，在三萬年前，也就是宇宙年歷的最後一分鐘時，「天文學（不是嚴格意義上的天文學）」出現了。可以說，我們每個人都是天文學家（觀天象者們）的後裔，我們的祖先「沉迷於」夜觀星象，因為能夠生存下去的唯一途徑依賴於如何解讀星辰，從而以此來預測冬天的到來及野生動物的遷徙。

400 年前，當人類第一次拿起望遠鏡觀測太空時，我們才終於開始學習用科學揭示自然的秘密與法則，這時，已經是宇宙年歷中的最後一秒鐘。然而，從伽利略首次發明天文望遠鏡，到牛頓創制第一架反射式面鏡望遠鏡，到哈勃用直徑 2.5 米反射鏡的胡克望遠鏡探索遙遠的星系，到人類在月球上留下第一個腳印，到旅行者 1 號的太空探索，到置於地球軌道上空的哈勃太空望遠鏡，這一切的一切，都發生在漫長宇宙年歷的最後一秒。

這最後一秒，使我們對太陽系、銀河系、河外星系，乃至整個宇宙的認識產生了一次大的飛躍。人類的一切進步都離不開這短暫的一秒，也是整個人類歷史最輝煌燦爛的一秒。

中國哲學有所謂「天人同構」。於是，此處，得寫一句詩了：有一種力量，叫「洪荒之力」。

「洪荒之世」，揚子言天地未判混沌蒙昧時。

其先「緣督以為行」：電閃雷鳴，晃透簾帷；火珠上弛，六根震動。

其後就是，「乾坤交媾罷，一點落黃庭。」

吳中高士魏伯陽道：「真人潛深淵，浮游守規中。」

真人者，非指其人也，先天一氣也；規中者，黃庭也。

大動之後，必有大靜，《鶡冠子》曰：「物極則反，命曰環流。」

所以漢鍾離說：「前弦之後尋藥物，後弦之前氣停勻。」

所以紫陽真人道：「前弦之後後弦前，藥味平平氣象全。」

「停勻」者、「平平」者，動極生靜，萬籟俱寂。

吾人恍恍惚惚，似醒還睡；而黃庭一點，似熒如星，熠熠生輝。

這時誦讀《清靜經》也就心領神會、一目了然了：

> 真常應物，真常得性。
>
> 常應常靜，常清靜矣。
>
> 如此清靜，漸入真道。
>
> 既入真道，名為得道。
>
> 雖名得道，實無所得。
>
> 為化眾生，名為得道。
>
> 能悟之者，可傳聖道。

時時恬淡，刻刻虛無。無思無慮，心平氣和。待二物完全交融，遊於天地之初，再無陰陽之分、龍虎之別，整個一個兩儀歸太極之景象。

這就是「歸來卻入黃婆舍，嫁個金公作老郎。」

也就是「採得歸來爐內煆，煆成溫養似烹鮮。」

應該明確一點，不是「動靜」越大，修為越高。

工夫越是趨於向上，內景越是趨於靜。

修養越高，內景越靜；直到，「如如不動」。

> 先天一炁，渾渾淪淪、無形無聲、無動無靜，其所以云動者，特因後天呼吸往來升降，覺得衝動，豈先天之炁果有動乎？
>
> 我恐學者不明先天炁無有動靜，到得神凝氣調時，理合歸爐封固溫養，猶引之上升下降，如水本靜而風之動搖不已，則終無澄泓之一境。
>
> 會得此旨，不但呼吸停時務令此元炁不動，即不停時亦當令此真炁常凝，然後氤氳不斷，醞釀時存，以之化精化炁化神不難矣。
>
> ──《樂育堂語錄》

所以，無論是「行」，抑或「弦」，無論有解者說是採藥，有解者說是周天，其實，經過這個過程的實踐者，都能很好地為之「自圓其說」，並說得「頭頭是道」。

因為丹經就是把大把大把的名詞、隱喻堆在一起，而實際上它說的事兒，也就那麼一點點兒。

所以，先師李錫堃曾說：「所有的丹經中的東西，基本上沒有超出這本書（《丹道養生功》）的了。」

深以為然，也確如古云：

鍾離權：「若非符契天緣事，故把天機訣與君。片言半句無多字，萬卷仙經一語通。」甚至於，「有緣得遇明師指」，「一訣便知天外事」。

呂洞賓：「俯耳低言元妙旨，提上蓬萊第一峰。」

馬自然：「（六十四歲）吾遇海蟾為弟子，向我耳邊說一句。玄微妙訣無多言，只在眼前人不顧。」

石杏林：昔年，以擇中遇先師紫陽張真人。以審易之語，不過半句。

白玉蟾：「更不用看丹經萬卷，也只消得口訣一言。」

蕭廷芝：「因到丹山遇至人，一言與我都訣破。」

王唯一：「（老年）得遇至人親授無上至真妙道，一言之下，直指真詮。」

俞琰：「嗚呼，真道簡而不繁，至言淡而無味，人誰信之？人誰行之？」

> 問：玄關一竅，竅字如何解說？
>
> 師曰：竅者至虛之義。凡物虛處，觸之而易動，人呼而應在井中，風鳴而響入谷底，自然之理也。人心無物則虛，至虛之中，偶有觸著，機會相照，躍然一動，此躍然一動之時，即是一點靈光著落處。《易》曰：「寂然不動，感而遂通天下之故。」此之謂也。
>
> ——《唱道真言》卷二

一句話，我們不能忽視，但是也別把古人和經典看得太高深莫測，那樣你會找不著北的。

六、黃芽白雪不難尋　達者須憑德行深

1

佛教最忌諱「著相」，這是沒有錯的。

但是把「真相」若也放過去，那就是「真實不虛」的落空了——呂祖批評道「此為修行第一病」，學者不可不慎！

以下從《悟真篇》中摘出的詩句，都內含有「真相」，抓住了「真相」，就是「盜得天機」，就是「盜亦有道」：

> 戊巳自居生數五，三家相見結嬰兒。
>
> 嬰兒是一含真氣，十月胎圓入聖基。
>
> 人人本有長生藥，自是迷徒枉擺拋。
>
> 甘露降時天地合，黃芽生處坎離交。
>
> 潭底日紅陰怪滅。山頭月白藥苗新。
>
> 時人要識真鉛汞，不是凡砂及水銀。
>
> 金鼎欲留朱裏汞，玉池先下水中銀。
>
> 神功運火非終旦，現出深潭月一輪。
>
> 虎躍龍騰風浪粗，中央正位產玄珠。
>
> 果生枝上終期熟，子在胞中豈有殊。

2

> 黃芽白雪不難尋，達者須憑德行深。
>
> 四象五行全藉土，三元八卦豈離壬。

煉成靈質人難識，消盡陰魔鬼莫侵。

欲向人間留秘訣，未逢一個是知音。

——《悟真篇》七言四韻第十一

理論上人可以覺醒，但實際上很難，因為當人一睜開雙眼醒來時，所有使他睡著的「習氣」又會以十倍的力量使他再度昏睡。

事實上並沒有人隱藏任何東西，根本沒什麼神秘可言。但取得或傳承真正的知識都需要極大的辛勞與努力，包括接受者與給予者。而那些擁有知識的人都會盡他們所能來傳遞與傳播給最多的人，幫助人們接近它，讓他們能作好準備來接受真理。但知識不能強加給任何人，如我說過的，如果我們客觀地調查一般人的生活，他一天的生活如何打發，他感興趣的東西是什麼，將會立刻顯示：是否能責怪那些擁有知識的人蓄意隱藏，蓄意不給他傳道，或不願傳授別人他們自己所知道的。

——Gurdjieff（1866～1949）

明心見性是個佛學術語，是學佛者的苦心追求。而道教有個「明傳命默言性」的傳統，把兩者互相詮釋一下頗有意義。

在中國的佛、道、醫、儒諸家中，道教被公認為最擅長於養生。道教由於著重生命的價值和老子「大智若愚」的思想情趣而產生了「命要傳，性要悟」理念。但是這不是說道教不重視「智慧」的開發，因為在把命功的周天溫養火候做足以後了，其性光自現——這是個自然而然的過程，道教不假以「人為」和「追求」——所謂不期而遇——這就是太上的智慧。

內丹學派無悟後起修之說，是依「人法地，地法天，天法道，道法自然」而行。宋元以後，學者佛道同參，也就把玄竅氣穴和明心見性拉上了關係。

道在性長在，身愁心不愁。

黃芽遍地長，白雪滿圓收。

姹女尤歡喜，嬰兒最樂優。

刀圭第一法，此外更何求？

——王重陽《述懷》

若知黃芽與白雪，丹道的核心已經幾乎是說破了：黃芽者鉛，白雪即汞。

戊巳（土）生黃芽，壬癸（水）化白雪。一長一收，往而有復，無外乎腎氣上升，《法華》云「地上湧出一個寶塔」；心液下降，釋謂「天花亂墜」，又

曰「醍醐灌頂」。

姹女、嬰兒，邂逅成丹，自然歡喜，自然樂優。所以說「此外更何求？」

清代朱元育在《悟真闡幽》中，對「姹女遊行」有過注解，我白話一下：

女孩子就是女孩子，古往今來一樣，沒有不好邀閨蜜或逛街或踏郊的。但是青春短暫、韶華易逝，你不能這麼任性一生啊，請好媒婆找個好人家，把你嫁給「金公」如何？夫唱婦隨、相夫教子，那才女子一輩子的長久正事哈。

姹女者，《參同契》以「河上姹女」，比喻「汞」；金公兩字，合而成「鉛」。

一首契歌，剖析之後，就剩了「鉛汞」兩個字，「說破人須失笑。」

此詩，真人以世道人情，來寓言天道。

也且莫笑，也且莫因此認為，丹經通篇是「大道理」而無「火候」。你看：

　　二獸相逢鬥一場，

　　元珠隱伏是禎祥。

　　　　　　　　　　——紫陽真人《石橋歌》

　　兩獸相逢戰一場，

　　波浪奔騰如鼎沸。

　　　　　　　　　　——紫陽真人《贈白龍洞劉道人歌》

都是龍虎相見，何以結果迥然？此為天機。

張伯端是同行公認的高道，你要看懂他的書，先得看他生平所看過的書！

他都看過什麼書，他自己在前言後序中，反覆說過。

然後，行他行過的路。知行缺一不可。

我向王沐先生求教《悟真篇》，雖然只有一次面晤三封書信，但也前後計十年，方才明白真人前言：

　　其言甚簡，其要不繁，可謂指流知源，語一悟百，霧開日瑩，

　塵盡鑒明，校之仙經，若合符契。

也方才明白了真人的後序：

　　若不得至人授之口訣，縱揣量百種，終莫能助其功而成其事，

　豈非學者紛如牛毛，而達者乃如麟角耶？

這就涉及到了「學習成本」的問題，換個話題說說：

如果神秀和惠能，兩位大師同時開壇，你選擇聽誰的？

雖然聽惠能的課，成本低，或者不要成本，但是我肯定還是去聽神秀的課。

如果有高道和高僧的兩堂講座，我還是去聽高道講座。

因為「學習成本」，是不可以放棄的。

諸子都是以舉例說明，來震撼人心的：

在人們用電腦寫作之前，都是手寫手改。換電腦後，果然方便得驚訝。但是，首先，你得學習電腦的操作吧。這就是我要說的「學習成本」。

好在，對於年輕人而言，這個成本不高。對於未來人而言，這根本就不叫成本！離開電腦人們還能活嗎？！

學習成本是指，用戶對一款產品，從認識到熟練操作所花費的時間和精力。

在同類產品可供用戶選擇的情況下，用戶當然會更加注重他們使用這些產品過程中所需的學習成本，難學難上手的很容易會被放棄。

不僅是在時下的互聯網領域，即便在古今的宗教領域，這個現象依然如此。

「製造」一個西天，告訴你念億萬遍，就往生了矣。

淨土宗一出來，就坐定了佛系老大的位置，因為它的「學習成本」，已經低於成本價了，或者根本沒有成本價。

降低用戶學習成本意味著產品更方便推廣和普及，節省了用戶時間，提高用戶對產品的接受程度等。

企業家天天把要以用戶為中心設計產品這話掛在嘴邊，卻很少有做到，或者不知道如何去做。落實到修行文化吧，清代伍柳學派做到了。

在伍柳的著述中，陰陽八卦奇門遁甲被捨棄了。

守著這些「古玩」；或者，放棄這些「古玩」；

人們依然可以見到，古玩市場，依舊在那裡兒。

所以，學習成本不僅包括時間成本、金錢成本，還有精神成本哦：

苦思冥想、殫精竭慮，哪一個不是高昂的成本？

比如山陰道士，想要王羲之的「墨寶」，他也知道這事難辦。

因為道士是知道他的學習成本之高的：

需要研修大量文化知識與實用技巧吧？

需要購買筆墨紙硯等各種耗費吧？

需要和同行專家交流，相互啟發吧？

還要不斷地參訪名，或拜山頭吧？

更要命的是，還要不停地打比賽、辦畫展。

一位出神入化的書畫者，你看到他揮毫自如的時候，卻看不到他煎熬了多少個日夜。

但是山陰道士也有絕活，養了一群絕對優良品種的鵝。

沒有這個基礎，他是換不來「書聖」墨寶的：

　　道士言：「若能書《道德經》兩章便合群以奉。」

　　羲之停半日，為寫畢，遂籠鵝而歸。

道亦如此，不僅是修，而且是「養」出來的。

有道是：半日靜坐，百日讀書。

所以古云：「未有神仙不讀書。」你不去苦讀紫陽真人遍讀的三教經典，而想穿越時空，與真人對話，豈可能乎？

我研磨這卷古籍，大概十年。

十年間我在幹什麼？就是在「修道」。

只有把「道」修到，通向紫陽真人站立過的，那個山巔，哦呵呵：

　　岱宗夫如何？齊魯青未了。

　　造化鍾神秀，陰陽割昏曉。

　　蕩胸生曾雲，決眥入歸鳥。

　　會當凌絕頂，一覽眾山小。

這時候，所有的丹經，也就全部開放了……

無為居士李錫堃在他的巨著《丹道》中，把「明心見性」的奧妙和盤托出了，茲把它詳細附錄在此，以饗同學：

　　小周天一開，心腎直通道出現時，就不用肺呼吸，轉入內呼吸，即止息。止息時，小腹自然地一起一伏，心似動似不動，血出入心臟不費力，心跳聽不著。小周天的後期可以進行觀息，觀息又叫內觀。內觀是眼光和神覺合在一起，細細體會，非常奧妙。意在那兒，就觀那兒。意在某竅位，則觀此竅位。意在道（小周天之道或心腎直通道），則觀此道。內觀時，開始無光；後來有光。有光，才算小周天得著了；否則，尚屬幻象。炁不夠，熱不夠，丹不夠，不放光。炁夠，丹夠，自然放光。炁圓滿必有光。幻丹有熱無光；真丹有熱有光。炁不夠時，別使勁看；否則，可能出偏。時機成熟時，閉眼內觀，順中線從上往下看，炁自然歸心。炁一歸心，光馬上到。得周天之氣後，都能見光。小周天有小周天之光；大周天有大周天

之光。現光，現象時，看一眼，知道來了什麼就算了。別老盯著它，別著相。著相與不著相是邪道與仙道的分界線。除了眼前現「玻璃球」和金光外，其他光和象都不要管。「玻璃球」就是抱朴子所說的「大如彈丸黃如橘」。龍虎交尾才能出黃光。出現玻璃球，應意守它，讓它盡可能留的時間長些。意守玻璃球時，連光和心腎直通道一齊守，即統照球和心腎道。內臟亮時，先一部分放光。絳宮放光，即佛學所謂的「明心」。五臟六腑都放光時，叫做「洞明」。（《洞真太上素靈洞元大有妙經》：「心為中丹田，號為絳宮，鎮心之中央」。）

先師還教誨，在「明心見性」之後，基本上就沒有大的障礙了。古人有一句「得一萬事畢」，意即到了這個境地後，基本上就可以自己獨立練功而不會出大的問題了。越往上修，反倒是越容易，但是全憑品德上功，這就是《悟真篇》所謂的「黃芽白雪不難尋，達者須憑德行深」──也是「性光初現」的寫實。老子道「聖人抱一為天下式。」

怎麼積陰德呢，簡單地說，就是做好人好事，不做壞人壞事。

《資治通鑒‧秦紀一》有個故事就說得很有意思：

> 戰國時，魏安釐王問孔子八代孫孔謙：「誰是天下一等一的高士？」孔謙說：「世上沒有完美無缺的人，如果退而求其次的話，魯仲連勉強能算一個。」安釐王不贊同：「我看魯仲連那個樣子不是純天然的，而是強迫自己這樣在做，無非為了做給別人看，表裏不一啊，還不是真正的君子。」

這時，孔謙說了一句很經典的話：

> 人皆作之。作之不止，乃成君子；作之不變，習與體成；習與體成，則自然也。

人起初都是做作的，別管他真心假意先，就算是演戲給別人看，久而久之就會弄假成真，成為真正的君子，習慣成自然嘛。

葛吉夫留給女兒的話就有這個意思：

> Regard what does not belong to you as if it did belong to you.
>
> 把不屬於自己的東西當做彷彿就是自己的。
>
> If you lack faith, pretend to have it.
>
> 如果你缺乏信仰，先假裝擁有它。

丹派，包括禪修，其實都是同一個「弄假成真」的過程。

　　道光曰：龍之弦氣曰白雪，虎之弦氣曰黃芽。大藥根源，實基於此。其道至簡，其事匪遙。若非豐功偉行，莫能遭遇真師，指授玄奧也。道自虛無生一氣，一氣變陰陽，曰龍曰虎。龍木生火，虎金生水。木火金水，合成四象。四象合而成大丹，大丹之成，實於土。土無定形，分位四季、四時，不得四季真土，則四序不行，造化何生焉。是以四象五行全藉土也。壬者，水也，即真一之氣，生於天地之先，變而為陽龍陰虎，合而成丹。丹，土也。龍，木也。虎，金也。謂之三性。三元不離真一之水變也。八卦者，真一之氣，一變為天，曰乾為父。二變為地，曰坤為母。乾以陽氣索坤之陰氣，一索而生長男，曰震。再索而生中男，曰坎。三索而生少男，曰艮。此乾交坤而生三陽。坤以陰氣索乾之陽氣，一索而生長女，曰巽。再索而生中女，曰離。三索而生少女，曰兌。此坤交乾而生三陰。皆不離真一之水變也，故曰：三元八卦豈離壬。非惟三元八卦不離真一之精，自開闢以來，凡有形者，莫不由此而成變化。修真之士，得真一之水者，萬事畢矣。真一之水以法化之，為真一之黍米，吞歸丹田，運火十月，爍盡群陰也。純陽真一之仙，陰魔屍鬼逃遁無門。善根種而靈骨生，靈骨生而仙可冀。靈骨之生善根之種也，不於一生二生，而千萬億無量生中，積諸善根。安得才出頭來，飄飄然有出塵氣象。噫，走鬼行尸，一瓶一缽，本欲登仙，神仙不易得也。胡不捫己之心，與平凡之心有以異乎。我之仙事亦有涯也，必也廣大變通，以道為己任，獨高一世，鶴立難群，人笑我為疏狂，我知我非凡輩，赤松黃精乃吾友，蓬萊方丈是吾家。自然遭遇至人，傳授至道，結合心友，叮嚀丹成。仙翁欲向人間留秘旨奈何子期之不遇，怎生得個我般人也。

　　子野曰：黃芽者，鉛之精。白雪者，汞之氣。欲求之者，非有德行不可。土者，戊巳。壬者，真一之、水，生生物物之祖氣也。

　　上陽子曰：黃芽白雪，皆混元窈冥之中所產真一之氣。前言真鉛要著意尋，此乃言黃芽白雪不難尋者，為憑德行故也。愚徒見此二詩似相矛盾，豈知此道無德行者，終不成丹。諺曰：言清行濁休談道。若知道而未積德，即如魚之無水，燈之無油，若何而成還丹

哉。四象、五行、三元、八卦多端名色，終不可無真一之壬水。我黃房公贊純陽老仙云：鼎攢乎四象五行，藥按乎三元八卦。赤鳳吐南方之髓，烏龜含北海之精。亦指此也，皆祖於純陽詩曰：鼎隨四季中央合，藥逐三元八卦行。同一意也。真仙聖師，雖慈悲引導，實在乎人行爾。此丹一成，玉帝嘉贊，天地萬靈，莫不欽仰，故號無上至真靈寶神妙九還大丹。昔元始天尊說經度人，玄座空浮，懸一寶珠大如黍米者是也。釋名大乘般若九品蓮臺，光明藏大如意妙法靈感牟尼寶珠。昔靈山會上，龍女所獻者此也。其貴重無可稱述，世人所能識哉。丹成則身聖，陽神出現，號曰真人。陰魔鬼賊化為護法神，身中青龍、白虎、朱雀、玄武、三魂、七魄、三元九官、三部八景、五臟八識皆化為神，三萬六千精光化為神兵矣。仙翁當時欲以口授秘訣與人，然一世鮮有信受奉行者，噫，拜師於轡鎖之下，杏林之後來門人也。

——《紫陽真人悟真篇三注》

此章言學道者當勤修德行以立丹基也。金丹大道即可脫樊籠超三界，是謂無上至真法寶矣。苟非至德，何以凝至道乎？坎中真陽是名黃芽，離中真陰是名白雪。即此二物金丹之真藥也。

——《悟真篇闡幽》

黃芽白雪者，即鉛汞之二物也。《覆命篇》曰：「白雪乃是神室水，黃芽便是氣樞花。」《翠虛篇》曰：「黃芽本是乾坤氣，神水根基與汞連。」皆此之義也。但此二物，人人自有，不待他尋，唯憑己之德行，而獲遇真師指點，即知其端倪矣。四象者，老陰、老陽、少陰、少陽也。又數之七八九六，而方之東西南北，以及水火木金，皆謂之四象也。然四象無土則不變化，而五行無土則不生成，故曰：「四象五行全藉土」也。三元者，三才也，而三才之中，各有三元也。其在天為日月星之三光，在地為水火土之三要，在人為精氣神之三物也。八卦者，乾坎艮震巽離坤兌也。壬者，水也，水為天一之源，乃五行之始，三元得之以化育萬物，八卦用之以流行六虛。故曰：「三元八卦豈離壬」也。但學道之士，煉成仙姿靈質而和光同塵，人誰識之乎？其陰魔消盡，而為純陽之軀，則鬼魅安敢侵犯哉？然欲留傳此秘訣於人間，而未逢有知音之士，以賞其流水高山之操

焉。《覆命篇》曰：「我今收得長生法，年年海上覓知音。不知誰是
知音者，試把狂言著意尋。」此皆感慨學道者之稀也，有志之士，
當努力之。

——《悟真篇正義》

3

　　大道廢有仁義；智慧出有大偽。

　　失道而后德，失德而後仁，失仁而後義，失義而後禮。

「大道廢有仁義」，那就是識神主事了。

人類的文化、觀念，都可以歸納入「識神系統」。

從丹道的意義理解，「元神主事」就是大道流行，「識神主事」就是「大道
廢」。

仁義、道德和愛心，就是人的世界的普遍準則。

在神的世界裏通行的是什麼呢？呵呵，「天地不仁，以萬物為芻狗。」

所以，「愛」是入道的門徑，也是車舟。

而車舟在到了「彼岸」後，就是純粹的多餘之物。

《老子》的話就按人道來解吧：上古，是有道的時代。

那麼上古之人就應該是有道之士占多數吧？

丹經據此也多有上古之人根器好容易得道之說，是這樣嗎？

古人，這是個年代界限含糊的概念。

老子的這個上古要明確一下。

韓非子說上古「競於道德」，指的是西周滅殷商。周滅殷商靠的是道德，
可以說是人文觀對天命觀的勝利。殷商時代的人相信天命觀，迷信上帝鬼神的
神秘力量，事無大小都要向神問卜一番吉凶。他們相信上帝也是他們自家的祖
先神，是專門庇佑自己子孫的，在紂王無道，殘暴至極點時，殷臣祖伊聽說了
西伯的活動並告知紂王，紂王說：「我生不有命在天。」我的命運老早就有天
定了！就這樣，一個信奉「人事」和「道德」的部落推翻了成湯八百年的江山，
建立了西周。這個才是周朝國家圖書館館長緬懷的「盛世」，即子曰：「周監於
二代，鬱鬱而文乎，吾從周」。

那麼，周人過的是小康生活嗎？

也就剛剛脫離「茹毛飲血」，恐怕大多還是在為「嘴」奔波，甚至，衣服

都是次要的。

有意思的是，生物學發現，動物在性過程中，沒有「快感」，人類除外。

「古人」何時學會了，或者說進化出了拿性器官來取樂，這是個有意思的課題。

這個課題深入下去，或者，可以解釋，「古人」又是何時發現，「獨立守神」也是一種快樂的源泉呢？

不想猜測這個進化發生在何時了，至少它發生在「古人」在脫離了「被掠食者」的角色，即掙脫了「食物鏈」的束縛後，「性器官」進化出了一種「樂趣」，同時，在直立行走「養尊處優」頭腦發育之後，「閉目養神」也成了一種樂趣。

想想吧，在叢林時代，低級動物的每一次交配，都是提心弔膽的，誰知道有多少「掠食者」躲在哪個方向正在加速起跑？呵呵，就更別說辦完壞事累了打個盹吧。

當然，在生命歷經苦難的進化過程中，「古人」也意外收穫一些樂趣：多餘的儲糧發酵了，喝得手舞足蹈；嘗食了罌粟，搞得六根震動。

就像「古人」發現，有些植物是可以果腹的，有些會要命一樣，人們也發現了，有些「樂」可以持久可以養生，而有些是「要命」的。

丹道在煉精化氣完功之際，性器會瘻陷縮小，佛經叫馬陰藏相。此其時也，意識裏對男女之事的興趣已消失殆盡，且任何外界刺激都喚不起絲毫。

行功到此，就不會再在如何破色慾劫這個問題上糾結了。

這就回到了丹道意義上的《老子》的「上古」時代。

就是邵康節詩云：「許君親見伏羲來。」

丹經或者圈裏，還有一個說法，兒童、少年，渾然未破之體，修道易成。

理論上，也就是，在物理學的「理想條件」下，是這樣。

但是現實中，此乃想當然爾。

修行，最好的年齡是「人到中年」。《通俗編》曰：

> 若呂巖贈張泊詩「功成當在破瓜年」，則八八六十四歲。

這個既然說過了，請別把您的寶貝疙瘩從小向修行的路上拽嘍，少不看《西遊》，老不看《三國》，什麼樣的年齡做什麼樣的事兒。在《星際穿越》中庫珀說：「你不能給十歲的孩子說世界的末日就要到了。」

4

「蓋文王拘而演《周易》；仲尼厄而作《春秋》；屈原放逐，乃賦《離騷》；左丘失明，厥有《國語》；孫子臏腳，《兵法》修列；不韋遷蜀，世傳《呂覽》；韓非囚秦，《說難》、《孤憤》；《詩》三百篇，大抵聖賢發奮之所為作也。」太史公這番勵志的話說得多好。人是在經歷中成長、變化的。只有遇到的坎兒足夠深、攤上的事足夠大，對人生的、世界觀的改造才足夠很。比如被情感搞得懷疑人生、被疾病折磨得痛不欲生，把祖上留下的幾十畝薄田幾頭瘦驢在牌桌上輸個一乾二淨只剩個褲衩子。初中時代看過的《牛虻》，是那個年齡看過的比較刺激的、披著革命外衣的講述親情倫理、愛與背叛的一部電影。主角是悲劇的，自覺被生父拋棄、欺騙，逃到南美，被印度人用燒火棍打得全身骨折，被耶穌老太救下，痛苦得活下來每日躺在地上看著太陽升起落下以至於看到落日都吐……做奴隸的奴隸、做礦工的下手、做馬戲團的小丑……後來加入革命黨，帶著軍火槍炮潛回了意大利，他是要拯救祖國的嗎？在獄中逼迫那虔誠的主教他的老爹做選擇：「你是要你的神，還是要我。」這像是革命者說的話？自篤信的實習牧師砸碎耶穌像的那一刻起，亞瑟就跟「上帝」較上了勁。蒙泰尼里主教和牛虻在監獄的那場戲，大概是中學時期最改變我人生觀的事物了吧：哽咽的神父放下兒子的屍體，雙手向天，「上帝，你是沒有的！」

如果，把「妄念」比作「心猿意馬」，那麼，一氣就是套馬杆，就是韁繩。

「心」是在「炁」的一擊之下，定住的。

那一瞬間，莊子曰：「呆若木雞」。

那一時刻，確實是「一念不生」的。

> 誰無念，誰無生，過現未來心不停。
>
> 一念不生無我所，即是彌陀親老兄。
>
> ——普庵《頌證道歌》

> 生死岸頭，如如不動，得大自在。
>
> 外不見大地山河，內不立聞見知覺。直下擺脫情識，一念不生，
> 證本地風光，見本來面目。
>
> 似風雲雷雨，驀然黑暗。須臾散去，紅日當空，誰不見了。
>
> 若脫了桶底子相似，豁然大悟，眼下見性，驚喜過望。
>
> ——《金丹大要》

現代心理學曰，「高峰體驗」。

用丹派的話說,「識神主事」由此被推翻。

「高峰體驗」不是終點,也不是常態,它是個轉折點。

人們所有追求的快樂,包括找到「氣穴」、或曰「開悟」,都是能量的釋放,你有多少能量,天天「嗨皮」、踴躍、澎湃得沒完,沒了呢?

> 一片閒心,孤雲蓬跡,飄然不掛諸緣。九天池裏,滾滾湧靈泉。澆溉黃芽瑞草,吐清淨、光罩金蓮。真消息,清風匝地,透骨自綿綿。混融成實相,顯昂昂獨立,笑傲禪天。任陰陽運變,劫力難煎。亙古常存不壞,拉真一、法界安然。無生滅,淨明妙體,萬里一嬋娟。
>
> ──劉志淵《滿庭芳》

在元神主事下,思想照樣有,會相對「深刻」些、「敏銳」些……

同時,也平添不少「遲鈍」、「木訥」和「沉默寡言」……

> 病在已而過在師,脫師離己悶葫蘆。
> 從前學解皆忘卻,撞頭磕腦愈心粗。
>
> ──普庵《學無學頌一十五首其一》

> 支解不生嗔,語默自忻忻。
> 深知無相貌,木石表虛形。
>
> ──普庵《金剛隨機無盡頌‧離相寂滅分第十四》

「今人只是心粗,不仔細窮究。若仔細窮究來,皆字字有著落。」這時的修行人,凡事做派趨向五柳先生,「好讀書,不求甚解;每有會意,便欣然忘食」,不再像朱子那樣咬文嚼字地做學問了:「政如義理,只理會得二三分,便道只恁地得了,卻不知前面撞頭搕腦。」呵呵。

再具體說說吧,比如,對技巧性的、操作性的東西,還有對「迎來送往」、推杯換盞,等等,失去了相當的興趣……

所以,「識神主事」和「元神主事」,這兩個概念,造得很贊。

所以你看,證到「元神主事」時,陳搏老祖哈欠連天,睡意來了:

> 至人本無夢,其夢本遊仙。
> 真人本無睡,睡則浮雲煙。
> 爐裏近為藥,壺中別有天。
> 欲知睡夢裏,人間第一玄。
>
> ──《勵睡詩》

臣愛睡，臣愛睡。

不臥氈，不蓋被。

片石枕頭，蓑衣覆地。

震雷掣電鬼神驚，臣當其時正酣睡。

閑思張良，悶想范蠡。

說甚孟德，休言劉備。

兩三個君子，只爭些閑氣。

爭如臣，向青山頂頭，白雲堆裏，

展開眉頭，解放肚皮，但一覺睡。

更管甚，玉兔東升，紅輪西墜。

——《對御歌》

其夢其睡者，所謂顛倒妄想；

遊仙者，道曰「入藥鏡」佛曰「入定」。

身心久在白雲中，何事隨緣任轉蓬。

收拾歸來全放下，萬山高臥日頭紅。

——憨山《示本懷禪人》

舉例說明吧，不是挖苦「同修」啊，曾經跟很多學佛的人交流時，就有一件苦惱，一些方形的腦袋就認定了：

入定就是像榆木頭疙瘩一樣，吃喝拉撒都停止了，半死不活地在石縫裏、山洞裏挺著。

問題出在哪了？

出自印度人的「習慣」：

看今天印度政治精英在世界上的發言，那種「無拘無束」、隨心所欲的風格，完全可以想見它的古代。

而且，古代印度的文盲比例只會更高。

面對文盲，「知識分子」能說什麼？

那些本生故事，不僅是對天竺國那一大批「微賤」群眾（首陀羅）的當下的震撼、教育和「收攝」，而且傳播得既遠且久。

玄奘在《大唐西域記》中也說迦葉尊者將入定滅，乃往雞足山山間的盆地裏，席地而坐著發誓：我今以神通力使身體不壞，用糞掃衣覆蓋著。等六十七億年後，彌勒降生成佛時，將來此訪問，即把釋迦佛的衣鉢獻給他，並協助他

教化眾生。又說阿闍世王聽到大迦葉入滅的消息，悲痛無已，曾來此瞻仰尊者遺容。雞足三峰自然開裂，形似蓮花。阿闍世王看見迦葉端然入定，身上覆蓋著曼陀羅花，莊嚴無比。待其退出後，山峰又自然合攏。

呵呵，近代名僧宣化也言之鑿鑿，迦葉現在還在中國雲南雞足山中入定，坐等彌勒呢。

在葉曼先生的文字裏，也講有生動的故事：一位洪姓藥師在民國 82 年去雲南禮雞足山時，路上就碰到一個和尚，相談甚歡。後來和尚說，我該回家了，扒開石頭就鑽進去了，據說就是迦葉尊者。回臺灣後，洪藥師講述了這段經歷，又有很多人去雞足山，就沒有那麼運氣了。雨果說巴黎聖母院的一處牆壁上，刻有「命運」一詞，多少遊客專門去找都找不著，「命運」要是找得著、摸得住、看得到，那還叫命運的無常？

《彌勒下生經》中記載，「爾時世尊告迦葉曰：吾今年已衰耗向八十餘，然今如來有四大聲聞，堪任遊化，智慧無盡眾德具足。云何為四？所謂大迦葉比丘、屠缽歎比丘、賓頭盧比丘、羅雲比丘。汝等四大聲聞，要不般涅槃。須吾法沒盡，然後乃當般涅槃。大迦葉，亦不應般涅槃，要須彌勒出現世間。」

那麼，彌勒佛什麼時候出世呢？《彌勒下生經》、《彌勒成佛經》等說，彌勒在兜率天的壽命是四千歲，換算成人間的時間則是五十六億七千萬年，他命終之後，便下生人間成佛，看來這就是迦葉還要在這個五濁惡世上入定的年頭了。

遺憾的是，據科學研究員們的說法，不出意外的話，地球還能再撐 50 億年。

50 億年後太陽會變成一顆紅巨星，大得不可思議，直接就把地球吞食了。

不敢細算啊，中間還有六億七千萬年，救世主才到，再喘一口氣，不又是幾個千萬年的轉瞬即逝，毛用？

當然人類也不是吃素的也不會坐而等死，再來一次世界大戰，自己就把自己先給滅種了，根本不須擔心，與這位──宇宙大哥級別的──殺手照面。

在「一氣」的顛覆下，這些，包括「生死」──就全不再是事兒──這就是「證生死」。

「長生不死「是不同地域，所有人類的曾經的，或者現在的夢想。

在外丹術黯然退場，內丹術接棒以後，實現了這個夢想。

它是在「當下」，通過迫使，「識神退位」而實現的。著實有點像「女人通

過征服男人而征服世界男人通過征服女人而征服世界」那個味道。

在神經電流——先天一氣，初步「格式化」大腦（皮層）時，吾人心中的生與死等種種、種種嗜欲，或謂概念、觀念等等、等等，即如秋風掃落葉一般。

識神主事的精神世界，原本就是人在活著的狀態下，進化發育出來的結果。紫陽真人甚至認為「人生大事唯生死。」

所以這個與「生」俱來的（從物質到）精神的世界，它對「生」的依戀和習慣，實在是強大到「不破不立」的地步！

隨著識神退位神主事，即在玉液還丹階段，生死得到初證和粗證。看高僧說法：

> 世界平沉，拔見刺於剎那，則一心之幻翳全消。虛空粉碎，直使纖塵不立，一念不存，成佛果於今生。消習漏於曠劫，此所謂圓滿菩提，歸無所得矣！如是信受，如是奉持，是真精進。是名真法供養，可謂雄猛丈夫、大自在安樂人也。

——憨山《首楞嚴經懸鏡》

來生很「玄幻」啊，高僧不想對這個議題展開，雖然禪宗「超越佛祖」，但是畢竟還是體制內的，與佛陀總也算是在一個鍋裏掄勺子，那叫自家人。那麼「成佛果於今生」吧，諸位有志之士——這是高僧的心裏話，這是得道的高僧風采。

高僧還有心得，「粗則易遣，細則難除，以其知見深潛根於心者難拔。故經云：存我覺我，俱名障礙。」

儘管依著慣性，「習慣」還會春風吹又生。

那麼請繼續，「損之又損」。

直到「將首就白刃，猶似斬春風。」

好了，你的活兒做好了。

不過這時候，也差不多到了，要死的年齡了吧：

「道成應在破瓜年。」呵呵。

老話兒說得沒錯，「人總是要死的。」

只是，已經返還到原始狀態的人，他「不以為懷」了……

換句話說：不是你不死了，而是，你不太介意它了。

你徹底不在意的時候，祝賀你，離圓寂和羽化，就不遠了……

「我常說不管佛道、顯密，修行就靠一個工具。這個工具就是身體，這個

心。這個生理身體和這個心，不會有別的花樣出來，它出來的現象是相同的，只是各家的解釋不同。許多人因為自己學佛就批駁道家，也有人因為修道家就看不起佛家，實際上都是蠻可憐的。」南老師說得真好！

5

《西遊記》第八十八回，九九數完魔剗盡三三行滿道歸根：

> 如來笑道：「你且休嚷，他兩個問你要人事（財物）之情，我已知矣。但只是經不可輕傳，亦不可以空取，向時（以前）眾比丘聖僧下山，曾將此經在舍衛國趙長者家與他誦了一遍，保他家生者安全，亡者超脫，只討得他三斗三升米粒黃金回來，我還說他們忒賣賤了，教後代兒孫沒錢用。你如今空手來取，是以傳了白本。白本者，乃無字真經，倒也是好的。因你那東土眾生，愚迷不悟，只可以此傳之耳。」

說畢，如來吩咐去換有字真經。但阿難、伽葉仍糾纏於「人事」，唐僧無奈了，只得把唐太宗賜的紫金鉢盂送上，才如願以償。這是《西遊記》中比較喜慶的一段，即表達了佛教和《老子》之「非常道」一樣的「不可說」的禪趣，又表達了佛教出色的可持續發展的戰略。同時，也是對社會現狀的一個影射。

有分析家說：阿難尊者這是在告訴我們，食物可以救你的性命，但是佛法可以救你的慧命，兩者之間必須要有一個取捨。大捨大得，小捨小得，不捨不得。捨中有得，捨即為得，捨之於物，得之於心。這是《西遊記》中阿難尊者給我們表明的佛法真諦所在。

縱然把唐僧全部從西天帶回的經卷一起估價，它們的價值抵不上經外別傳那一句話：「佛陀夜睹明星而覺悟。」這一句，才值得三斗三升米粒黃金。

一個人看懂這一句，就是佛的學生；看不懂，穿著御賜袈裟哦，也沒有用。

南老曾經闡述過這個佛教公案，他說佛陀看到了「緣起性空」，就沒有後文了。

緣起論是佛法的根本。佛陀一代時教所說的空有、無常、因果、中道、三法印、四聖諦、十二因緣等教法，都是為了詮顯緣起思想的根本教理所作的方便教說，《楞嚴經疏》說：「聖教自淺至深，說一切法，不出因緣二字。」這說明佛陀的教法有其一貫性。佛教的各種理論和派別，均以緣起論作為理論基礎來闡釋自己的宗教觀和宗教實踐，儘管各宗各派的經典根據、論述說法不同，

對於「緣起說」所闡述的，無非是宇宙萬法生滅變異的關係，以及人生苦樂的來源。緣起是佛教異於其他宗教、哲學、思想的最大特色，也是解釋宇宙萬法起滅，乃至生命起源的一種至高無上的真理，真理固然好，但是如何聯繫實際呢？南老詮釋「緣起性空」很好，我查閱了一下：

> 現在流行參禪，從古以來許多禪宗的祖師都是從緣起上悟道的，不是理上悟入。有丟一塊石子開悟的，有看到花開悟了，就是由緣起而悟入。如香嚴禪師，因為擊竹開悟。這類的例子很多，不是全體。溈山祖師說：「從緣悟達，永無退失」，從因緣上悟道才不會退掉，光是從定力上參出來還不對。這是一種說法，可是我反對這個說法，從緣入者，反而容易退失，偶而瞎貓碰著死老鼠身心一下空了，進入空性，雖然定在空性，若這個色身、業力、習氣一切都還沒有轉，還是要退轉的。所以趙州和尚八十仍行腳天下參善知識，因為此心不穩。

講得真的是太好了，雖然和我的理解（方向）完全不同。

南老師說到「夜睹明星」後，就沒話說了。看柳老師把這個事兒說得如何透徹：

> 問之六，曰：佛是何法起手？
>
> 答曰：佛以對斗明星起手。對，即中華返觀是也。斗，即北斗丹田是也。明星，即丹田之炁發晃是也。不對斗明星，萬萬不能成道。釋教下手一著最秘，吾今全露，爾當默思默思。
>
> ——《金仙證論》

柳老師分明說，佛（居然也）是從「氣沉丹田」開始做工夫的。

這話說得，佛系聽了能不搓火？！

如果柳老師換一個說法，比如「火裏栽蓮」、或「醍醐灌頂」，或「心花發明照十方刹。」那佛系就說「善哉」了。道曰「一點落黃庭」。

呵呵，我轉述得也自然分明，就看閣下你能看得分明，還是看不分明嘹。

佛陀又換了幾個說法，繼續佈道：

1. 色即是空，空即是色

在《心經》的名句中，「色」就對應著「緣起」，「空」就內含著「性空」問題。

從修行意義上，從見相到破相（「見山不是」），必須經過悟相——即見實

相，方才回到了「見山是」，佛曰「見性」道謂「得一」兩教同謂「識得一」……

從修行意義上，把「色」做「諸相非相」解，它的密乘（「內煉」）之義，就快要顯示出來了……

這時，最好去看丹派怎樣說道，又怎樣論炁……

這就是內丹道的長處啊，明言命，默言性。

2. 見緣起則見法，見法則見佛

佛陀的法身，就是諸法的實相，也就是（修行意義上的）「緣起性空」。

換句話說，在觀修中，「緣生」已經不再指向「性空」的因緣了，而是現證空性的資糧。在《中論·觀四諦品》中，龍樹表述得很透徹：若不依俗諦，不得第一義。不得第一義則不得涅槃。

大圓滿者會在顯教經文的描述之外，對緣起之道有真實的感受或體驗。

當年聽元音老人開示，非常開人茅塞：「不能把《金剛經》中」凡所有相，皆是虛妄」理解為凡所有相都是空。其實空並不是沒有相……」大顛注《心經》裏引用「寶公道：有相身中無相身。」

落實於修行，性也見了，相也見了，所以佛陀才說「性相一如」。

再連貫著看那句著名的「凡所有相，皆是虛妄，若見諸相非相，即見如來。」有意思吧。

「佛證的『空』是真空妙有。」

這也是「解空第一」的僧肇，在佛教漢化過程中，做得最傑出的一樣兒：本體「真空」；緣起「妙有」。

《肇論》帶著很深的經學痕跡，無論內涵還是方法上，受到三玄的廣泛影響。不知不覺地，學生（僧肇）在老師（鳩摩羅什）的「空中無色，無受想行識」的「五陰空」（玄奘譯為「五蘊皆空」）中注入了「生生不息」──「萬法歸空」由此適應了東土風水，「有」了在東土落地、開花、結果的活力。

「用即寂，寂即用，用寂體一，同出而異名。」無論羅什的還是玄奘的譯經團隊，那些大多數中國人的骨子裏的「那個」，仍然是「這個」──「同出而異名」。

「海上生明月，天涯共此時。」她再被雲遮霧繞著，還是她。

> 方明實見身，見身非是身。
>
> 法身無所得，非相本來人。
>
> ──普庵《金剛隨機無盡頌·如理實見分第五》

　　佛教從原始到大乘，說緣起不是肯定緣起，而是為了導出那個「空」、導出「一無所有」，而不是為了導出「有」和「三生萬物」。由緣生而來的，也會隨緣而去，故而是無常的，也就是「萬法皆空」（這裡的「法」指「事物」）。這是佛教在世界觀、本體論上的「緣起故空」的大意。

　　另有說，《中論》：「因緣所生法，我說即是空。」《七十空性論》：「以此一切法，皆是自性空；故佛說諸法，皆從因緣起。」恰恰跟「緣生，是故性空」唱了反調。大乘之間，口水滿天飛，但似乎沒有誰對「八宗共祖」吐過口水。在龍樹眼中，「緣生」是世俗，「性空」是勝義。因為「性空」，佛才說「緣起」。

　　「性空緣起」不是把兩者的順序換了那麼簡單。中觀派和三論宗認為，只有本性體空，才能生起一切。從這個角度看緣起法，既不著（實）有，也不著（頑）空，「亦是中道義」。

　　至於，具有現代意義的所謂「宇宙」，它源於「無」，還是「有」？這是佛陀拒絕回答的問題。這些個宇宙論與佛陀感受到的「痛苦」相距較遠。不管世界從哪裏來到哪裏去，它是有限的還是無限的，永恆還是非永恆的，都無益於人類對痛苦的解脫。載於巴利文學會版《中部經》中的那個著名的故事說：有一次，在憍賞彌（今印度阿拉哈巴特附近）一片林間，佛陀取了幾片葉子放在手裏，與弟子們展開一段對話：「我手中的葉子多呢，還是樹林中的葉子多？」「當然林中的葉子多。」「同樣的，我所知法，已經講的只是一點點，像我手中的樹葉。我未說的則像樹林中的葉子。我為什麼不說呢？因為說那沒有用處！不能幫助人們解除苦惱。」他把那些沒有用處的臆想臆說形容為「戲論的原野」。佛陀給弟子們的回答，對於今日不計其數的把寶貴的時間浪費在形上之苦思，而毫無必要地自行擾亂其心境的寧靜的人，當大有裨益。

　　既然佛對於討論形而上學不感興趣，且聽道家說吧。紫陽真人在《悟真篇》中一句少有的「直白」句子：「道自虛無生一氣」。

　　要理解這一句，得去修行中感悟。

　　哦，別忘了帶著周敦頤的《太極圖說》，和他的《愛蓮說》一樣唇齒生香、回味無窮：

　　　　無極而太極。太極動而生陽，動極而靜，靜而生陰，靜極復動。
　　一動一靜，互為其根。分陰分陽，兩儀立焉。陽變陰合，而生水火

木金土。五氣順布，四時行焉。五行一陰陽也，陰陽一太極也，太極本無極也。

佛友則不妨帶上這一句「緣起故空，空故緣起」，一句很好的「和稀泥」的話。

和著和著，你就深入混沌了——這就是如來大寂滅海的「道號」，俗名曰「糊塗」。

龍樹為什麼不被吐口水，因為他就善於「和稀泥」：大乘初期的方廣道人，認為因緣生法是空，一切是虛無，沒有實在的，因而陷入了「空」的極端——「頑空」中去了。到了龍樹，他認為釋迦牟尼的緣起是全面的，不偏重說有說無，而是有無的統一。最後把這個理論體系夯實，並引向「真空妙有」之高峰的，是僧肇。「真空妙有」與其說是他的「發明」，不如說是他把他自幼秉承的、滿腦子的道家「玄學」，給換穿了一件佛系的裟袈，更切實際。

宗教的世界觀和本體論，是從「人我」的修行（「物化」、「客觀化」），將由「個人體驗」而來的「返還之道」，推而廣之於宇宙的「天演論」了。畢竟，在中國的傳統中，古之「天人同構」的世界觀，認為大宇宙與小宇宙「本是同根生」。

那麼，一句話，「佛陀的法身」對應著丹派的「道胎」、「嬰兒」，對應著「無中生有」和「先天一氣」，讓丹派來講就是：

咽津納氣是人行，有物方能造化生。

鼎內若無真種子，猶將水火煮空鐺。

此章申言藥物須得丹頭也。金丹一道。既知安爐立鼎，便須討論藥物。藥物之偽者，人人能行之；一說到真種子，則舉世茫然矣。試看咽津納氣，不過旁門小道，其中亦必有主宰底人行之方驗，況金丹大道，烏有其中無物而能自造自化者乎？太上云：「有物渾成，先天地生。」此物生天、生地、生人，無所不造，無所不化。在人為未生以前面目，萬劫不壞底元神；在丹道為真意，即煉藥之丹頭也。即如嬰兒在母胎時，母呼亦呼，母吸亦吸，塊然而已。及至氣足形完，一點靈光入於其中，才得咽地一聲而成人。金丹作用亦復如是，必須真意大定，收取一點元神安住中宮，然後精凝氣聚結成胚胎，從此歸根覆命，宇宙在乎手，造化生乎身矣。故曰「有物方能造化生」。物者渾成之物，即真種子也，即中黃真意也。學者若不知安一

點於中宮，則神室中無主人，精炁暫結終散，若空鐺然，雖強以水火燒煮，而大藥之丹頭先失矣，故曰：「鼎內若無真種子，猶將水火煮空鐺。」此祖師提示丹頭吃緊為人之句，須知此處淆訛不少。一切旁門罕知真種，除彼家爐火而外，有以凡精為真種子者，有以凡氣為真種子者，有以昭昭靈靈底識神為真種子者，所謂「無量劫來生死本，癡人喚作本來人」也。昧卻本來，人何處更覓真種子乎？此章言真種，而鼎爐、火候已在其中。

——《悟真篇闡幽》

什麼都沒有的那個「一無所有」，那個叫「頑空」。

好道之人，你得知道，修行必須得經過「有物」這一關，方為深入玄境，故謂「玄關」。

> 塵滴存乎未免怨，莫棄這邊留那邊。
> 直似長空搜鳥跡，始得玄中又更玄。

——天然《孤寂吟》

這個「有物」在其他版本中，有直接謂「有藥」者。

今日所謂「藥物」者，此也：

> 咽自己之津液，納天地之正氣，此二者，是人人能行之也。然須有大藥丹頭，在於吾身之中，方能有造化之生。倘自己之鼎內，若無三物結成之真種子，而行咽津納氣者，猶將水火以煮其空鐺，此有何物成熟哉？

——《悟真篇正義》

道光曰：咽津納氣，世人多行之，殊不知皆後天地生至陰之物，非先天之氣。夫先天真一之氣，混於恍惚杳冥之間，難求難見，聖人以法火之鍛煉成丹，此氣是名真種子。經曰：伏氣不服氣，服氣須伏氣。服氣不長生，長生須伏氣。

子野曰：真種子，即真鉛也。《契》云：植禾當以黍，復雞用其卵。

上陽子曰：物無陰陽，安能生產。人無真種，豈有妊孕。咽津納氣，一己之陰。孤陰不產，獨陽不生。陰陽若真，方得真種。咦，妙矣哉。

——《悟真篇三注》

剛剛看懂了一點？紫陽真人又換說法了：

> 調合鉛汞要成丹，大小無傷兩國全。
>
> 若問真鉛是何物，蟾光終日照西川。

──《悟真篇》七言絕句第四十五

大小者，水火也，身心也，神氣也、精神也，性命也，內外也，乃至兩國也，等等種種，種種等等，無出陰陽：「玄篇種種說陰陽，二字名為萬法王。」

> 真常須應物，應物要不迷。
>
> 不迷性自住，性住氣自回。
>
> 氣回丹自結，壺中配坎離。

──呂洞賓《百字碑》

看清了，呂洞賓之「不迷」句，與張伯端之「無傷」句，還是一個意境。

此「有物混成先天地生寂兮寥兮獨立而不改周行而不殆可以為天下母」者，「炁」也。

靜極生動，「天人合發」，這就是「有物方能造化生」，在內丹道實踐中的落實。

注意「靜極生動」說，這是最好的描述之一，其言簡意賅，不著形象，一如「取坎填離」、「水火相濟」、「身心合一」，及「天人合發」。

如果非要多嘴饒舌，你看這一段文字多好：

> 心止於臍下曰凝神，氣歸於臍下曰調息，神息相依，守其清淨
> 自然曰勿忘，順其清淨自然曰勿助。勿忘勿助，以默以柔，息活潑
> 而心自在，即用鑽字訣。以虛空為藏心之所，以昏默為息神之鄉，
> 三番兩次，澄之又澄，忽然神息相忘，神氣融合，不覺恍然陽生，
> 而人如醉矣。真消息，玄關發現時也。凡丹旨中有「先天」字、「真」
> 字、「元」字，皆是陰陽鼎中生出來的，皆是杳冥昏默後產出來的，
> 就如混沌初開諸聖真一般，以後看丹經可類推矣。

──《道言淺近說》

注意，這個「臍下」，在天元丹法的傳承中，我告訴你它不在色身上，「饒君聰慧過顏閔，不遇師傳莫強猜。」

餘者，對內景高談闊論的文章，少看為妙，不看為好。雖云「有物混成」，但佛系那句名言說得好，「以色見我不能見如來」：

洞山活計未全包，太老贊龜罕辨爻。

有物先天非相貌，豈干動用色相交。

——普庵《頌古九十八首》

因緣本自虛，六道渾如醉。

一翳滿空花，便落思量句。

——普庵《金剛隨機無盡頌·一合相理分第三十》

如果唐末回公、南宋神僧還是以「寫意」的手法來描述，那麼這一段汪東亭致學者問道函，則把《易傳·繫辭》子之「觀物取象」、「立象以盡意」，說得再透徹不過了：

> 夫金丹之道，上古皆稱之「學混沌」。蓋混沌，是未開闢之前也。及至周末，老子曰：「吾不知其名，強名曰道。」故又皆稱之曰「學道」。蓋強名者，是個無有也。唐宋以下諸真著書，又皆教人學死人。請審問之「混沌」可有景象乎？可有證驗乎？可能明白乎？再明辨之，死人可有景象乎？可有證驗乎？可能明白乎？假若一著景象、證驗、明白，即是落在後天色身，即是以奴為主而不知，認賊為子而不覺也。如何是象言筌蹄？孔子曰：「象者，像也。」來子解云：「像也者，彷彿近似之謂也。」足下執泥彷彿近似是道，堅不可破。又，丹經萬卷，皆言不可泥像執文，唯獨足下硬要泥像執文，嗚呼，是筌蹄也，不是魚兔也。我真不知何故如此之糊塗乎！

再囉唆一句「天人」吧：

這個「天」，或者這片「天」，落實於修行之道，就是那個「物」，就是「他」了，宗教經典又尊稱「牠」者，曰「道」曰「佛」曰「上帝」曰「神通」曰「萬能」曰「遍及一切處」，所謂種種，不外乎「彼家」也……

那人呢，還用問呀，就是「你」、「我」這些庸人嘛……

是不是，剛剛又看懂了一點？

但是，紫陽真人又有說法了，呵呵

> 用將須分左右軍，饒他為主我為賓。
>
> 勸君臨陣休輕敵，恐喪吾家無價珍。

——《悟真篇》七言絕句第十

幾個意思？

一個意思：

那個「物」那個「藥」那個「炁」，又成了這個「國」這個「軍」。維摩詰曰「心靜則國土靜。」

道家的傳統很有意思，丹派調換詞語比翻書都快。

一個目的，它不想普度，不想你看懂。

紫陽真人曰：「若問金丹端的處，尋師指破水中鉛。」

俗云：「道化賢良釋化愚。」

而吾人修至「開關展竅」之際，有一個總則，人道不得干涉天道，所謂「順天應命」、「大公無私」——理解不了這個意境，沒有這麼一個「情懷」，就不要修了，你修不成。

在此「當下」——扭轉「乾坤」——之際，你還沉溺於識神主事的習慣中不能自拔，我還在那裡患得患失，想東想西，先去參《易》：「君子慎始，差若毫釐，謬以千里。」

再說「大小無傷兩國全」這一句：

「我」怎麼能不干擾「他」之行事呢？

兩者能不能，不以修道的名義，不打著愛的旗幟，來互相傷害呢？

就像俗話說的「一個鍋裏攪馬勺怎麼能不碰撞呢？」

就像俗話說的就不能「兩好擱一好」嗎？

讓畢加索說就是「重要的不是我把握自然，而是我與它一同生活」。

讓經典說話，老子道「虛其心實其腹」真人曰「饒他為主我為賓」憨山說「一向此身都是客，而今掉臂始歸家。」

再從天道的視野，廣義上去注釋：泯滅去「主觀」，忽略「吾人」；為「客觀」讓道，任其自然，讓天意流行——程朱曰「存天理滅人慾」者，似有此意境，可以注之。

從人道的角度，狹義上來解釋：讓人過好，就是讓自己過好。孔曰「成人之美」老曰「成其私因其無私。」

嘖嘖，以其完全的「大公無私」，卻實現了徹底的「自私自利」，你說這得是多麼高的高人，才能具備的如此高見？

最後，還得用俗話才能說明白，「惹不起你我總躲得起吧？」

> 一向此身都是客，而今掉臂始歸家。
>
> 回看奔走紅塵道，何似棲心白藕花。
>
> ——憨山《寄袁居士》

好了，你可以「看懂」嶗山道士，在丹道內煉的中的天機了：神氛鼓蕩，熱流翻騰，時漲時聚，上沖下竄，似在尋找出路。它不動，我不動；它將動，我先動……，一道白光亮如水銀，一箭透穿三關九竅……

紫陽真人道「要知口訣通玄處，須共神仙仔細論。」此意也。

都說到了這個地步，懂的，差不多備好了法侶財地，起修吧。

差不多就行了，那個大和尚還沒有捆好行李，或者，還沒有玩夠，那個窮光蛋那個驢族已經取回真經了。

不懂的，就算了，你這一輩子也就真弄不懂了。

做個庸人，娶妻生子，養兒防老，虛度一世，過個難得糊塗，不亦樂乎？

此生若無神仙骨，縱遇真仙莫浪求。

筆者也寫了一首偈子，表達理解：

> 一天，我的眼前展開這麼一幅卷軸。
>
> 於是，我知道了你眼中的畫兒。
>
> 你告訴眾生：
>
> 我目睹了繁星，
>
> 獲得覺悟。
>
> 於是，
>
> 恒河眾生，
>
> 舉首向天。
>
> 億萬斯年過去了，
>
> 垂首的是佛陀，
>
> 仰視的是蒼生。

七、敲竹喚龜吞玉芝　撫琴招鳳飲刀圭

　　敲竹喚龜吞玉芝，撫琴招鳳飲刀圭。

　　近來透體金光現，不與凡人話此規。

——《悟真篇》七言四韻第三十九

龜者，北冥隱者；鳳者，南方朱雀。

竹乃中虛之相，琴喻心息和諧。

玉芝和刀圭，皆指一分為二、合二為一的——神、炁二物，大藥真種。

　　十二樓臺藏秘訣，五千言內隱玄關。

　　方知鼎峙神仙藥，乞取刀圭一粒看。

——呂洞賓《七言》

　　兩宋是中國文化的碩果累累期，三教都達到了巔峰。觀黃庭堅的生平，禪宗烙印之深，與「修養」不無關聯。「物無不致養而後成器，況心者不器之器乎？」（《晁氏四子字序》）「養心去塵緣，光明生虛室。」（《頤軒詩六首之六》）「大概佛法與《論語》、《周易》意旨不遠。」（《與王雍提舉》）在諸般修心養性工夫中，「聞香悟道」是黃庭堅一次重要的證悟機緣。這段故事值得一說：

　　他曾拜於黃龍寺晦堂和尚門下，一位是聞名遐邇之士大夫大學士，一位是「教外別傳不立文字」的傳人，衝突難免。黃庭堅在追隨了和尚多年後，覺得自己什麼也沒學到，只是整天陪其遊山玩水下下棋，一日他發問了：「就沒有更快、更直接的方法讓我覺醒呢？」和尚對以「你讀過論語嗎？」這個反問要說沒有諷意是不可能的。聽到黃庭堅肯定的回答後和尚說：「二三子以我為隱乎？吾無隱乎爾」。徒弟啊，你以為師父對你有所保留嗎？我沒有對你

—113—

隱瞞什麼啊。

黃庭堅陷入了更深的糊塗中。一天，和尚看到弟子無所事事地在院子裏踱步，覺得機緣到了，他擺了一下長袖，示意他隨行山谷。秋高氣爽，滿山遍野的木樨花競相綻放。和尚「問木樨香否？」黃庭堅鼻子一陣觸動，嗅到了禪機。他後來的文學詩詞以及書法上的卓越成就，與此不無關係。

同一時代，由繼往開來的陳摶老祖興起的內丹道，也深遠地浸透著、影響著「上層建築」。

黃庭堅，瞧瞧這個大名，懂的自然懂得。

> 琅函絳簡蕊珠篇，寸田尺宅可蘄仙。
>
> 高真接手玉宸前，女丁來謁粲六妍。
>
> 金龠閉欲形完堅，萬物蕩盡正秋天。
>
> 使形如是何塵緣，蘇李筆墨妙自然。
>
> 萬靈拱手書已傳，傳非其人恐飛騫。
>
> 當付驪龍藏九淵，鶱侯奉告請周旋，緯蕭探手我不眠。
>
> ——《次韻子瞻書黃庭經尾付鶱道士》

從詩文來看，詩人是洞達「金龠閉欲形完堅」之「黃庭」奧義的。

黃庭堅與丹派「內煉」的交集，在這一首詩詞中，則說得分明：

> 往在江南住竹山，道人兩歲三來訪。
>
> 聽風聽雨看成龍，牛羊折角入朝餉。
>
> 簡州城東刮地寒，手種檀欒三兩竿。
>
> 竹成要作無孔笛，若有靈龜一任鑽。
>
> ——《覺範師種竹頌》

「山谷道人」解悟的「竹」即「無孔笛」。

「無孔笛」為釋道雙方共用，以之從「形態」上描述性體、玄竅。

「靈龜」亦為釋道並重，在釋，以龜藏其頭尾四足比喻修行者藏其六識。在道，乃北方玄武、五行之水。

「若有靈龜一任鑽」者，乃從「動態」上描述性體、玄竅。

> 佛僧珣云：「奮大用，發大機，明來暗，合平坦險巇。彼既殺活拄杖，我即綿裏秤錘。縱使諸方眼目，難斷個是個非，畢竟如何？堪笑一枝無孔笛，主賓顛倒兩頭吹。」
>
> ——《仙佛同源》

「顯而易見」，竹者、笛者、龜者，其實者，一物也。

另，高適有一首詩《聽張立本女吟》：

> 危冠廣袖楚宮妝，獨步閒庭逐夜涼。
>
> 自把玉釵敲砌竹，清歌一曲月如霜。

查閱，說是唐代有個草場官名叫張立本，他的女兒因後院的狐妖所迷，詩人以此為據，寫成此詩。詩詞描繪出這樣一個畫面：少女戴著高高的帽子，拂動著寬廣的衣袖，打扮成南方貴族婦女的模樣，夜晚獨自在涼爽寂靜的庭院中漫步。自己拿著玉釵敲擊臺階下的竹子，打出拍子，一曲清越的歌聲之後，月色顯得十分皎潔。

從故紙堆中，翻出了對我們有用的些許內容是：

在古代，「敲竹」是一種打擊樂的組成部分。

此也恰好對應了後一句之「撫琴」。

唐鄭谷《多情》：睡輕可忍風敲竹，飲散那堪月在花。

宋蘇軾《賀新郎·夏景》：簾外誰來推繡戶？枉教人、夢斷瑤臺曲。卻又是，風敲竹。

敲竹者，風也，無我；撫琴者，人也，有為。

道人以竹、琴寓心，以敲、撫為用，言做丹功之無心有意，以無為之為、不用之用採煉藥物，所謂虛而待物之道。

前者無我，乃「道自虛無生一氣」；

後者有意，則「跨個金龍訪紫微」。

神僧換個說法說道，會麼？

> 龍象蹴踏潤無邊，騰雲駕霧謁諸天。
>
> 帝釋驚惶無處避，尋光燭理扣金仙。

——普庵《頌證道歌》

> 梭林鳥共飛，一道轉光輝。
>
> 癡人隨物轉，悟者發真機。

——普庵《金剛隨機無盡頌·正信希有分第六》

紫陽真人精通三教，博覽群書。

《悟真篇·序》謂：「及乎篇集既成之後，又覺其中惟談養命固形之術，而於本源真覺之性有所未究，遂玩佛書及《傳燈錄》，至於祖師有擊竹而悟者，

乃形於歌頌詩曲雜言三十二首，今附之卷末，庶幾達本明性之道盡於此矣。」

《悟真篇·後序》云：「見聞此篇，則知伯端得達摩、六祖最上一乘之妙旨，可因一言而悟萬法也。」

顯然，《壇經》裏的一個公案，「香嚴擊竹」他是有印象的：

老和尚溈山提了個問題：在父母未生時你是什麼？

弟子香嚴百思不得其解，問溈山和尚。溈山並沒有回答，只是說，「吾說得吾見解，於汝眼目何益？」

香嚴於是燒了經書負氣而去，「此生不學佛法，且作個長行粥飯僧，免役心神。」

一天，在另一個寺院他除草種地時，觸到了一個瓦礫，他想也不想地隨手拋去，擊中了竹子。香嚴聞聲的瞬間開悟了。趕緊回屋，沐浴齋戒，跪在地上遙謝溈山的大德：「和尚大悲，恩逾父母。」

> 一擊忘所知，更不假修持。
>
> 動容揚古路，不墮悄然機。
>
> 處處無蹤跡，聲色外威儀。
>
> 諸方達道者，咸言上上機。

蘇軾既有「風敲竹」的好詞，也有《琴詩》一首，可謂呼應：

> 若言琴上有琴聲，放在匣中何不鳴？
>
> 若言聲在指頭上，何不於君指上聽？

噫，不器之器，弦外之音……

此中有真意，欲說已忘言。

此也一解，不亦妙哉？

敲者擊也，這裡不得不在故紙堆裏翻一番，做下說文解字的工作，諸君方知其妙哉何處：

擊之繁體：擊。

《說文》：「攴也」。

攴者何也？

《說文》：「小擊也」。

殼＝專（wei）＋攴（shu）。

《說文》：「車軸耑也。從車，象形。」

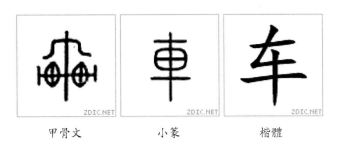

甲骨文　　　　小篆　　　　楷體

可以看到「叀」、「轄」位於兩個輪的外側，用於固定車輪，將叀套於軸的最外端，防止輪子脫落。轄是穿過叀與車軸的一個銷子，將軸與叀鎖定為一體。《淮南子·人間訓》：「夫車之所以能轉千里者，以其要，在三寸之轄。」

轄的質量如果不過關，車輪隨時能脫離車軸。因此，轄，後引申為管理、約束：

管轄管轄，管者轄也——白話文的詞，原來是兩個文言字的互訓。

虛無虛無，虛者無也，呵呵，有意思吧。

殳呢，字形是一手拿著個錘子。

據說，西周時期製作一輛馬車，其他部件基本是用木頭製作，但車轄車叀必須用當時還很珍貴的青銅來鑄造。於是，車叀和車轄也就成為了主人身份的象徵。

手＋叀＋殳，「擊」的字形展示了這麼一個製造場景：一名工匠以手執殳（錘子），在把轄向叀裏敲。

因此，敲就是「擊」（擊）的本義。

敲擊敲擊，敲者擊也。真人謂：「遂玩佛書及《傳燈錄》，至於祖師有擊竹而悟者」。

> 廓達靈根非向背，不關南嶽與天台。
>
> 父母未生前一著，香嚴擊竹始迷開。
>
> ——普庵《頌石頭和尚草庵歌》

「一縷」者，即「刀圭」，亦一氣，亦深譚之日，亦「地應潮」。鳳者，離位也。

「玉芝」者，有月之相，乃「天應星」，性光也。龜者，坎之位。

> 凝神調息，靜候動機。機動籟鳴，一縷直上，是為後天中之先天。採之以劍，調之以琴，運之以河車，封之於黃庭。
>
> ——《道竅談》

此段就是「玉液還丹」一段工夫的詩詞化的描述。

> 夫煉金液還丹者，則難遇而易成。要須洞曉陰陽，深達造化，
> 方能追二氣於黃道，會三性於元宮，攢簇五行，合和四象，龍吟虎
> 嘯，夫唱婦隨，玉鼎湯煎，金爐火熾，始得玄珠成象，太一歸真，
> 都來片餉工夫，永保無窮逸樂。

——《悟真篇·序》

總結一下，如果用一來說，丹派曰「道自虛無生一氣」；如果用二來說，易曰「取坎填離」五行曰「水火相濟」；如果用三來說，援《內經》的範疇就是「三家相見結嬰兒」；如果用四來說就是「和合四相」；如果用五來說，就是「攢簇五行」。高僧說：

> 普庵和尚鐵竹歌，十聖三賢不奈何。
> 九節玲瓏通法界，不由邊箾自嘍囉。
> 從百練，已經磨，能障狂風止海波。
> 惡龍報毒皆由我，猛虎歸降豈是佗。
> 世出世間無可比，非凡非聖力摩訶。
> 莫耶劍，比天戈，生滅勞形費氣多。
> 只這一條剛不壞，撐天拄地應三摩。
> 身瑩淨，意曼陀，非眼耳鼻六通和。
> 肉眼那能堪作見，二乘天眼尚肴訛。
> 德山老漢卻老婆，橫豎宗風般若多。
> 罕遇其人難措手，至今獨卓立巍峨。
> 君不見，莫蹉跎，點石為金也是他。
> 即栗橫肩千萬個，解吞鐵竹可相過。
> 未動口時百雜碎，豈同狐族唱巴歌。
> 順天助道功非細，只欲令人脫死魔。
> 喃喃解語非關舌，入水何曾動碧波。
> 鐵竹自歌如是唱，海潮音徹笑呵呵。

——普庵《鐵竹歌》

若有以陽物、陰戶為竹為琴者，歇息吧。不要在丹經中尋找性器，你找不到的。子曰「君子不器」，呵呵。

也有人把這兩句以裁接法來解，那還要看如何理解祖師真實義，如果理解

歪了，耽誤瞌睡，也不如早些洗洗睡了。

> 栽者凝神入炁穴，接者採藥歸爐也。

> 萬般渣質皆非類，真陰真陽正栽接。

另，紫陽真人是老年得訣、老年修成，所以涉及「老同志」的話題在所難免，或者說，必須說一說的。

「道教雜而多端」這一句，學人的總結很是中肯。

紫陽真人的平生所學就是典型的「雜而多端」，他不僅僅是把很多佛教的東西援入了丹派，還有很多很多「亂七八糟」的「世相百態」、「風俗人情」也隨手拈來以喻解金丹大道，這樣一來就熱鬧了。「敲竹喚龜吞玉芝，鼓琴招鳳飲刀圭」這一句，就是給後世造成了無數的麻煩和曲解的典型之一。

導致，古籍和網文上都不乏一些「陰陽家」在解說此經，瀏覽過一些，一起欣賞一些片段：

此為道家漏體補虧傳統秘法。一般人到中年，精氣大半洩漏，甚至造成腎虧，體質下降，以致修煉中元氣不足，難以達到功法要求的效果。為此，道家運用「敲竹喚龜」之法，作為練功輔助，可以較快補回體漏所造成的損失，恢復並增強腎功能，達到採藥結丹的要求。所謂「竹」，即指陰莖，而「龜」即龜頭。故用隱喻曰「敲竹喚龜」……元・張三豐也說：「年邁之人，真情不動，可用敲竹鬥龜法喚之」……此處省略三百字……再省略三百字……

嘖嘖，「實操」部分，也都講解得那麼細發。

老糊塗的就不說了，還沒有老糊塗的老同志講話了，這是長生之道嗎？這分明是坑爹嘛。咋看都有點像年輕時看的文學巨著中的「指頭兒告了消乏」。

我看後也無限感慨，宗師、博士和陳獨秀都不如你優秀啊。

在著書立說時，紫陽真人為了降低，好道之士的「學習成本」，他是把不少大道理，通過生活的「常識」來予以解說了。但當紫陽真人把一些生活經驗，搬到經典中去闡述的時候，「學習成本」固然降低了，新的問題也來了：

各種奇思妙想、歪理邪說，也來了。好道之士啊，你得知道：

在真正的丹經中，在上品丹法中，你是根本找不到，形而下流的……

詩曰：

> 學習有風險，讀書要謹慎。

> 人生有風險，入世需謹慎。

前面提到的黃庭堅，年輕時好作豔詞，嘗謁圓通秀禪師，秀呵曰：「大丈夫翰墨之妙，甘施於此乎？」公悚然悔謝，由是絕筆。

> 五八，腎氣衰，髮墮齒槁。六八，陽氣衰竭於上，面焦，髮鬢頒白。七八，肝氣衰，筋不能動。八八，天癸竭，精少，腎臟衰，形體皆極。則齒髮去。
>
> ——《內經·上古天真論》

這幾句，不單單是老驥伏櫪、美人遲暮的寫實啊，話外之音在說：「小車不到只管推」那是給年輕人勵志的話，他們有做事業的本錢。而人到了「功成身退」時，不要不捨得，更不要懷疑後生的能力，社會義務各種擔當，滿滿的那一大車，讓他們推去吧，反正老漢不推了，該退居二線，頤養天年了。《鍾呂》謂：「少年不修，恣情縱意，病死而為鬼也。」

然凡事皆有例外，「帝曰：夫道者，年皆百歲，能有子乎？岐伯曰：夫道者，能卻老而全形，身年雖壽，能生子也。」

但是一位醫生朋友講了個耐人尋味的故事：

有位老同志八十多了，娶了個年輕的女同志。沒多久老婆有了。老同志考慮事情多周全啊，悄悄去醫院做諮詢啥的。醫生說「我給你說個故事吧，一個老漢拿著一把雨傘走在原始森林中，突然竄出一隻獅子。老漢情急之下對著獅子就把自動傘打開了，獅子應聲倒地，一命嗚呼。」老漢說「這不可能，一定是有人開槍了。」醫生說「我也覺得是。」

什麼都是浮雲！

老漢言下大悟，遂丟掉了一切去修仙了。

孫思邈說「……六十者，閉精勿泄。」這還是唐代的標準。

現代的「奶瓶孩」一代徹夜上網玩手機，而吃的又是快餐垃圾，在如此生活環境、節奏下，想想人類的……人類還有……未來嗎？

在「㐲」之一擊後，吾人之心境就得到了徹底的改造，被改造成什麼樣的心態了？

話不好說，或者說不好聽，也不妨從女性角度去說，算是點到為止吧。

比如著名的女道士孫不二，那個時代的女神，有文化、有教養，還嫁入了豪門，問題是老公待她還非常好。在「馬半州」被祖師度入道門之後，在痛定之後，她也選擇了這一條道路。她在修行期間還是經常受到一些男性的騷擾，嫁過海洋的人怎麼會選擇溝渠呢？為了迴避那些渣男的干擾，孫不二用沸油

自個毀容了。是的，受此（炁）刺激後，「愛情」的本質，不用寫詩、不用分析就出來時。

　　我們知道，在所有物種裏面，只有人類幾乎是為面子而活著的，女同志尤甚！只要看看她們在臉上的消費就知道了，如果你告訴她們一項科學研究表明，牛糞塗臉上可以美容可以祛斑，她們在說「好噁心」時不定印度的鮮牛糞已經斷貨了。

　　這就是上帝造出的矛盾著的世界，是除了讓那個生物互食的「食物鏈」——這個蹩腳的玩意兒外的，又一個蹩腳的玩意兒。弱弱問一句，你還信那個萬能的上帝嗎？這個糟糕的世界就是他的「作品」。八百年前，蒙古人到了，他們把患者的遺體用拋石機拋到他們的城堡裏，黑死病就開始蔓延。西方人的信仰在這時動搖了，交了那麼多的稅，買那麼多的贖罪券，一天到晚的禱告，結果到頭來，一點用也沒有。在強勢的異教徒面前，人們毫無還手之力，人們開始懷疑上帝，不再堅信自己是他的選民，啟蒙意識從這裡就開始了。

　　「沖炁以為和」後，即得「清淨心」。

　　各種主體欲望，掃空多半，「可以無思」矣。

　　剩下的一半，自己慢慢「琢磨」吧。老子道：「損之又損」。

　　說遠了。這首詩還有兩個字用得玄妙，「吞」與「飲」。

　　學者當知，若以鼻下之口來解，那「刀圭」即為醫家的玉液、金漿——「高級口水」了，此非丹派本意。

　　內丹學派是形而上學，鮮言色身上事及其「附件」。

> 玄關一竅有陰陽，心腎原非水火鄉。
> 寄語煉師高著眼，莫將心府作南昌。
>
> ——翛然子《明真破妄章頌·南昌非心》

　　此章言還丹之妙用可以造命也。蓋還丹之功始於有作，終則無為。有作所以了命，無為所以了性。其初必取真陰真陽同類相感，方成大藥。到得玄珠成象，太乙歸真，乃返虛無而證至道矣。蓋道自虛無生一氣，一而二，二而三，遂至順流不窮。今者攢五簇四會三歸二舊復返於一炁，豈非自然之道乎！此以了命而兼了性也。煉之又煉，靈丹從崑崙頂上應時脫落，吞入口中，從此宇宙在手，造化生身，我命在我，生死總不由上天矣。此章緊接上章脫胎入口來，確是還丹證驗。入口入腹雖分兩象，實無二義。須知口非飲食之口，

腹非臍腹之腹，遇真師者自知之。

──《悟真篇闡幽》

故乃先天之「口」爾，所謂「口對口，竅對竅」者。

坎離坤兌分子午，須認自家宗祖。

地雷震動山頭雨，要洗濯黃芽出土。

捉得金精牢閉固，辯甲庚，要生龍虎。

待他問汝甚人傳，但說先生姓呂。

──呂洞賓《步蟾官》

八、道自虛無生一氣　便從一氣產陰陽

1

本來一無所有，白茫茫一片真乾淨。

寂靜的大地，在春風吹拂之後，太陽出來了，雪化了。

草木萌生，萬象更新。

枝頭發出了新芽、綻開紅花，次生綠葉，終成秋實。

有兩個黃鸝鳴翠柳。

荒蠻時代，古人先民是以眼見、直覺去觀察「天垂之象」的。

> 若夫至聖，不過伏羲。
>
> 始畫八卦，效法天地。
>
> 文王帝之宗，結體演爻辭。
>
> 夫子庶聖雄，十翼以輔之。
>
> ——《周易參同契·三聖前識章第十三》

　　直觀，這是人類最初對宇宙現象的探索方式，這就是道家「無中生有」宇宙觀的來歷。

　　「天圓地方」這個延續了幾千年的說法，就是在「觀感」上加上粗率的「邏輯」、超乎尋常的「想像力」得來的。《周髀算經》這樣描述宇宙天地的構形：天形如張蓋，頂八萬里而向四周下垂，日、月、五星在天穹上隨天旋轉；天如同一磨盤，被推著左轉（從東向南向西），日、月、五星在「天」這個左轉的磨盤上右轉（從西向南向東）；天穹像一個斗笠，大地像一個倒扣著的盤子，北極是天的最高點，四周下垂；天穹上有日月星辰交替出沒，

在大地上產生晝夜的變化，晝夜變化是因為太陽早上從陽中出，而夜晚入於陰中。

所以東方式的思維，在根本上來說是一種質樸的、古老的「思維模式」。無須讚歎，亦無須追捧，更不需要用神秘主義來神話它。這如同各民族各地區的文字，最初都以象形的特徵出現——這種原始的思維方式——來自於圖畫的文字，是一種最原始的造字方法——埃及的象形文字、蘇美爾文、古印度文以及中國的甲骨文、石刻文，都是獨立地從原始社會最簡單的圖畫和花紋產生出來的——世界幾乎各個古文明皆是如此，不是我們的先人獨有的高明。

直覺就是「下意識」，就是不經分析處理，依賴本能所做的選擇，拉著夢的手，跟著感覺走。比如在日常生活中，基本上就是「下意識」的天下，是條件反射的天下。典型的如駕駛，靠邏輯思維是行不通的，要處理的信息的量太大，頭腦反應不過來，所以就把這些（通過培訓）交給了「下意識」。

動物的行為大多就是靠下意識，與之相對的是（人類演化出來的）邏輯思維。科學就是在邏輯和實驗的基礎上發芽、成長的。

可以說，物質文明依賴邏輯思維，而哲學思想和精神文明，尤其落實在修行文化上，則基本是依賴直覺的。

先人獨有的高明在於「邏輯」之後的「直覺」，即隨後的高度的提煉和總結：

《易傳・繫辭上》首出了「太極」概念。

《道德經》則展示了「無極」及「萬物生於有，有生於無」的「天機」。

《太極圖說》的「無極而太極」論，又把老子的無極一詞注入理學意義，也把「無極」與「太極」兩個概念聯繫在一起，這是宋儒周敦頤對中國哲學的宇宙觀做出的貢獻，也是道教（陳摶）對儒學在義理上的反哺，由此導致了儒家的變種和升級，或者說，它的 2.0 版——程朱之學的出現。

概括地說，這就是中國古代的思想家，對宇宙來龍去脈的主流學派的一脈相承，和由此而形成的本體論——它對道教內丹學派的影響是不可低估的，看紫陽真人讀《參同契》有感：「一自虛無兆質，兩儀因一開根。四象不離二體，八卦互為子孫。萬象生乎變動，吉凶悔吝茲分。百姓日用不知，聖人能究本源。」

2

道自虛無生一氣，便從一氣產陰陽。

陰陽再合成三體，三體重生萬物昌。

——《悟真篇》七言絕句第一

就全詩而言，元真子注解得言簡意賅。

寥寥幾句，清晰地指出了紫陽真人在演繹《老子》：

道自虛無生一氣，是道生一也。便從一氣產陰陽，是一生二也。

陰陽再合成三體，是二生三也。三體重生萬物昌，是三生萬物也。

此乃用《道德經》之義，以發明修丹之理。

——《悟真篇正義》

不過，最有意思的第二句，「便從一氣產陰陽」，被元真子一筆帶過了⋯⋯

倒是，在他的另一部傑作中，點出了「陰陽」者，實乃「二用」⋯⋯

丹法亦以乾坤為體，為鼎爐。坎離為用，為藥物。其陰陽二用，

亦周流於六虛之中，往來於鼎爐之內，而亦無中生有，以結其靈胎

者也。

——《周易參同契正義》

在悟元子注本中，把其「二用」又向天機處，點了一點⋯⋯

性命之道，造化之道。造化之道，生生不息之道。推其道源，

蓋自虛無中而生一氣；自一氣而生天生地，產陰陽；陰陽再合其中，

又含一氣而成三體。三體既成，一氣運動，陰而陽，陽而陰，於是

萬物生矣。即如草木之生，始而地中生一芽，是自虛無生一氣也；

既而出地開兩瓣，是從一氣產陰陽也；又既而兩瓣之中抽一莖；是

陰陽再合成三體也；從此而分枝生葉，是三體重生萬物張也。天地

間一切有情無情之物，皆從此虛無一氣而生出，然皆順行造化之道。

修道者若知的順行造化，逆而修之，歸萬而三，歸三而二，歸二而

一，歸一於虛無，則無聲無臭至矣。

——《悟真直指》

這個很關鍵，只說大道理，不知道如何落實的，等於沒有說。

佛系聽到真人吟出第二句時，一定會堅決地說：no!

兩教就在這裡「翻臉不認」，在這裡分道揚鑣——

丹派構建「上層建築「時，接受的既有儒道兩家的炁一元論，還有陰陽二

元論──傳統的文化基因，始終在起著主導作用！

「獨一無二」論始終貫穿著佛系。

六祖先說：「我有一物，上拄天下拄地，無人識得，若親見一回，超過佛祖。出三界，不輪迴，為人自肯、自信，自能保任，得無礙法，決定無疑。」

又說「本來無一物」。

「馬祖向我道即心是佛。」

「馬祖近日又道非心非佛。」

道系丹派選中的則是更高一級的「矛盾論」、「辯證法」：

緣督子：「世之學道者，莫不曰「本來無一物」。今言有物，豈不動世人之驚疑哉？」

元代數學家、天文學家、道學家，在《仙佛同源‧有物第六》中，有詳細論述，值得學人反覆咀嚼，深刻領悟。

概而言之，紫陽真人這首契歌，可以做廣義和狹義兩種詮釋。

廣義上，紫陽真人是在總結道家的天演論、宇宙觀。

《老子》的「有生於無」說，獲得廣泛認同，《列子》隨貼點贊「有形者生於無形」。

而《老子》在詮釋宇宙之成形時，他做了一個「沖氣」說，此說不及《莊子》之「通天下一氣耳」（《知北遊》）流行。

《莊子》認為宇宙天地萬物，皆由一氣化來，「氣變而有形。」（《至樂》）。

《管子》接過道家的天演論，進一步演繹，「凡物之精，此則為生，下生五穀，上為列星。」（《內業》）。

《淮南子》開始「深度」地進行形下探索，「宇宙生氣，氣有涯垠。清陽者薄靡而為天，重濁者凝滯而為地。」（《天文訓》）。又說：「積陽之熱氣生火，火氣之精者為日，積陰之寒氣為水，水氣之精者為月。」《淮南子》還認為精氣分為天地陰陽二氣，陽剛陰柔，二氣交感聚合，萬物乃萌生成形。呵呵，並且「考據」地有聲有色有滋有味，如其認為精氣先生天地，然後天地之氣相摩相蕩，交感合和而生萬物。因而精氣化生萬物，歷經了從「冥冥」、「無始」、「有始」，最後再到「有有」的過程。這一流程在《俶真訓》是有詳載的，頗有可觀：在「冥冥」階段，天地之氣雖已存在，但尚未流動交感，整個宇宙處於虛無寂寞的冥冥狀態。「天含和而未降，地懷氣而未揚，虛無寂寞，……氣遂而大通冥冥者也。」到「無始」階段，天地之氣開始流動交感，相錯相蕩，

萬物開始有萌生的趨向。「天氣始下，地氣始上，陰陽錯合，相與優游競暢於宇宙之間，被德含和，繽紛蘢蓯，欲與物接，而未成兆朕。」到「有始」階段，天地陰陽二氣開始交感合和，萬物開始萌生，但仍處在尚未成形的狀態。「繁憒未發，萌兆芽蘗，未有形埒垠堮，無無蠕蠕，將欲生興而未成物類」。到「有有」階段，萬物萌生，宇宙中出現了形形色色的事物，「萬物摻落，根莖枝葉，青蔥苓蘢，萑萲炫煌。蠉不飛蠕動，蚑行噲息，可切循把握而有數量。」但同時又形成了廣袤無垠的空間，其中存在著運行不息的氣，「視之不見其形，聽之不見其聲，捫之不可得也，望之不可極也。」有形萬物與無形之氣在宇宙中是有與無的統一。

好了，在「玄幻小說」的最後，得出結論，「陰陽合和而萬物生。」

這才是我們想看到的東西，這就是紫陽真人此詩的哲學文化思想背景。

好了，「道教迷」們可以把這一段與現代天文學研究關聯一下，副標題或以論宗教之於科學前的發現，等等，進行一下深度摸索，必有所惑……

> 由虛而實，是謂真實。由無而有，是謂真有。
>
> ——《樂育堂語錄》

在狹義上（指內丹道言），紫陽真人很明確地指出了：先天一氣自虛無中得。

內丹學派常謂原先天一氣由外而來，觀乎「頭頂三尺有神明」，知其鉛之華也，它雖顯光電在上、在外，從「天上」落下，但根源實則是在下、在內，發自色身的神經系統，或云「高以下為基」、「本在人身休外覓」。

原本，大藥真種，來自小宇宙——吾人之身心——在虛極靜篤中。

故而，學人應知，這個「天上」不是指外太空、不是指浩瀚的宇宙，是指虛無、先天，即「外其身而身存」者。

所謂玄關，就是虛無之所，虛而待物之地，就是「寂然不動感而遂通。」

所以「赤蓮真人」云：「雖由外來，實從內孕。」（《五篇靈文》）

這裡，道教內丹學派借用了道家的「無中生有」論，但又賦予了它新的意義。

所以說，內丹學派的理法框架的形成，它固然取自於古典哲學傳統。但是，我們不能從文化的範疇去解釋具體的實踐，而是要在實踐中，去感知歷代前輩、祖師是如何運用當時的、身邊的、現成的，或者他所熟悉的（比如柳華陽熟悉佛教）——哲學範疇和體系，以此來構建新的、探索中的——丹

道理論！

　　經典和實踐，它們有聯繫，但是，更有區別。

　　　　上帝沒有工作，

　　　　沒有工廠，沒有原料，

　　　　像一張空白的紙。

　　　　地面上的一個點兒，

　　　　什麼都不能種植，

　　　　但上帝的種子能萌發。

　　　　　　　　　　　　　　　　　　　——Rumi（1207～1273）

　　　　巴克提的道路，

　　　　以微妙的方式延伸。

　　　　在這條路上，無「道」可問，

　　　　也無「道」可求。

　　　　觸及的瞬間，

　　　　你就消失了。

　　　　見道的喜悅如此大，

　　　　使你直趨天堂，

　　　　就像一尾遊魚兒滑入水。

　　　　若有人需要頭顱，

　　　　你也會跳起獻祭。

　　　　卡必爾的詩裏，

　　　　蘊含巴克提之道的秘要。

　　　　　　　　　　　　　　　　　　　——Kabir（1398～1518）

　　我們是器皿，水源是上帝。

　　然而我並不曉得上帝是如何開掘的，這道天上之水，就水到渠成地流淌在各個樓臺與靈室間，並達到全身。這就是我所以說這種神味起於上帝，落實在我們的身心。一切過來人都能證明這一點，這些神寵與甘馨使肉體之我也都感覺得到。但世人的快樂只是他們粗糙的肉體感覺，而精神的快樂則深入我們的心。

　　　　　　　　　　　　　　　　——St.Teresa of Avila（1515～1582）

3

　　渾天如雞子，天體圓如彈丸，地如雞子中黃，孤居於內，天大
而地小。天表裏有水，天之包地猶殼之裹黃。天地各乘氣而立，載
水而浮。

　　　　　　　　　　　　　　　　　　　　　　——《渾天儀注》

　　相信每一位讀過這段文字的同學，都好奇過，西方是在大航海的年代裏，
徹底摸透了「地球」的形狀，而我們的祖先怎樣「觀察」得知的呢？

　　帝曰，地之為下否乎？

　　岐伯曰，地為人之下，太虛之中者也。

　　帝曰，馮乎？

　　岐伯曰，大氣舉之也。

　　　　　　　　　　　　　　　　　　——《內經·素問·五運行大論》

　　這個更有點意思了：

　　馮，發「平」音，憑的意思。

　　黃帝問：「它依靠什麼懸於太空呢？」

　　岐伯答：「空間之氣。」

　　雖然現在小學生都知道「大氣舉之也」是錯誤的，都知道這麼一個常識：
地球被一個大氣層裹著，人類就在大氣中討生活，而且這個大氣層已經出現了
「漏洞」，正在日益惡化……而高中生更是清楚明白地球懸在空中靠的是「萬
有引力」。但是，「太虛之中者」這一神論斷，出自兩千年前，沒有望遠鏡的時
代，僅靠「直觀」指出地球是懸於太虛，即宇宙太空之中，這個「直觀」的內
涵就不那麼粗糙了，就不是《靈樞·邪客》「天圓地方，人頭圓足方以應之」
那樣「想當然爾」那樣簡單了。這是何等的天才地猜想，這種猜想的基礎固然
是「直觀」，但是，「直觀」的器官有了變化。這些猜想從某種意義上說，不是
「悟道」之語嗎？這些猜想者從某種意義上說，不是「得道」之人嗎？借用唐
代畫家張璪的兩句畫訓：「外師造化，內得心源。」借用陸九淵的話就是「宇
宙便是吾心，吾心即是宇宙。」

　　從本體論而言，道家尚「虛無」，佛教言「空空」。

　　道家的「虛無」感佛教的「空空」觀又是怎麼來的呢？

　　偌大的世界和宇宙，源自「無中生有」，就那麼靠眼睛的「直觀」就發現
了這個「真理」，顯然是不夠的。

　　我們暫且離開宗教「經典」和神學，離開那些眾說紛紜的玄學，瀏覽一下瑞士一位神經病學家奧拉夫‧布朗克的研究：在對一位 43 歲有癲癇病的婦女進行手術時發現，角腦回是大腦中複雜的部分，其功能之一就是身體與空間的感覺，告訴大腦，身體處於空間的什麼位置，即感覺「體位」。布朗克認為，當角腦回不能以常規的模式來處理視覺和身體感覺信息時，就會出現脫離肉體的幻覺，也就是使人感覺到自己在自己的身體之外，「看」到另外自己。不過他只對單一病例上作了觀察，所以他未宣布所有意識「脫離肉體」的經歷都與角腦回有聯繫。

　　打坐是我們修行人的基礎課程，隨著工夫的深入，漸漸地我們就會對自己或者自己坐在哪裏即「體位」失去了感覺，換一種說法也可以說，在物質世界的基礎上，精神進入了一個「虛空」的世界！尤其是，在靜篤之際發動的那股震撼身心的生物電，它「緣督以為經」，深入「泥丸」後觸動了大腦的哪個部位，又發生了那些生化反應是如何造就了「粉碎虛空」、「身心分離」的狀態，有位科學工作者就做得很有意義。這裡轉述一下她的有趣的「故事」：

　　2008 年 5 月 12 日美國《時代》雜誌選出 2008 年最具影響力 100 位世界人物，美國印地安納大學醫學院女神經解剖學家、哈佛醫學院畢業博士 Dr. Jill Bolte Taylor 被選入名單。在她 37 歲時，因其顱內血管破裂導致的一次罕見的左半大腦中風經歷和 8 年的恢復過程，由此親身獲得深刻的關於生命意義、治療康復與人類能普遍「開悟」的洞見，對當今的醫學界和人文世界產生了重大影響，她在 *My stroke of insight* 一書中，關於自己那個精彩而奇特的「開悟」經歷有詳細的描述：1996 年的一個夢中醒來的清晨，泰勒博士顱內血管破裂，最初她並不知道，只是感到左眼後部疼痛，結果她的左半大腦在四個小時內逐步 shut down（被關閉），喪失了語言辨識和用語言進行思維的能力、對過往的大部分記憶和自我身份認同意識消失，即，自我意識消失，而在同時，她的右半球大腦仍在正常工作，結果，因而親身體驗到一種極度奇特的「all knowing（全知全覺）」、與宇宙融為一體、自己與周遭一切物體不再有邊界區分、只有此時此刻的當下、內心深度寧靜平和、見到宇宙與自身身體細胞能量生動和諧運作的驚奇經歷，用她自己的話來說，就是「我進入到了涅槃 Nirvana! Wow, this is cool!」。這個「涅槃」狀態至少連續持續了五周，而且在她經過 8 年的逐步恢復左半球大腦功能的時期後，她說她「已經毫不憐惜地拋掉了過往那個生活了 37 年的瑣碎、焦躁而自私的自我」，建

立了一個全新的自我身份，以一種全新的觀念而回到我們這個「正常的」世界，同時，只要她現在想進入那個「涅槃」，隨時隨地她都可以「with an effort of thought（以一念之工夫）」而進去（這其實就是佛教、印度教中提到的修行者在達到真正的開悟後，不再「退行回去」的狀態，也就是中國內丹學派所謂的「一得永得」）。在與奧普拉的對話節目中，她一再真誠呼籲，我們每一個人都有這種進入「涅槃」體驗的能力（「皆有佛性」），只要你願意，只要你警覺觀察並對自己的情緒或思維作出選擇，通過轉移你的專注力，你就能容易地、隨時隨地地進入你的右半球大腦作主的狀態，而讓左半球的功能運作僅作為被你使用的工具，永不再被它控制，因為，You are not your thoughts！（你並不是你的思想！）她說，我們絕大多數人之所以沒有體驗到、看到世界和宇宙的這個奇妙的一面，是因為我們從小接受的鼓勵和教育大都是側重使用左腦半球的能力，還由於通過左腦半球的能力而取得的在社會上的成就而受到獎勵──比如，語言、文字、邏輯、推理、判斷、計算、數字、分辨力等，但是，按泰勒博士的話說，「but the righthemisphere gives us the big picture」（但是大腦右半球給我們的才是關於世界的大圖像）。泰勒博士自己感慨地說，作為一個科學家，一個研究大腦的專業人士，能夠以自己的親身體驗來從當事人內部（from inside out）來研究自己的大腦，這是非常罕見而幸運的一件事，假如這一切重新再來，再讓她回到 1996 年她顱內血管破裂的那個上午，即使冒著生命的危險，她仍然會去選擇這個經歷。

這種探索精神是可嘉的，我不想對這位腦科學研究者的「開悟」給予評論，一是我不是專業的醫學研究者，也沒有興趣和條件，對冥想者、修行人在「生物電」（「先天一炁」）刺激大腦皮層時的反應做定量的研究。我知道的是在一部分腦組織喪失功能時，健康的部分會予以功能代償，所以泰勒博士的這個「開悟」與修行中的「開悟」是否是一回事有待商榷，或者說這種「開悟」如何證實不是虛幻的？不是大腦神經元重新建立連接時海量的脈衝信號導致頭腦無法解讀造成的錯覺？如果它確實是游蕩於碳氫氧氮構成的神經網絡裏的一種信號反饋，那麼，讓泰勒博士驚喜萬分的「開悟」就是對所謂「開悟」的徹底否定，這對於宗教信仰是毀滅性的。二是不想招致很是沒有必要的麻煩和批判。畢竟修道自古就與迷信和炒作聯繫著，很多的秘密不能說，不好說。宗教與生俱來攜帶的反動性反科學性的基因決定了它的理論體系，若深究起來，會顛覆很多人的信仰，這些與本文無關也就不談了。我只想建議一些「道友」，

如果能適當地參閱一些人類在「腦科學」史上的一些重要的發現和成果，對於「窮理盡性」，對於建立一個「正確地」、合適於自己的「世界觀」，這對於你的修道是很有意義的。

4

換個輕鬆的話題。我們知道，近代科學在歐洲興起，通常以哥白尼的「日心說」為標誌，即以《天體運行論》在 1543 年出版作為近代科學史的「歷史元年」。儘管歷史上羅馬教廷把哥白尼的「日心說」當做「異端邪教」加以打擊，毀掉哥白尼的書，燒死布魯諾，審訊伽利略，但能由此改變地球繞太陽運轉的真相嗎？最後還是宣布：1633 年羅馬宗教法庭對伽利略的判決是錯誤的，在伽利略蒙冤 360 年後。這件事的另外一個真相同樣令人唏噓不已，正如一位現代學者所說：「沒有歷史學家會掩蓋這樣的事實：即一位路德宗的王子（普魯士的阿爾佈雷克公爵）資助了哥白尼的著作出版；一位路德宗的神學家（安德烈·奧西恩得）安排了印刷；另一位路得宗的神學家（喬治·喬基姆·雷蒂克斯）監督了該書的印刷。」可見，哥白尼和宗教的關係非常密切，因為他，和他的鐵杆粉絲布魯諾，本身就是天主教的教士，即「圈內人士」，有意思吧。

而 2008 年《大科技·科學之謎》4 月號文章《哥白尼的遺產》中，有這樣一段論述的真相，更是令人淚流滿面：歷史事實是，布魯諾根本就不懂科學！布魯諾所信奉的是一個名叫「赫爾墨斯法術傳統」的古典哲學，該哲學思想可以上溯到古希臘時期。這一哲學思想最大的特點就是太陽崇拜。當布魯諾讀到哥白尼的《天體運行論》之後，理所當然（想當然？）地認為哥白尼的日心說正好符合了他的哲學思想。而當布魯諾被宗教裁判所關押並審判的時候，宗教裁判所也只是對布魯諾的異端哲學思想進行審判，絕少提及哥白尼的《天體運行論》，並最終由於布魯諾始終不願放棄他的哲學思想而將他燒死。於是，我們看到了如此有趣的現象：科學家們由於各種科學上的理由而不肯輕易接受哥白尼的日心說，不懂科學的布魯諾卻由於科學之外的原因而接受了日心說，並最終被後人塑造成「真理的殉道者」。上個世紀末，中國商務印書館曾經在其漢譯外國學術名著叢書中，翻譯過布魯諾的著作。但有多少人讀懂了布魯諾？一個人如果不瞭解西方古代文化，包括古埃及文化的一些知識，很難搞清楚布魯諾在說什麼。布魯諾的學說實際上是揉雜了同時代歐洲巫術、星象術及某些科學知識的名詞術語，和古代原始迷信，尤其是古埃及巫術的一個大雜

燴。這樣看來，布魯諾不是任何意義上的科學家，連民科都算不上了。正是由於他對哥白尼學說這種稀奇古怪的理解，布魯諾在他的著作中多次表示他比哥白尼還高明，並惋惜地說哥白尼自己也沒有看出哥白尼學說的偉大意義。

有一件事典型說明布魯諾的頭腦都經常出於什麼狀態：他潛回意大利，在被捕前夕還在幻想他的學說能被教皇賞識，被聘為「國師」。綜合了這些背景知識，我們才容易理解歷史事實。有意思吧。

我引用這個似乎「風馬牛不相及」的故事給同學或者「同道」，是很有言外之意的：既然專業人士在撰寫自然科學史、物理學史時，都侷限於「吾生也有涯而知也無涯」的無奈而不能完全做到「客觀」和「實事求是」，我們又該以什麼樣的態度來參研宗教神學的經書呢？歷史告訴我們，我們今天所信奉的一些「經典」或「真理」，都有可能在未來被證明是錯誤的。而科學研究的意義就在於，逐漸揭示出與實驗觀察和實踐更為吻合的理論，即使這些理論永遠都無法達到完美……

俗話說，「看透不說透才能做朋友」，涉及宗教的話題，說得多了，就沒有意思了。

九、嬰兒是一含真氣　十月胎圓入聖基

虎躍龍騰風浪粗，中央正位產玄珠。

果生枝上終期熟，子在胞中豈有殊？

南北宗源翻卦象，晨昏火候合天樞。

須知大隱居廛市，何必深山守靜孤？

——《悟真篇》七言四韻第五

「氣」這個字在甲骨文中就是指雲、霧之氣，是古人「直覺」到的、很實在的自然現象。在《國語》中，也就是說到了西周末年，這個氣字就已經開始提升為一個哲學概念。這個概念到後來，到春秋戰國時期已經廣為應用了。在《黃帝內經》當中，它出現了有近三千次，是一個非常重要的概念。《內經》中的這個氣，一方面是作為一個哲學概念，另一方面已經具有了醫學概念的意思，就是開始落實於「人」了。所以，在《內經》裏面既有天氣，又有地氣，還有人之氣。而在內丹學派構建內丹理論時，先天一氣（「炁」）就更加具體化了，成為了一個核心概念。甚至，內丹學派又把其逆取一氣的修證經驗、內煉中發生的這「一切」，在天人同構（「人身造化同天地」）思維模式指導下，又拿來推演生命和宇宙的生老病死、生成住壞，認為「生身」和「天演」也是由一氣而開始、一氣之順化。於是，把人視為一個微型宇宙的道家思想者，在這裏就產生出了一個驚人的論斷，竟然與現代科學、天文學的「大爆炸」理論合轍了（雖然道醫說在男女媾精之際由於一氣的投入而有了生命這個還要商榷），你說這是偶然的呢，還是必然的？我不知道。我們應該知道的是「直覺」這種思維模式，存在一個缺陷就是喜歡「不假思索」、「直接聯繫」。

今專以人生言之：

父母未生以前，一片太虛，託諸於穆，此無極時也。

無極為陰靜，陰靜陽亦靜也。

父母施生之始，一片靈氣，投入胎中，此太極時也。

太極為陽動，陽動陰亦動也。

自是而陰陽相推，剛柔相摩，八卦相盪，則乾道成男、坤道成
女矣。

——《大道論》

而在內煉中，「嬰兒是一含真氣」，紫陽真人已經解說得很明白了！

這一句，也是《悟真篇》的核心，是道學愛好者們，必須首先知道的一句！

雖然說道不輕傳，雖然聖人傳藥（理論）不傳火（技術），雖然紫陽真人
實在不想因泄天機而多次遭遇「天譴」，但是，慈悲心決定了他並不想人們因
為讀他的著作而成神道，所以這一天機的放出，實乃莫大的慈悲！

不先知此句的後果是，以後會有神漢子巫婆子不斷地給你講此「聖嬰」的
傳說和傳奇，聽得多了，保不准哪天跟著就「上道」（神經的意思）了……

紫陽真人用了擬人手法，這個手法源自道祖。《老子》三次提到了「嬰兒」：
「專氣致柔，能嬰兒乎」；「我獨泊兮，其未兆，如嬰兒之未孩」；「知其雄，守
其雌……復歸於嬰兒」另有「含德之厚，比於赤子」。

後來，丹派即援了《老子》的吉祥物，以為「圖騰」。佛系也有這個習慣，
如《華嚴經》之龍女獻珠，尤為經典。我看到南老開了個頭，但欲言又止，後
敘。有學人未到這一步，理法也不明確者，那麼丹經佛典只要一換個說法，他
就不知道是說什麼了，於是開始妄加揣測：「難道，祖師是在臆想嗎？」非也！

訣曰，只是意迎牝府，神意相合，先天自得。恍恍惚惚，杳杳
冥冥，一點紅光，閃入下元，交會真陰，陰乃翕然湊合，陰乃抱陽，
陽乃激陰，陰陽激發，海浪泛湧，自太玄關至尾閭夾脊，過玉枕化
為金液，瓊漿吞入腹內，香甜清爽，耳聽鼓聲，萬顆雷鳴，鈞天妙
藥，非琴非瑟，非笛非簫，別是一般妙音，似寒泉漱玉，似金磬搖
空，似秋蟬拽緒，似風鼓青松，非常之異。琳琅振響，有群鴉齊噪
之聲，眾鳥頻伽之韻，口涵目驚，心憐意悅，誠為極樂之邦，實乃
天宮妙境。塵寰俗客，如瞽如聾。身心清淨，百關和暢，萬孔生春，
遍體發出萬道霞光，現一圓光，內有嬰兒之象，乃陽神出現也。全

在防危慮險，不可遠離。溫養之法，注見下文。

——《五篇靈文》

在王重陽的「訣曰」中，「塵寰俗客，如瞽如聾。身心清淨，百關和暢，萬孔生春，遍體發出萬道霞光，現一圓光」是寫實。「內有嬰兒之象，乃陽神出現也。全在防危慮險，不可遠離」是寫意，與紫陽真人「始知男兒有孕」旨同。緊跟著在「溫養章第五」，講得更分明：「十二時中，念茲在茲，含光藏耀，行住坐臥，綿綿若存，如雞抱卵，如龍養珠。抱元守一，先天元神元氣，刻刻相合，漸漸相化。」

是的，這一句，「先天元神元氣，刻刻相合，漸漸相化。」就是紫陽真人之謂「嬰兒是一含真炁，十月胎圓入聖基」最好的注腳。末了，重陽祖師還是有交代的，「嬰兒現象，身外有身，形如煙霞，神同太虛。隱則形同於神，顯則神同於氣，步日月而無影，貫金石而無礙。」

所以，研修丹經，得注意抓住緊要，勿著了其相。

也所以，希望學者就不要胡亂聯繫和想入非非了，那樣容易練成神道的。

人第知一陽來復乃道之動機，而不知返本還源，有象者仍歸無象。蓋有象者道之跡，無象者道之真也。知此，則修煉不患無基矣。

——《樂育堂語錄》

什麼是「神道」？就此「嬰兒」而言，我見過真不少的「解讀」，有令人啞然失笑的；有令人瞠目結舌的———著其相，這先天一氣、大象無形，就變得「有鼻子有眼兒」了。比如，有一些好道之士的描述頗有可觀，講到他家熊孩子已經會「打醬油」了……

學者不妨參考一下的一位沒有明師指點而深入三昧的，赤足加爾默羅會的大德蘭嬤嬤的難能可貴的「育嬰經驗」：

我要給確信已經達到這個境界的人一個極其重要的建議：提高警覺，加強懺悔。因為此刻的她像一位未斷奶的嬰兒，提前離開母懷意味著夭折。

——St.Teresa of Avila（1515～1582）

所以說「博學之，審問之，慎思之，明辨之，篤行之。」

所以說「為學之道，莫先於窮理；窮理之要，必在於讀書。」

而讀書呢，要研讀「真經」！還要知道人類對自身和世界的探索與認識，是在不斷地延伸著的，「真經」也是相對而言的。

而「篤行」呢，就是在博物洽聞，探頤窮理之後，使所學最終有所落實，做到「知行合一」了，就是「盡性」。

值得一提的是，中國（修行）文化中的這些「大道」、「天機」是修證出來的，不是論證出來的。道曰「得道」佛曰「明心」。

> 三五一都三個字，古今明者實然稀。
>
> 東三南二同成五，北一西方四共之。
>
> 戊巳自居生數五，三家相見結嬰兒。
>
> 嬰兒是一含真炁，十月胎圓入聖基。
>
> ──《悟真篇》七言四韻第十五

「三五一」者，誰解得美哉？妙哉？言簡意賅？

三位大家都不錯，但竊以為子野先生拔得了頭籌：

> 道光曰：木數三，居東。火數二，居南。木能生火，二物同官，故二與三合而成一五也。金數四，居西。水數一，居北。金能生水，二物同官，故四與一合而成二五也。戊巳本數五，是三五也。三五合而為一，故曰三五一也。自古迄今，能合三五一而成丹者實稀也。一者，丹即彼之真一之氣，乃先天地之母也。我之真一之氣，乃天地之子也。以母氣伏子氣，如描捕鼠而不走失也。子母之氣相戀於胞胎之中，以結嬰兒也。所謂太一含真氣者，含真一氣也。如人懷胎，十月滿足，自然降生聖胎。功圓自然神聖故，曰十月胎圓入聖基也。

> 子野曰：三五一者，金、木、水、火、土五行之數。一者，太極也。五行不合則各其性，合則復為一太極。人能以五行合而為一，則復於混沌，嬰兒有兆矣。所謂三家相見之義，其妙如此。十月數周，時至氣化，自然符合先聖之機也。

> 上陽子曰：天三生木，地二生火。火數二，木數三，三與二同性，統為一五。木象於東，法象為青龍。龍之氣為汞火，居於南，法象為朱雀。木生火，是木為體，火為所生之氣，是故木火為一家。然皆陽中之孤陰，所以異名曰玄、曰無、曰妙者，其有木有火而無金水戊土也。天一生水，地四生金。金數四，水數一，一與四同情結為一五。金居西，法象為虎。虎之氣為鉛水，居於北，法象為玄武。金生水是金為體，水乃金所生之氣，故金水為一家。然皆陰中

之寡陽，所以異名曰牝、曰有、曰僥者，以其有金有水而無木火己
土也。天五己土，地十戊土。戊土居坎，己土居離。戊巳分則二土
之數十，戊巳合則二土成圭而數五。土居中央，是為一五。總而言
三五。震木離火同性，為一家。龍為震戶，汞產於中。兌金坎水同
情，為一家。虎為兌門，鉛生於內。離己坎戊同根，為一家。朱雀
玄武相合而生物。是云三家。龍與朱雀意主生人，虎與玄武意主殺
人，此世間法。若欲出世間法，則必顛倒制之。功歸戊巳二土也何
哉，金本戀木慈仁，而內懷從事之情，無由自合。木雖愛金順義，
而內懷曲直之性，豈得自媒。欲使媒合，功在二土，以通其好。且
戊土生金，則欲金氣發旺而相胥。己為木克，則先煉己珍重以求丹。
若不煉己待時，則不能常應常靜。煉己既熟，卻與戊合，戊巳一合，
則金木會。金木會，則龍虎交。龍虎交，則三五合一。三五合一，
則三家相見。三家相見，則鉛汞結。鉛汞結，則嬰兒成。無非此之
一氣。佛祖云：乾坤之內，宇宙之間，中有一室，秘在形山。此即
是太一含真氣之妙。是以五行分而名真道，五行合而生一氣，一氣
結而為嬰兒，嬰兒出而成真人矣。

——《紫陽真人悟真篇三注》

對應著在佛教中，有大顛和尚注解《心經》之「海底金烏天上日，眼中童
子面前人。」

那顆讓人如意的如意珠，
從未在你的心中出現過。
請尋找它，守著它，
即使你不崇拜他，
他仍持續看顧您，
這就是他的本性。

他人死去時，
你為何哭泣？
我永遠不死，
因為我邂逅了，
長生不死的贈予者！

——Kabir（1398～1518）

　　上帝是如此得偉大，祂可以為人們做一件不可思議的事，那就是賜給我們一種學像祂的愛子的生命。

　　這時靈魂，更好地說是精神，已經與天主成了一個，在我們說的中心，常相守不分離。

　　從此刻開始，這只可憐的小蝴蝶，只是一心一意地，在祂的世界裏，起舞、飛翔。

——St.Teresa of Avila（1515～1582）

　　你們都知道「靈體」指的是什麼，但你們原先所熟知的體系，認為所有人都有「靈體」，就完全錯了。事實上所謂的「靈體」是透過融合方式獲得的，也就是說，透過極辛苦的內在修煉，並不是人天生就有的，也只有極少數的人能練就「靈體」。如果它形成了，就有可能在肉身死亡之後繼續生存，也有可能在另一具肉身中再生，這就是「轉世投胎」。

　　要成為基督徒我們必須（有內在靈體的）「存在」，存在意指自己做自己的主人。如果一個人不是自己的主人他就一無所有，不是真正意義上的基督徒，他只是機器人罷了。

——Gurdjieff（1866～1949）

十、坎電烹轟金水方　火發崑崙陰與陽

1

坎電烹轟金水方，火發崑崙陰與陽。

二物若還和合了，自然丹熟遍身香。

——《悟真篇》七言絕句第五十三

吾心寂靜，

渾然造物。

那焚燒世界的無明業火，

對主的謙僕，卻如水一般。

——Kabir（1398～1518）

水火相濟，這個名詞被人們誤解了很久。

在「大氣功潮」時代，「大氣功師」們有一種解釋流行廣泛：

心是火，腎是水。

一個在上，一個在下，凡人凡夫的這兩樣兒成隔離狀態。

把心火下注於水下，意守著下丹田，這就是煉精（經）化氣的開始了，這就是內煉的築基、逆則仙的起步。

這個氣功潮時代的「氣沉丹田」說，看起來是頗為「有理」的詮釋，從丹道實修的角度去看，它就是對經典的搬書，是對祖師「內煉之道，至簡至易，惟欲降心火入於丹田耳」的一個望文生義和斷章取義，是沒有認真閱讀、思考和實踐的結果。

最初，精、精氣、氣的內涵基本相同。

可以這麼說吧，「精氣」兩者，最初是等號的關係。

在這個基礎上，《黃庭經》才可以讀出它的上品意境，如「積精累氣以成真」與「丹田之中精氣微」這兩個句子，都是實在的大成就者，才能說出來的境界，而世人鮮有不誤會的，凡企圖把「精」化成「氣」者，沒有一個成功的，你積的陳年老精化成化石或結石，它也化不成炁的……

> 兩腎中間一點明，癡人守此欲通神。
>
> 誰知此處皆陰氣，若比陽晶隔萬程。

——俙然子《明真破妄章頌·腎中一點》

水火相濟不是一個下手的法門，而是一個修煉的結果。

先解釋一個句子「天應星地應潮」，這是《入藥鏡》裏面一個著名的句子。

籠統的說，天是天心，落實在人，就是心腦系統；地是坤土，落實在人，就是丹道的腎系統——選用「系統」這個詞彙是因為中醫的腎不是指實體的腎，「中醫腎」它還包括它的附件和功能，「內丹腎」還有先後天之區別，自己理解吧，這就是中醫的整體觀搞的這個樣了。其實，世界各文化圈的醫學都是從整體觀開始的，為什麼？因為宗教、哲學跑得快，它們坐在山巔之上了，科學還在山腳下苦苦地「上下而求索」，沒有跟上趟呢。中醫沒有解剖學，就進入不了微觀世界，就發現不了黑死病菌、天花病毒和基因密碼。與其說這個中國傳統醫學的這個整體的觀念有多高明，不如說這種具有原生態意味的醫學觀，不好聽的說就是因為技術上的落後而造成了一個難破之局。

> 可以口訣，難以書傳。
>
> 子當右轉，午乃東旋。
>
> 卯酉界隔，主客二名。
>
> 龍呼於虎，虎吸於精。
>
> 兩相飲食，具相貪便。
>
> 遂相銜咽，咀嚼相吞。

——《周易參同契·流珠金華章第二十四》

道光曰：坎電者，虎之弦氣。虎以陰中之火照爍乾龍，龍即發崑崙之火應之。二物之火相併和合，真一之精自然凝結，即時採餌，百骸俱理，香且美矣。

子野曰：坎電者，水火也。金水為坤方，水火交擊於坤方，採丹歸己，自然一道真一氣直透頂門，與身中陰氣混合，遍體生香。

香生乃丹熟之驗。

　　上陽子曰；坎電者，乃彼鉛氣發旺之時，我即乘其時至，發崑崙之火應之。所謂一月止有一日，一日止有一時者，此也。香透丹田，一身調暢，目明體健，得丹之效也。

——《紫陽真人悟真篇三注》

　　此章統言合內外二藥而成大還丹也。金丹作用專取水中之金，所謂先天一炁從虛無中來者。坎電喻水中之火，白紫清云造化無聲，水中火起，妙在虛危穴，金水方即虛危穴也。火烹雷轟自此而起，只是採取一陽引歸乾鼎，以結金丹耳。以上俱說外藥。直到正子時到，一陽初動，才用猛火鍛鍊，聚火載金，直達崑崙峰頂，從一陽之復升到六陽而為乾，從一陰之姤降到六陰而為坤，「乾坤交姤罷，一點落黃庭。」此即內藥也。內外兩種藥物到此合為一體，再加溫養之功，還丹既熟，自然通身透亮，遍體生香。剝群陰而為純陽，點凡軀而為聖胎矣。

——《悟真篇闡幽》

　　坎電者，水中起火之象，比道心真知在至暗中發現，發現之處，正吾身中活子時也。烹轟者，恍惚不定之象。金水方者，道心真知為精一之真情，具有金水二氣也。崑崙在西方，為萬山之祖脈，真金所產之處，當道心真知在至暗中發出，如電光閃灼，忽明忽暗，恍惚不定，難得易失，急用離中虛靈之火以迎之，則真知靈知性情相戀，陰陽相合，其中產出先天靈藥。復運天然真火，煆去後天濁氣，礦盡金純，金丹成熟。吞而服之，脫胎換骨，現出清淨法身，方且香風遍滿塵環，豈第遍身香而已哉。

——《悟真直指》

　　坎電者，乃金火也，故烹轟於金水之方。《還源篇》所謂「海底飛金火」是也。

　　火發者，乃木火也，故發育於崑崙之頂。《翠虛篇》云「崑崙山上火星飛，金木相逢坎電時」是也。然此總謂陰陽二火之義，故曰陰與陽也。若還使此陰陽二物，升降於上下，交合於中宮，則自然凝結成丹，而身名俱為之香也。

——《悟真篇正義》

2

　　試著翻譯一首《聽海》，Kabir 的作品。

　　卡比爾，古代印度詩人和錫克教的「古魯」（導師）、最負盛名的瑜伽士，他活了 120 歲。有關他生平的記載很少，但許多有關他的傳說和不朽的詩歌卻流傳至今。很多宗教教派和當代的求道者，皆尊敬卡比爾為聖人，包括：錫克教、印度教、伊斯蘭教。他的詩作多是泰戈爾由孟加拉語英譯而成，雖然，無論在宗教、哲學思想和詩歌創作上，他都是泰戈爾的導師，但是我不能確定，泰戈爾的翻譯和對「泰戈爾的」翻譯，是否得到了卡比爾的心傳。

　　他用譬喻的手法和平實的語言，揭示了一些心靈的秘密。這些秘密雖然在普通人的理解範圍內，但卻僅僅為靈性開悟者所知曉——唯有這些人，才能真正理解他的大多數言語，在「實修」層面的含義：

> 夜深人靜，道侶降臨。
>
> 推開心扉，迎向天空。
>
> 潮水湧起，天花亂墜。
>
> 近海是如此的重要，
>
> 聽，那海底大海螺的法音——
>
> 吾友，聽我一言，
>
> 我所有的話，
>
> 一言蔽之：
>
> 那位至尊，就是祂。

——Kabir（1398～1518）

　　如果看了聖人的寓言你糊塗了，不妨再深入糊塗的深處，一旦抵達糊塗的深處，不是死去，就是復活。

　　換一段《楞嚴經》觀音圓通法門看看：

> 從聞思修，入三摩地。初於聞中，入流亡所。

　　《楞嚴經》記述了二十五位成就者的經驗心得，觀世音菩薩說自己是彼佛教我「從聞思修深入三昧的。」

　　因為耳根能聽，所以就叫能「聞「，能聞的本性叫作「聞性」。所以觀音法門就是從聞性下手的。「初」指最初下手之處，「聞中」就是在聞性之中。

　　攀援外在音塵叫作「出流」，返聞自耳的能聞之性叫作「入流」。

　　眼睛看見的外在之物就是所見，耳朵聽到的外在之音就是所聞，肉味是舌

根所嘗，孔子聞韶三月不知肉味，就是忘了舌根之所。

觀音大士在聞性之中「入流亡所」，就是入了聞性的流，忘記了所聞的聲。聲音無動於衷，就是觀音在修行中最初步的「亡所」。

陳攖寧先生把《莊子》的心齋分成五個遞進的步驟，視為丹道的「築基」，與觀音法門的下手頗有異曲同工之妙：

第一步，「若一志」。「若」字當作「你」字解，「志」就是思想，也就是注意力，「一」就是注意力集中在一起。當你開始做工夫的時候，心中的注意力要專一，不要有許多雜念在裏面干擾。如果不能夠把雜念掃除乾淨，工夫很難做到好處。

第二步，「無聽之以耳，而聽之以心。」「無」等於「毋」，也可以作「勿」字解。注意力集中在一起，就可以開始做工夫，就是運用「聽」字的口訣。普通人所謂「聽」，本來是用兩個耳朵，去聽各種各樣的聲音；可是這裡的所謂「聽」，絕不是去聽什麼聲音。這樣人們就會發生疑問，既然說是「聽」，必然應當存在去聽的對象，如果說不是去聽聲音，那麼要聽什麼？這個問題，在各家注解之中，難以找到明確答案。現在特為指出，起初下手，就是聽鼻中的呼吸之氣。凡是呼吸系統正常而且不存在障礙的人，鼻中氣息都不應當發出聲音，這一點對於修煉的人來講尤其應當做到，所以才說：「無聽之以耳。」雖然說是沒有聲音，但是自己卻能感覺得到鼻中的氣息一出一入，或快或慢，或粗或細，即使是雙耳失聰的人，也有這個體會，所以才說「聽之以心。」

第三步，「無聽之以心，而聽之以氣。」這裡又會讓人產生疑問了，「心」是有知有覺的，還可以說上一個「聽」字；「氣」是沒有知覺的，為何還要用它去聽？「心」所聽的對象是「氣」，那麼「氣」所聽的對象又是什麼？如果說用「氣」來聽「氣」，這句話在理論上講不通。究竟真正的含義是什麼？答案應當是：聽息的工夫做得時間長之後，「心」和「氣」已經打成一片，分不開了。這時的「氣」已經不能作為用「心」去聽的對象了。不能再說用這個「心」，去聽那個「氣」，所以才說「無聽之以心。」此時身中的「心」和「氣」雖然團結在一處，但是尚未達到混合境界，還稍微有些知覺。繼續深入做下去，並不需要多少時間，自然就能做到完全無知無覺了。

從有知覺到無知覺這一暫時的過渡階段，與其說是用「心」聽「氣」，使「心」和氣互相對立，不如說是以氣（中的心）去聽（心中的）「氣」，使「心」與「氣」二者之間泯去裂痕，變為融合，所以說「聽之以氣」。在這裡雖然還是在說「聽」，實際上已經不再著意於聽。成為自然的「聽」，是用無「心」而聽了。

第四步，「聽止於耳，心止於符。」初步下手做工夫，關鍵在「一」字訣，即注意力集中在一起的工夫。等到注意力集中在一起之後，就要注意「聽」字訣了。隨著工夫程度的進展，假使長久的抱住一個「聽」字不肯放鬆，反嫌過於執著，所以最後要用「止」字訣。所謂「聽止於耳」，就是叫人不必著意於「聽」了。此時的工夫已經逐漸入於混沌境界，在身中是神氣合一，心中的知覺已不起作用，所以說「心止於符」（符即符合，符合於氣）。這種神氣合一的狀態，是無知無覺的，外表看來好像睡著一樣。

第五步，「氣也者，虛而待物者也。唯道集虛，虛者心齋也。」從「一」、「聽」、「止」等境界，由淺入深，一步一步經歷過來，最後就達到了「虛」的高層次。這個「虛」是從無知無覺以後自然得到的，不是有意識製造出來的，如果做工夫的時候，心裏想著要達到「虛」的層次，反而離「虛」十萬八千里了。全部「心齋」的義諦，原是由後天返還到先天，到此進入更高境界，已為先天。所以最後一步工夫，就要到先天境界之中去體悟。然則莊子所謂「心齋」的義諦，在於直指大道，這已超出靜功法本身所要達到的目標了。因此築基法中的靜功，只求達到第四步「心氣合一」的境界，就是築基的最高層次，已足夠了。

看了陳先生的注解，再看《楞嚴經》的觀音圓通法門，修行的「共性」不也就一目了然了嗎？不同的只是描述方式和「語境」之異。

觀音大士的成道法門，換個說法，就是從耳開竅，從《內經》「腎開竅於耳」之說，而腎在五臟之中，又與五行之水相應。所以觀音所聞之海潮，它就在觀音心裏，《入藥鏡》所謂「天應星地應潮」。萬念歸於一，即如在海邊聽潮，此其時矣，你能聽到的，除了鋪天海地的水聲，還有其他嗎？潮起潮落，千波歸寂，方見海上昇明月，天涯共此時。「從此一微涉境，漸成戞漢之高峰；滴水興波，終起吞舟之巨浪。」

這就是卡比爾說的「近海是如此的重要」，遠離大海何以聽海潮？

「那海底大海螺的法音」，在中國丹派中對應著水中金、先天一氣；在神話文學中演繹成「哪吒鬧海」、「龍宮得寶」。

不想聽印度古魯繼續說什麼？

> 笛聲悠揚
>
> 終於，祂的笛聲悠揚
>
> 我，不禁地起舞。
>
> 剎那，百花盛開了，
>
> 即使時節不在五月，
>
> 而蜜蜂們早已聞知。
>
> 海上，風起雲湧；
>
> 瞬間，巨浪升騰，吞沒了我。
>
> 屋外，大雨傾盆；
>
> 室內，會晤稀客。
>
> 在吾心中，有一個新生。
>
> 它與天地，一同呼吸。
>
> 哦，死了一個，
>
> 也活了一個。

這位印度老古魯激賞的笛音，也是中國神仙釋子喜聞的仙樂：

> 一喝唯言三日聾，
>
> 誰憐大辯翻成訥？
>
> 無孔笛，最難吹，
>
> 角徵宮商和不齊。
>
> ——道川《參玄歌》

> 吹的是無孔之笛，彈的是無弦之琴。
>
> 喜的是黃芽白雪，愛的是首經紅鉛。
>
> 飲的是延命仙酒，服的是返魂靈丹。
>
> 做的是壺中活計，戲的是海底金蟾。
>
> ——張三豐《美金華二首》

> 中宮戊巳自知音，二物媒來共一心。
>
> 姹女用吹無孔笛，金公為抱沒弦琴。

深深密密誰能測，杳杳冥冥誰解尋？

指日還丹成就後，總教大地皆黃金。

——張三豐《金丹詩二十四首》

有以其中「首經紅鉛」而妄議三豐祖師的，請先向南宗師徒問道：

白虎首經至寶，華池神水真金。

——張伯端《西江月》第三

木汞一點紅，金鉛三斤黑。

鉛汞結丹砂，耿耿紫金色。

真鉛生於坎，其用在離宮。

以黑而變紅，一鼎雲氣濃。

——張伯端《金丹四百字》

萬物皆從一氣生，天清地濁稟生成。

真龍真虎才交媾，一鼎紅鉛煉甲庚。

——薛道光《還丹覆命篇》

內有五行相制，包含一粒紅鉛。相生相殺自天然，此藥殊無貴賤。

會向我家園裏，栽培一畝天田。中男小女共相連，種得黃芽滿院。

——薛道光《西江月》竹破須還竹補

此情此景，沒有際遇者，是無法說予的。

如果從道理上講，不妨把紅鉛擱置，先從龍虎說起：

丹派，既有青龍白虎之稱，亦有火龍黑虎之說者，何也？

聽真人的傳人毗陵禪師講：

夫黍珠之丹，是先天地之氣，即真一之精結成，為母、為君、為鉛，故《金鑰匙》謂之黑鉛也，又謂之水虎也。己之真氣，後天地生，為子、為臣、為汞，故《金鑰匙》謂之紅鉛也，又謂之火龍也。

——《悟真篇注》

相當得蒙圈是嗎？

取《道言淺近說》來，聽三豐祖師講，像他一貫的講課風格，十分的明白：

　　　紫陽曰：「赤龍黑虎各西東，四象交加戊巳中。」陶仙謂：「龍
　　從火出，青龍變為赤龍；虎向水生，白虎更名黑虎。」
青龍何以變為赤龍？白虎何以更名黑虎？真人其實是有自注的：
　　　不識玄中顛倒顛，爭知火裏好栽蓮。
　　　牽將白虎歸家養，產個明珠似月圓。
　　　　　　　　　　　　　　——《悟真篇》七言四韻第十二
是的，青龍變為赤龍，就是對佛教「火裏栽蓮」的另外一種說法，或者注
腳。

祖師已經說得沒有再透徹了，規整一下就是：
青龍、白虎代表後天（方位），赤龍、黑虎指向先天（藥物）。
雖云兩樣，也只是「水銀一味」，曰「炁」也。
　　　只取一味水中金，收拾虛無造化窟。
　　　促將百脈盡歸源，脈住氣停丹始結。
　　　　　　　　　　　　　　——陳泥丸《翠虛吟》

那好了，這一節的要點，就出來了：
黑鉛，又何以變成了紅鉛？「以黑而變紅」，與龍虎之變色同理。
二物分，丹派曰鉛汞、曰龍虎；二物合，太上謂「有物混成」者，是名紅
鉛。

清代高道劉一明做注：
　　　上言玄竅有坎離精，蓋以坎離精，能以結丹也。離精為木汞，
　　木汞性浮，靈性之象；坎金為金鉛，金鉛性沉，真情之象。靈性具
　　有虛靈之火，為靈知，外陽內陰，陰少陽多，陰藏陽中，其中之陰
　　屬人，故謂「一點紅」。真情具有剛正之氣，為真知，外陰內陽，陽
　　少陰多，陽藏陰內，其外之陰屬水，故謂「三斤黑」。一點紅，喻其
　　少；三斤黑，喻其多，非實有一點、三斤之數也。丹道採靈知中一
　　點虛靈之真火，煉去妄情昏濁之雜氣，採真知中清淨無欲之神水，
　　撲滅氣性無根之燥火。真火神水，兩而合一，水火相濟，真情靈性
　　和合，真知靈知相戀，情即是性，性即是情，真而最靈，靈而最真，
　　渾然一氣，與天地同功運，亦如鉛汞用火鍛鍊，結成靈砂，火足藥
　　熟，變為紫金之色，永久而無更易矣。
　　　蓋以真知之鉛，陷於陰中，象坎卦，外陰內陽，陽在陰胞，客

氣掩蔽正氣，正氣不能自出。若欲出之，其用卻在於離宮。靈知外實內虛，有象於離卦，具有虛靈之真火。以此真火，煆去後起之客氣，則真知現而與靈知相合，以黑變紅。真知即是靈知，陽得陰而有養，陰陽眷戀，氤氳和氣，如濃雲籠於鼎中而不散矣。

還看得不甚分明，還請參閱民國時陳攖寧先生的入室弟子汪伯英的解釋，這是《金丹四百字》諸家所注中比較通俗的了：

木為青龍，青龍能屈能伸，能潛能現。木汞則青龍中之精也。青龍能善保其精，則可以為飛龍、為神龍，潛藏飛躍，均能從心所欲，如願以償。倘不能善用其精，則龍戰於野，輕敵喪寶，亢龍有悔，窮之災矣。「一點紅」者，因木汞為離中之精神，木能生火，離亦火也。火之色赤，故云「紅」。然此火不同尋常燥烈之火。蓋火中有水，方謂之汞。水火既濟，有形之精與無形之神，凝在一處，成為非有非無、至靈至妙之物，所謂木汞是也。然此木汞，不可多用，多用則飛散而不能制伏。《參同契》謂：「河上姹女，靈而最神，得火則飛，不見埃塵。」夫所謂「河上姹女，靈而最神」者，即木汞是也。然此木汞，不可多用，多用則喪寶傷身，精枯氣竭。亦不可不用，不用則陰陽隔絕，神氣不交。故只可少用，少用則輕本重利，「小往大來」。是以木汞只消一點紅耳。如上陽子所謂「運一點真汞以迎之」，亦此意也。金鉛者，金與木對，鉛與汞對。木汞為青龍中之精，則金鉛乃白虎中之氣。木汞屬離，色赤，金鉛屬坎，色黑。惟木汞只一點之紅，而金鉛須三斤之黑。此即以上所謂「小往大來」，輕本重利之意。蓋木汞則常常只要運用一點，作為引誘之餌，而先天之金鉛，卻從後天鉛鼎之中，源源而來，取之無禁，用之不竭矣。所謂三斤黑者，蓋喻其多也。又陸注云：「金鉛者，坎中真一之水，水中產金，故曰『金鉛』。言三斤者，四十八兩，每兩真鉛三銖，共計一百四十四銖，乃坤之策數也。」其說亦通。

始則用汞去求鉛，繼便得鉛來歸汞。鉛汞既合，結成丹砂。耿耿然若有紫金之色，光明照耀，實不可以言語形容矣。又陸注云：「丹砂者，金液還丹之別名。紫者，紅黑相合之色。」《參同契》云：「色轉更為紫，赫然成還丹。」耿耿即赫然之意。夫金丹乃無質之質，非可以「色相」求者。仙翁因方辨色，假象示人，要在得乎言

意之表。《參同契》所謂「變化於中」，即指此先天真鉛產生之時也。既已產生，即為離宮所用。其象不復深黑，遂有昭昭靈靈，光明赫奕，如一輪紅日之象。然若無先時之黑，即不能有繼見之紅。黑以發紅之光，紅以顯黑之用。《參同契》云：「知白守黑，神明自來。」謂雖知白之可貴，然徒知逐白之末，而不知守白之根於黑，則白不足恃，其光易竭。必守白之根於黑，則其守之時愈久，而其光明亦愈顯，愈黑則愈白。所謂「君子之道，暗然而日彰」，不似「小人之道，的然而日亡」也。神明自來者，即黑中之白，自然而來也。黑中之白，即指離宮以黑所變之紅光也。比喻光明之象。紅指離火之色。蓋《參同契》之所謂白，即此處之所謂紅也。一鼎雲氣濃者，謂既抽出其坎中之鉛，以益我離中之汞，黑者已變紅矣。當此之時則氤氳氳蘊，萬物化醇，真氣彷彿如蒸雲者然。濃者狀其氣之厚也。陸西星注云：「此指藥物所產之鄉，與夫所用之處。真鉛生於坎者，水中產金，用在離宮，用以伏汞也。丹法以黑投紅，此時真炁薰蒸，上下融液，若山澤之蒸雲者然。」序中所謂「初時雲滿千山」，意蓋指此。

原來，此（先天）「紅鉛」即由彼（後天）「黑鉛」化來。

雖云鉛汞兩件，合成大藥一味：

> 七返朱砂返本，九還金液還真。
> 休將寅子數坤申，但要五行成準。
> 本是水銀一味，周遊遍歷諸辰。
> 陰陽數足自通神，出入豈離玄牝。

　　　　　　　　　　　　　　　　　　——《悟真篇》西江月第六

此藥即名紅鉛，又名「靈砂」：

> 日月三旬一遇逢，以時易日法神功。
> 守城野戰知凶吉，增得靈砂滿鼎紅。

　　　　　　　　　　　　　　　　——《悟真篇》七言絕句第四十八

靈砂何也？有「外丹」研究者認為，「還丹」於丹鼎上部得到紅色的產物，就是「色轉更為紫」的氧化汞。

> 河上姹女，靈而最神。
> 得火則飛，不見埃塵。
> 鬼隱龍匿，莫知所存。

將欲制之，黃芽為根。

———《周易參同契·姹女黃芽章第十六》

於是，在遠古方士們的眼前，大概就是這樣一種情況了：

「姹女」即汞，（液態）汞易揮發。

「黃芽」為「鉛」，鉛汞在高溫下作用，生成不易揮發的穩定的氧化汞。

因而，汞被鉛「制服」了。

《神農本草經》云：「熔化還復為丹」。

於是也就有了魏伯陽們以外丹比喻內丹之說了：

色轉更為紫，赫然成還丹。

粉提以一丸，刀圭最為神。

———《周易參同契·金丹刀圭章第十四》

內丹道引申為，吾人心神，被精炁收攝住了。

換一個說法吧，「如今說破我家風，太陽落入月明中。」

「太陽流珠」與鉛化合，即得「靈砂」，又謂「乾汞」。

乾者，乾也，留後文說。

那麼，這「一塊乾汞人服之」、「一粒靈丹吞入口」，丹派有兩個術語說的就是「大藥」之效：「識神退位」和「元神主事」。《大成捷要》它兼用「庾辭隱語」並文藝語言，那就說得比較玄乎了呵呵。俞子「嘗慨夫世所傳丹家之書，庾辭隱語，使覽者無罅縫可入，往往目眩心醉而掩卷長歎。愚今既得所傳，又何忍緘默以自私。」他還有一句真言：「一旦心領神會，則知予至要之言，果為甚露而昭昭然，無一毫之欺隱也。」

此玄關乃太陽真火開頂門之玄關也。嬰兒現相，金光罩體，現出天地日月、龜蛇龍虎，皆是鉛汞餘氣結成護法神將。到此地位，口中才幹得外汞，又能使乾汞化為紫赤金，而為住世之寶。再來之六個月，體是銀膏，血化白漿，渾身香氣襲人，口中出氣成雲。此是煉丹成熟，一塊乾汞，人服之永不死矣，亦能治死人復活。煉至十月胎圓，陽神脫殼，一身能化千萬身。養至十二月，奪盡天地全數，能化出八萬四千陽神，個個通靈達聖，隱顯莫測，變化無窮，步日月無影，入金石無礙，水火不能焚溺，刀兵不能損傷，鬼神不能窺其奧妙，帝釋不能宰其生死。此大丈夫功成名遂之時也。

———《大成捷要·返還證驗說》

　　在釋教有普庵禪師者，南宋神僧。於其三十九歲那年，因閱「華嚴合論」至「達本情忘，知心體合」處，豁然得悟，遍體汗流，震撼不已，久久不能言語。悲涕歡喜，踊躍無量，大似死中得活，如夢忽醒云：「不可說，不可說又不可說。」稍後云：「我今親契華嚴法界矣！」

　　到了清代，丹經中的很多秘而不宣的「隱喻」，不僅僅已經是逐漸地「公開化」了，而且其「流程」上的「設計感」已經出來了，呈現出了一種「秩序化」。

　　本來是為了「課徒」的方便，結果也醞釀了一種「災難」……

　　這種災難不好說啊，按照老子的傳統，從身國一體的角度閒話兩句吧：

　　中國，在鴉片戰爭之前，一直是全球最文明、最有秩序的地域，上層建築用精美的瓷器裝飾著，衣著有絲綢棉布可供挑選。執政者推崇周禮，又兼行法家，外儒內法造就了社會的有禮有節，同時，科舉制也為寒門打開了向上的通道，最大程度地迴避了社會動盪的風險，「天下英雄盡入彀中。」1840 年，英夷來了，天朝這種「早熟」的、固步自封的「系統」，一經「科學」碰撞，在「新生力量」面前，就差亡國滅種了……

> 　　無孔笛，顛倒兩頭吹，才得神炁相合，人則自暖。
>
> ——《慧命經》

> 　　久之至於化境，不須搬運推遷，而吾身蓬蓬勃勃，上為薰蒸之氣，下為坎水之精，周流一身上下，往來無有窮期者，此息不期調而自調，精不期煉而自煉，所謂「真橐龠」，又謂「長吹無孔笛，時鼓沒弦琴」者是。
>
> ——《樂育堂語錄》

　　儘管都是開明人士，但兩位丹派大師的解釋還是很籠統的。

　　讀民國三陽道人在其編纂的《丹道指南》中，有這麼一句：

> 　　獨《金笥寶錄》言之甚明，工夫行到純熟，氣穴中自然元氣升起，如噴泡然，入臍直過治命橋。此處前後相通，中空如管。

　　《金笥寶錄》就是著名的、頗有爭議的《青華秘文》，全稱《玉清金笥青華秘文金寶內煉丹訣》。其「言之甚明」者就是：

> 　　兩腎中間，有治命橋一帶。故寒山子曰：「上有犧神窟，橫安治命橋」者，此也。

　　「中空如管」，固然如是，源自《闖闢經》。

凡丹派冠名「玉」之「洞」之「壺」者，釋家說「琉璃」，兩教同謂「無孔笛」。

> 純陽子曰：腎有異名乎？正陽子曰：腎者司北，其干壬癸，其
> 德在水，其卦曰坎，其名曰玉壺。
>
> ──《道樞·百問篇》

> 休施巧偽為功力，認取他家不死方。
> 壺內旋添延命酒，鼎中收取返魂漿。
>
> ──《悟真篇》七言絕句第四十八

> 劈開三十二，金點琉璃器。
> 燦爛爍光輝，誰解分明契。
>
> ──《金剛隨機無盡頌·結實分主》

注意：《道樞·百問篇》之「腎」，非吾人之、醫學之「腎臟」！

再瞧這個名字起得，藥師琉璃光王如來佛，文字工夫了得，不迷惑人心，才怪。所以從某種意義上說，在兩教之爭中，釋教勝場於「紋飾」。

「上有棲神窟，橫安治命橋。」這一句很美，也很貼切，蓋言坎離、水火、性命之所也。

但是，元氣以「噴泡」狀態自「氣穴」出而達「治命橋」？

兩腎中間，還有一座治命橋？

這讓人雖感陌生，又頗為熟悉。

這就像流行於氣功大潮時代的「丹田」說一樣，已經落於「形而下」了。

一句話，「設計感」太強了，是「以言詮者，易涉跡象」的典型。

而隨後引用了一句「上有犧神窟，橫安治命橋」，倒是真言。

只是由於寒山子把「呂祖」豎著放的「上天梯」給「橫」了過來，死讀書的就迷惑了──他沒有切身經驗，別人換個說法，立馬暈菜，《青華秘文》想當然地就有了「兩腎中間有治命橋」說。

古今文獻的整理者、叢書的主編，一般都是博學之士無疑，但未必是專業人士。

一部流傳的經典，從古至今，在被反覆整理、反覆刊行的過程中，不知被「注水」了多少「想當然爾」，修行者如果能從其中，採擷出自己的所需，這就是沙裏淘金，就是「去粗存精」，就是「古為今用」，就是「活學活用」。

立竿見影，呼谷傳響。

豈不靈哉，天地至象。

——《周易參同契·如審遭逢章第二十五》

水和浪有別嗎？

我想不通它們的不同。

水湧起是浪，浪落下是水。

誰能告訴我如何分開這二者？

或僅因人創造了不同的字，

我就必須把二者區分嗎？

——Kabir（1398～1518）

先天一氣、氣穴玄竅，實在是「一樣」，是「一體之物」的不同種描述，老子謂：「同出而異名。」後文專敘吧。

這些「經典」的編纂者，夾帶了不少自己的私貨和「臆想」，那再參看神僧的偈言二首，也就不言而喻：

菩提無定法，一體常周匝。

個裏了無言，圓成無縫塔。

——普庵《金剛隨機無盡頌·無得無說分第七》，

承佛記堪任，情忘境自沉。

解吹無孔笛，彈得沒弦琴。

——普庵《金剛隨機無盡頌·究竟無我分第十七》

只有笛子，似乎少了點什麼吧。

牧牛吹笛，才是全景。

有一位生卒之年均不得知的、與神僧同生南宋的「不為富貴兒，只作苦吟人。」他有一首得贊。

……

我生事迂闊，咄咄顛覆狂。

讀書獵千古，浩氣凌八荒。

乃欲落鬚髮，掬水曹溪傍。

吹以無孔笛，倒騎牛一場。

手擊混沌開，有此硬脊樑。

指點生死根，棒喝行諸方。

噫——

閱其詩集，可謂千古之後，其香猶在矣：

> 梅花淡淡著寒煙，漏泄春光老屋邊。
>
> 會被清池寫疏影，一枝分作兩枝妍。

——吳龍翰《水邊早梅》

蓋其雖有物名，實無其器質，故言「形而上」。

此塔者彼管者，乃至其笛者其牛也，復有何異？

更復「敲竹喚龜吞玉芝，撫琴招鳳飲刀圭」之「敲竹」、之「喚龜」、之「玉芝」、之「撫琴」、之「招鳳」、之「刀圭」者，又復有何異？

一連串的譬喻，一連串的形容，皆以變化萬千的世象，寓言唯一之藥鏡唯一之法象爾。

故其笛也，雖曰無孔，實有兩門。

兩門者，戊巳也：《參同契闡幽》謂之「坎離之妙用，歸於戊巳。」雲陽道人說了「一部《參同契》，關鍵全在此處。」他沒有把關鍵詞說破。

戊巳者，謂動靜、謂開合，謂真息，謂天心。

即老子所謂之「眾妙之門」者；

即黃元吉所謂「真橐籥」者；

即千經萬典所謂之「生死竅」、「造化爐」、「天地根」等等、等等者。

既「無」其笛，卻「有」其孔，佛曰「不可思議！不可思議！」又曰「無孔笛，最難吹。」又曰：「不墮往來機，中間無所有。」

一言蔽之，就是炁穴，就是玄竅，就是自性本體。

> 此竅樣如蓬壺，外小而內大，深不可測；
>
> 非圓非方，黑白相符，幽明相通。
>
> 其門高五丈，闊四尺，有門兩扇，一開一闔；
>
> 左有青龍蟠，右有白虎臥，上有朱雀飛，下有烏龜伏。
>
> 恍兮惚兮，杳兮冥兮，其中有真人居焉，名曰谷神，號曰長生

壽者：

> 日食黍米粥，夜飲鴻蒙酒。
>
> 有時唱清平，有時緊閉口。
>
> 一呼，則竅門開；一吸，則竅門閉。
>
> 故經云：谷神不死，是謂元牝；元牝之門，是謂天地根。
>
> 乃生天生地生人之孔竅，成聖成佛成仙之家鄉。

> 安爐立鼎在此，採藥烹煉在此，結丹在此，脫丹在此，有為在
> 此，無為在此，始終功用總在此。
> 　但此竅在四大不著之處，在寂寥虛無之境，有意求之不可，無
> 心守之不得。
> 　修行人須要將此一竅，先當追求，真知灼見，方可下手採取天
> 寶。
> 　若不知此竅，縱辛勤千般，勞苦萬狀，終無進益處。
> 　學者可不自勉自力，盡心窮理哉？
> 　　　　　　　　　　　　　　　　　　　　——《修真後辨》

自性之光初顯時，猶如，黃昏秋雨中的一支蠟燭，欲明要滅，似有似無……

恍然之間，它亮了起來……

陸續顯示白光、紅光、藍光，內含七彩……

初現時小，道謂之「一粒粟中藏世界」或「一點落黃庭」。

這是狹義之說，世凡好道者鮮有不落其相者。廣義之說後敘。

後期發展到「大如彈丸黃如橘」……

不斷抽填，不斷採藥，不斷蟄藏，直到鉛盡汞乾。

隨著修養的深入，性光由暗而明，由小而大；由白光發展為黃光，最後為金光，是謂「上品」。

注意，此說不是法有上下，而是「修有次第」。

藥無貴賤，愈病則良；法無高下，應機則妙。

> 是法無高下，純一非晝夜。
> 無故亦無新，非真亦非假。
> 　　　　　　　——普庵《金剛隨機無盡頌·淨心行善分第二十三》

仙師教誨過：對於性光，看見就算了，不能「抱住不放」。

著相與不著相，就是正見與否的分界線。

所以說，雖名為吹，實則是觀。

說得更清楚一點，就是「昔日遇師真口訣，只教凝神入炁穴。」

丹道以玄關為界，見了這個就是入道，世界觀就與眾不同了。

因為這個位置，就是上帝觀察世界的角度：

> 當我坐在祂的世界的核心時，
> 一百萬個太陽閃閃發光，

　　燃燒的海洋直上天空，

　　卷走前生，和來世。

　　坐聽無弦琴，

　　在沒有水滴的天雨下。

　　曲江流光溢彩，

　　吾身陷法喜的漩渦中，

　　再無法表達。

　　而玄關出現是一個立體的模式、上下的呼應，《禮記》那句化出了「氣貫長虹」的「氣如白虹，天也」、《參同契》那句言簡意賅的「陰在上陽下奔」、《入藥鏡》那句簡約著名的「天應星地應潮」、《龍虎還丹訣頌》那句轉「呂先生曰：『上升下降谷神糧』」——「由下丹田薰至心闕」，把李涵虛的注腳放這裡，我就不翻譯了。

　　卡比爾在上文中已經表達了，用他個人的語境。

　　星是性光，潮乃氣穴——一個在上，一個在下，崔真人自注「識浮沉」。

　　剛柔迭與，更歷分布。

　　龍西虎東，建緯卯酉。

　　刑德並會，相見歡喜。

　　刑主伏殺，德主生起。

　　　　　　　　——《周易參同契‧卯酉刑德章第二十九》

　　丹經說的「目前咫尺長生路」、「只在眼前人不識」等等，也都是指此「本性靈光」。

　　僕自幼潛心此道，亦有年矣。道不負人，天其憐我，獲遇聖師，

　　一語方知，妙在目前。參諸丹經，洞然明白。

　　　　　　　　——陸子野《悟真篇三注》

　　普庵禪師表示完全同意：

　　今古論如是，豈可向愚言。

　　無我無錢質，此處靜悄然。

　　顯跡靈光在，夢然一炷煙。

　　普庵何處去，分明在目前。

　　憨山大師沒有異議：

　　有來問者，直指目前。

如大圓鏡，五色齊至。

不出不入，死生遊戲。

自墮其中，未常住世。

即今便行，亦未曾去。

不信但看，草芥纖塵。

何有一物，不是全身。

青山塔影，松風長舌。

說法音聲，常無閒歇。

也就是從「腹腦」（這是現代生理學上一個非常有意思的發現）神經叢中發射的生物電，被眼球富含的感光細胞捕捉到了──「雖然外來，實由內孕」──「赤蓮真人」在《五篇靈文》裏面說得很好，學者應當明瞭的是，「外」乃天，「內」謂「人」；「外」乃他，「內」謂我；「外」乃先天，「內」謂吾心；一言蔽之：即「外」乃一氣，「內」為神息。

追二氣於黃道，會三性於元宮，攢簇五行，合和四象，龍吟虎

嘯，夫唱婦隨，玉鼎湯煎，金爐火熾，始得玄珠成象，太一歸真，

都來片餉工夫，永保無窮逸樂。

──《悟真篇·序》

天人合發之際，就是這二物匯聚一處之時。兩者頃刻之間「扭成一團」（怎麼「扭」的呢，以後再說），也就《悟真篇》說的「兩手捉來令死鬥，化做一塊紫金霜。」（怎麼下手去「捉」的呢，留待後文）也就是《悟真篇》說的「二物會時性情合，五行全處龍虎蟠。」也就是施肩吾說的：

天人同一炁，彼此感而通。

陽自空中來，抱我主人翁。

也就是讓寒山惋惜不已的：

世有一般人，不惡又不善。

不識主人翁，隨客處處轉。

因循過時光，渾是癡肉臠。

雖有一靈臺，如同客作漢。

──寒山子《詩三百三首》

也就是憨山自問自答的：

畫工隨意寫形容，狀貌衣冠各不同。

好醜任他分別盡，到頭不是主人公。

──憨山《如來說非眾生是名眾生》

竹床瓦枕足松風，午睡沉酣夢想空。

四體百骸俱作客，不知誰是主人公。

──憨山《山中夏日》

鐘聲清夜響寒空，一擊如吹萬竅風。

不是閒催龍聽法，多應喚醒主人公。

憨山《靜夜鐘聲》

──憨山《示宗玄禪人》

幻成五蘊本來空，必欲求之似捕風。

試向渾身消散後，應須識取主人公。

──憨山《示曹溪沙彌能新智達一淨洗通文方覺書華嚴經七首其一》

描述同樣一件事，誰的風采迷人？

歷史記載有關他的事蹟不過數行，高中榜首之日，又是功成身退之時，這個華麗的轉身，只有施狀元做到了。呵呵，這些句子，讀讀都要醉了：

路絕空林無處問，幽奇山水不知名。

松門拾得一片屐，知是高人向此行。

──施肩吾《寄隱者》

3

求生本自無生，畏滅何曾暫滅。

眼見不如耳見，口說爭如鼻說。

──紫陽真人《性地頌》

你為何震顫？

又為何仆倒？

祂是主宰啊，

這是祂的賜福啊！

──Kabir（1398～1518）

那天使手持金色小魚叉，叉尖上似乎燃燒著火焰。他用魚叉數次刺進我的心，拔出魚叉時彷彿又將我整個地掏空。此時，上帝燃起了祂偉大的愛，也是一種妙不可言的痛苦，儘管它是精神上的，

但是也不免地涉及了肉體，帶來了劇烈的震顫。同時，一種苦盡甘來的美妙感覺，出現在我的靈魂與上帝之間。

——St.Teresa of Avila（1515～1582）

「開合橐籥能運氣，真息綿綿口鼻斷。」但是，這個所謂「口鼻斷」也是片刻的事情，很快就恢復如初了。在開關展竅的過程中，這個先天境界中的「我」，有點像「量子世界」中的那只「薛定諤的貓」——處於「死與活的疊加態」——既死了又活著。

伍沖虛把伏氣看的極為重要：「不伏氣神氣不依，神氣不合，胎不能結，口鼻呼吸不斷，先天真息焉存？」

不能伏氣，胎息不成。

胎息，只是在伏氣之際自然而成的一個過渡狀態。

所以，初學切忌以後天閉氣的方式來修煉胎息，大有氣滯穴閉之流弊。

忽然心慌，感覺不暢。

好，外呼吸系統要被內呼吸系統接管，這正是內外換班之際，呼吸上不來了，一種恐慌油然而生：

在這個過程中，靈魂需要的勇氣！因為，實在地說，她（「意識」）彷彿要與肉體分開了似得，她眼見自己喪失了感覺的功能，她也不懂得原因何在。

我見過這樣一個人（大德蘭嬤嬤本人），我真相信她要死去了。這並沒有什麼可驚奇的，雖然這個時間是短暫的，但是它足以令人粉身碎骨了。脈搏放慢，體溫下降，但是內在的火卻在焚化著靈魂……

那時，人已不感到肉體的痛苦了，雖然，我再重複一句，她已經是筋疲力盡，在隨後的兩三天內，她無力執筆，唯有痛苦，每況愈下。我想人們那時之所以感覺不到痛苦，乃是靈魂內燃的劇烈吧。我們知道，如果一種感覺過於劇烈，其他感覺就會缺失吧。這是我親歷的，我相信此時將肉體肢解，它也不會感覺得到。

在當下，她絕對不由自主，除了祈禱上帝以外，什麼也不能做了。

好似一個懸在空中的人，上不著天下不著地。內在燃燒著，她感到口渴，而那個水呢，上帝還沒有賜予……

——St.Teresa of Avila（1515～1582）

俄國籍大佬 Ouspensky，在《探索奇蹟》裏面，有一個很好的總結：

A man may be born but in order to be born he must first die. In order
to die, he must first awake. When a man awake, he can die. When he dies,
he can be born.

意譯一下：一個人的「復活」是有深意的，但為了復活那人必須先死。而
為了死，他又必須先醒。當一個人醒來了，他就有能力赴死了。而當他死時，
他就活了。

很繞口，但是，很明顯地可以看出來了，他的學說，是以釋、道兼容基督
教隱修與伊斯蘭蘇非文化的「一鍋燴」。他對「醒來」的描述，令人下意識地
就與「玄關發現」關聯上了。

說了這麼多，而其實這個「呼吸驟斷」的現象只是瞬間的事情，替代它
的就是「逆腹呼吸」——其丹田「不由自主」地自行開合，老子謂之「反者
道之動」謂之「眾妙之門」謂之「玄牝」謂之「橐籥」，也就是千載之後一樣
令柳華陽頗感「難言」的：「玄關竅本無形，自無生有，謂之玄關、中宮、天
心，其名固不一也，其實則一也。」「靜則集氤氳而棲真養息，宰生生化化之
原，動則引精華而向外發散。每活子時二候之許，其竅旋發旋無，故曰：玄
關難言。」

> 海門風靜夜，滿月連天掛。
> 除非知不知，實相憑誰話。
>
> ——普庵《金剛隨機無盡頌·福智無比分第二十四》

> 如何形容，
> 我的所見？
> 無人相信，
> 我說的話。
> 至尊就是至尊，
> 我在歡喜的漩渦中，
> 唱祂的讚歌。
>
> ——Kabir（1398～1518）

那麼在「第四道」祖師爺的這個頗為饒舌的語境中，「醒來」後的意義是
什麼？

To awaken means to realize one's nothingness, that is to realize one's

complete and absolute mechanicalness and one's complete and absolute
helplessness… When he begins to know himself a man sees that he has
nothing that is his own, that is, that all that he has regarded as his own,
his views, thoughts, convictions, tastes, habits, even faults and vices, all
these are not his own, but have been either formed through imitation or
borrowed from somewhere ready-made. In feeling this a man may feel
his nothingness. And in feeling his nothingness a man should see himself
as he really is, not for a second, not for a moment, but constantly, never
forget it.

醒來，意味著瞭解自己的一無所是，也就是瞭解自己的完完全全的機械性
以及完完全全的無能為力……當一個人開始喚醒了自我時，他就會發現沒有
一樣東西是他自己的，也就是說，所有他認為是自己的東西：個人成見、思想、
深信的東西、品味、習慣，甚至毛病與缺點全部都不是他自己的，而是透過模
仿或借用別處現成的東西形成的。在感覺到這個之後，人才可能發現自己的一
無是處。而且在發現到一無是處之際，他就看到了真實的自己，不是一秒鐘，
不是片刻，而是不停地、時時刻刻都記得自己。

大佬分明在試圖詮釋佛系的「除習氣」，這其實也就是在吾人「掛了」之
後的，全部工作。

> 道也者，不可須臾離也，可離非道也。是故君子戒慎乎其所不
> 睹，恐懼乎其所不聞。

——《中庸》

有沒有看過《星際穿越》的？

先得有一定的物理學常識的儲備才能大概「看懂」：重力異常、奇點、黑
洞、蟲洞、時間畸變、第四迭代、時空彎曲、四維空間、五維空間……

還有蟲洞被是被誰（「They」）放在宇宙中的某個位置……

還有為什麼蟲洞還可以把空間折疊起來……

那幾個帶著「五百人種」、肩負「拯救人類」使命的「宇航員」在經過蟲
洞時有一句話，注意到沒有：「由於穿越蟲洞是在更高的維度空間，我們能做
的只有觀察。」

是的，深入玄關與它一樣，除此之外無可作為，唯有「忘我」才能做到「無
為」，抽象的「無為「落實於修行，就是」觀察「。就像影片中的老布蘭德博

士，出發前交代他們的那些話：「踏入宇宙就必須面對星際的旅行，必須超越個體的生命範疇，不能侷限於自我意識。」

影片結束時，剛從黑洞裏鑽出來的庫珀還在苦苦追問那個「終極之問」：「我想知道我在哪裏，要去哪裏。」

這一束思維波如果能傳到南贍部洲中土嵩嶽的那個「黑洞」裏，裏面那個老頭連眼皮估計都不帶抬一下地回他一個意思：在法理上，蟲洞是連結白洞和黑洞的多維空間隧道，就像是大海裏面的漩渦，能夠讓水面直達海底，能夠讓日月瞬間合璧。它既「遍及一切處」又是剎那即逝的，這些時空漩渦是星體旋轉和引力作用的共同造業，其中的宇宙輻射將藍移到不可思議的頻率。回來吧孩子，當你玩穿越時，且不說時空在扭曲的地方壓力和引力是非常之大，你和你們披掛的「盔甲」、乘坐的「裝甲」，也將被這些 x 射線和 γ 射線烤得灰飛煙滅⋯⋯

> 如來言具足，切莫外馳逐。
> 當體即無餘，曹溪留一宿。
>
> ──普庵《金剛隨機無盡頌‧離色離相分第二十》

> 剎剎波搖影，那個明心鏡。
> 大海一浮漚，漚破方消醒。
>
> ──普庵《金剛隨機無盡頌‧一合相理分第三十》

鉛與汞、坎與離、日與月、潮與星、炁與神、電與光──當此「二物」（在義理上這麼地）上下一合，像宇宙飛船的對接一樣，在「杳冥」的空間碰撞在了一起的瞬間，那麼，儒家的「中庸之道」就有了內丹學派挖掘微言大義的「根據」了，理學家肯定是歡迎這樣解釋的，因為純粹的社會倫理意義上的儒學，已經不能滿足程朱的胃口。

> 真心動處合雷機，神合神分妙更奇。
> 只此更無差別處，如磁吸鐵不相違。
>
> ──翛然子《明真破妄章頌‧以心合神》

用五行論來說，這就是「水火相濟」了；

用周易系統的名詞來解說，也就是「抽坎填離」了；

用《內經》道醫的範疇來解說，這就是「聚精會神」了；

從性命學說的角度來注解，這就是性命雙修；用比較有哲學意味的術語來說就是「天（炁也）人（神也）合一」。

用《參同契》的話來說就是「坎離匡廓，運轂正軸」（坎離即水火，匡廓謂城牆。運轂者首尾不斷生生不息，其軸者，乃虛中一竅，產藥之所。）這個就是魏伯陽借用《易經》的語言在演繹取坎添離、水火相濟。所以這一句話就是《周易參同契》的主題詞，其他都是在闡述和「詳解」它，即抽填過程中關乎呼吸、升降、往來的種種火候。

知道了藥生的方法，鼎爐的位置，火候的規律，還要說內丹是什麼？又是怎麼煉成的嗎？

還要說的！因為「名是事不是」，因為這個丹派的義理，落實於「吾人」，大藥只有「一味」……

> 玉爐之中文火爍，十二時中惟守一。
> 此時黃道會陰陽，三性元宮無漏泄。

> ——呂洞賓《敲爻歌》

> 聚精會神，通玄入妙。
> 探自靈關，藏於一竅。

> ——胡混成《聚藥》

> 先把乾坤為鼎器，次將烏兔藥來烹。
> 既驅二物歸黃道，爭得金丹不解生？

> ——張伯端《悟真篇》七言絕句第二十七

《漢書·天文志》：「日有中道，月有九行。中道者，黃道，一曰光道。」「月有九行者：黑道二，出黃道北；赤道二，出黃道南；白道二，出黃道西；青道二，出黃道東。」

古人觀乎天象考察宇宙，發現了「日循黃道」，落實於內煉，就是「中黃之道」。

> 是竅藏於先天混沌之中，隱於無有有無之內。父母未生此身即
> 有此竅。……上不在天，下不在地，中不在人，即元始空懸寶珠之
> 地。去地五丈之所，不左不右，不上不下，非有非無，非內非外，
> 上通絳宮而透泥丸，下接丹田而致黃泉，上徹下空，而黃道中通焉。
> 此即聚藥物之聖地也。

> ——《金丹正宗》

《易·坤》六五文言：「君子黃中通理，正位居體，美在其中，而暢於四支，發於事業，美之至也。」蓋《老子》之「道」，或也由此？更落實於內丹

道，即謂中脈。《易傳》上演繹《易經》的這一段文字，清代大家朱元育演繹得好：

> 久之神明自生，漸漸四通八達，身中九竅百脈，三百六十骨節，
> 八萬四千毛孔，一齊穿透，自然光潤和澤，感而遂通。即易所云，
> 美在其中，而暢於四肢也。故曰，黃中漸通理，潤澤達肌膚。丹道
> 有初有終，有本有末。初者煉己，下手之功。終者入室，了手之事。
>
> ——《參同契闡幽》

而「月有九行」，即九條運行的軌道。而日月相合只在黃道，故曰「歸黃道」。以《內經》道醫學的「人道」觀看，心（君）是主身（臣）是客；以丹派的「天道」觀看去，則是「日」做主也，「月」為客。丹道為去人道而返天道，故岐伯曰「恬淡虛無，真氣從之」老子道「虛其心實其腹」崔公說「識浮沉，明主客。要聚會，莫間隔」紫陽真人云「饒他為主我為賓」。

尤其是，當丹派舉出老子「吾不敢為主而為客」之標語時，吾人想堅持《老子》是一本哲學巨著的「先入之心」，都會為之動搖——它不是丹經之祖，還能是什麼呢？

所以用天文現象即「大宇宙」的「垂象」來喻說「小宇宙」的返還之道，這是在中國傳統哲學、醫學中，它的世界觀就是「天人同構」。魏伯陽之所謂「觀夫雌雄交媾之時，剛柔相結而不可解，得其節符，非有工巧以制御之」者，老子謂「道法自然。」

> 道生天地始無名，分別陰陽立五行。
> 人位其中靈萬物，又從天地道生成。
>
> ——翛然子《明真破妄章頌·天地生人》

> 本質雖殊氣不殊，當於親處下工夫。
> 人身大抵同天地，造化陰陽總屬吾。
>
> ——翛然子《明真破妄章頌·造化在我》

曹文逸的「神水難言識者稀」、石杏林的「忽然輕運動，神水自然流。」王重陽的「山頭水降黃芽長」、丘處機（或漢鍾離）的「換盡形骸玉液流」，其中的神水、山頭水、玉液流，以及丹經中的水中金、水銀一味等等，都是指這個「炁」，魏伯陽說「陰陽之始，玄含黃芽。」張伯端道「道自虛無生一氣」。

一個是「如霧也如電」之炁，一個是「百姓日用」之水，似乎是風馬牛不相及的兩樣兒（狀態），又何以以「水」喻「炁」呢？

　　蓋內丹之道，不外乎尋覓水源、逆流而上、魚躍龍門、雌雄交合、洄游產卵，皆因「附會」老君名言「上善若水」之故耳。

　　　　日魂玉兔脂，月魄金烏髓。

　　　　掇來歸鼎內，化作一泓水。

——張伯端《金丹四百字》

　　此處之「水」，猶如「水中金」一樣，只是個取象喻說。

　　同一首詩中，此「炁」，真人又以「珠」來比喻：「龍虎交會罷，金鼎產玄珠。」

　　復又以「一粒粟」而言：「及尋其根源，一粒如黍大。」

　　說到這裡，在「義理」上，你已經可以「看懂」紫陽真人的這首金丹佳作了。

　　順勢一讀全篇，哦，那今天就大有收穫。這就是「窮理」工夫，王陽明坐在那裡「格竹」，那是他少不更事時被「書」蠱惑了，呵呵死讀書讀死書讀書死啊：

　　　　真土擒真鉛，真鉛制真汞。鉛汞歸真土，身心寂不動。

　　　　虛無生白雪，寂靜發黃芽。玉爐火溫溫，鼎上飛紫霞。

　　　　華池蓮花開，神水金波靜。夜深月正明，天地一輪鏡。

　　　　朱砂煉陽氣，水銀烹金精。金精與陽氣，朱砂而水銀。

　　　　日魂玉兔脂，月魄金烏髓。掇來歸鼎內，化作一泓水。

　　　　藥物生玄竅，火候發陽爐。龍虎交會罷，金鼎產玄珠。

　　　　此竅非凡竅，乾坤共合成。名為神氣穴，內有坎離精。

　　　　木汞一點紅，金鉛三斤黑。汞鉛結成砂，耿耿紫金色。

　　　　家園景物麗，風雨正春深。耕鋤不費力，大地皆黃金。

　　　　真鉛生於坎，其用在離宮。以黑而變紅，一鼎雲氣濃。

　　　　真汞出於離，其用卻在坎。姹女過南園，手執玉橄欖。

　　　　震兌非東西，坎離不南北。斗柄運周天，要人會攢簇。

　　　　火候不須時，冬至豈在子。及其沐浴法，卯酉亦虛比。

　　　　烏肝與兔髓，擒來歸一處。一粒復一粒，從微而至著。

　　　　混沌包虛空，虛空括三界。及尋其根源，一粒如黍大。

　　　　天地交真液，日月含真精。會的坎離基，三界歸一身。

　　　　龍從東海來，虎向西山起。兩獸戰一場，化作天地髓。

> 金花開汞葉，玉蒂長鉛枝。坎離不曾閒，乾坤經幾時。
>
> 沐浴防危險，抽添自謹持。都來三萬刻，差失恐毫釐。
>
> 夫婦交會時，洞房雲雨作。一載生個兒，個個會騎鶴。

就像經典中說的「夫學長生久視」，「長生久視」是個「借代」，指「道」。就像柳河東、韓昌黎、孟襄陽都指某人，不是某地。我們知道，老子最崇尚的東西就是「水」，謂之「上善」，最高的善，最美的德。所以惜墨如金的老子一連用了七個「善」字。

> 水善利萬物而不爭，處眾人之所惡，故幾於道。居，善地；心，善淵；與，善仁；言，善信；正，善治；事，善能；動，善時。夫唯不爭，故無尤。

水是最柔弱的。老子說：「天下莫柔弱於水，而攻堅強者莫之能勝。」老子以他與眾不同的視角，看到了柔弱的生命力，看到了柔能制剛。水是往低處流的。人喜歡向高處攀，不喜歡向低處去，而水偏偏流向人們不喜歡的地方，這就叫做低姿態，高境界。這種老子的反向思維，值得修行人學習，越把身段放得低，其實你的人格就越高。

就丹派而言，所謂的先天元精，那個精就是水，就是炁！但又不是常人理解的水、腎等，但是也包括這些。但你想一想，「神水」若是液體的話，在體內通過什麼系統流轉？經脈本就沒有實體，或是和神經中樞相關聯的一個「系統」，那麼，這個液體在哪裏流呢？通過血管？遍及細胞？

在《金丹四百字》中，紫陽真人還以雪喻炁：「虛無生白雪，寂靜發黃芽。」試問這「雪」如何周流呢？

看看，又加料了不是。懂得，他怎麼說，你都懂：

> 煙村三月雨，物物皆相許。
>
> 只欠自承當，顯露堂堂底。
>
> ——普庵《金剛隨機無盡頌·離色離相分第二十》

> 綿綿一氣沖關節，薰蒸遍流百脈。聚歸乾鼎，象成龍虎，性情感結。精變高超越，功七返、九還無闕。煉成大藥，通神顯用，覺香味，遍身泄。煥吐丹光皎潔。晃靈臺，一點如雪。常清常淨，無餘無欠，圓明瑩徹。顯出真心月，射宇宙、了無塵屑。肇太虛法相，無生神妙，鎮千萬劫。
>
> ——劉志淵《水龍吟贈李元法》

「煙村三月雨」、「晃靈臺，一點如雪」。嘖嘖。

看到真經，知音會與之感應啊，這個是真實不虛的。

得了「氣穴」，就能透過文字相，看到真意了。

然後，萬卷釋道經典，乃至其他教義等等，沒有看不懂的。這算是修行文化入門了。

所以神水、玉液雖謂水謂液（或又謂白雪謂大法雨），但絕非液體物質，金液也是如此。

在一個完整的修行程序中，還丹計有數次。那位修「第四道」的俄國學者用他的語言訴說了他的體驗：

> It is impossible to awaken completely all at once. One must first begin to awaken for short moments. But one must die all at once and forever after having made a certain effort, having surmounted a certain obstacle, having taken a certain decision from which there is no going back. This would be difficult, even impossible, for a man, were it not for the slow and gradual awakening which precedes it.

> 要立即徹底醒來（「頓悟」）是不可能的，首先必須從瞬間的覺醒開始，而且它是在下了很多的工夫、克服了極大的障礙，在義無反顧地赴死時發生的。這（「徹底醒來」）對一個人來說是相當困難的，甚至是不可能的，如果不是因為那些緩慢而漸進的覺醒的積累。

但是與常人想像的不一樣，「金液還丹」是要平靜得多，其結果是移爐換鼎與升遷泥丸。而玉液還丹比較激烈，其結果是「元神主事」。這就如同我們觀察人生，出生和青春期都是變化激烈的瞬間或時期，隨後就是一個相對平靜的過渡——直到最後一個「應激狀態」——呼吸停止——四大解體。祝賀你，「三千行滿獨步雲歸」的時刻到了。道曰「羽化」佛曰「圓寂」……

「玉液還丹」在實修中就是「眼前咫尺」的「小藥」如天垂銀練、如「醍醐灌頂」的另外一種描述，「玉液」並非醫家中所謂的口中「唾液」，而是「心液」，但也不是心中的液體，是真氣過「心」是引起的吾人之感覺，這種感覺與在「腎」位的熱感相反，而是三伏天的一陣馨涼感，所以古人謂之「真陰」。那麼，為什麼古人老把「先天一氣」（「生物能」、「神經電流」）比喻為「液」呢，這是在「引經據典」是在比附《老子》的「上善若水」！如果換成五行的語言，就是「水中金」，對應著佛系的「火裏栽蓮」。這些「金」啊「蓮」啊，

不同種屬、不同狀態的「東西」，如果望文生義，怎麼也和「炁」聯繫不到一起的，所以紫陽真人說「未見如何想得成」？同樣，「心液」也不是心中的「液體」，而是心中的精華，那心中的精華又是什麼呢？就是「恍然」之物，已經說得不能再說了，呵呵，去悟那個「恍」字吧，它裏面有「天機」。

> 竊為賢者談，曷敢輕為書？
> 若遂結舌瘖，絕道獲罪誅。
> 寫情著竹帛，又恐泄天符。
> 猶豫增歎息，俯仰綴斯愚。
> 陶冶有法度，未可悉陳敷。
> 略述其綱紀，枝條見扶疏。
>
> ——《周易參同契·三聖前識章第十三》

學者如果專注於藥物的升降、返還和煉化，那麼往往是在還丹之後，才發現滿嘴的哈喇子，醫家謂之「甘露」，又說是瓊漿玉液、味美無比。其實看看小孩子滿嘴淌著口水的時候，他是沒有這種「甜如蜜」感而無比珍惜的，我們成年人失而復得，才有了這種倍加感歎的描述。這個唾液裏面很有豐富的消化酶，是來促進消化吸收的，小孩子正是長身體的時候，這正是他內分泌旺盛的表現，小孩兒那個嘴角總是滴不完，人到中年是開始走向衰老和死亡了，這個內分泌的「流程」按「天意」就自然地給你截流，到最後就終止了。

「還丹」是外丹術的術語。古代方士燒煉外丹要用朱砂，水銀，他們把經過化學反應後的朱砂，加入水銀，時間久了，水銀氧化以後，還會有象鐵銹那樣顏色的氧化物，看起來跟朱砂一樣。古人沒考慮到水銀是氧化了，以為是水銀把化學反應後的朱砂生成其他物質的東西又還原回了朱砂，所以認為水銀有「還丹」之效。內丹學者援引過來，喻指「元神」歸位，即後天返先天。

現在忽然這個孩提時代的生理現象又返還回來了，內丹學派能不高調宣布他們的實驗結果「人老原來有藥醫」嗎？唾液腺被激活了的同時，各種內分泌腺也都有這樣的返老還童的現象，比如絕經的女子修道，她一定會經歷一個例假重現的現象，然後隨著功力提升而再「斬赤」，就說明了這個道理。

既然「神水」不是「液體」，也非指「唾液」，則「華池」者亦非「口腔」嘍，其謂中丹田，又曰「黃庭」——還丹之後，在吾人心下腎上之「中」，一旦「悟」（悟者我心中）出了一個光芒璀璨、「心花怒放」之真實相，這才是悟到了陰陽和合、神炁相抱的妙處。

　　所以，佛陀緊緊地在貼心處掛著那個卍，那是「成就正覺，心花發明，照十方剎」的印證啊。

　　「將虛卻作實，以平報不平。」方可謂虛實相間，顯隱同行，此謂「悟道」。

　　　　和風周匝萬花開，春霧濛濛鎖綠苔。

　　　　世人寐語不知意，黃鶴樓前一賞梅。

——普庵《遍虛空界》

　　所謂神味與神樂（「法喜」、「道樂」），在開始時就不像世人的樂趣，在心裏也感覺不到。在後來，它們卻湧溢淹沒了身心——這道天上之水，環繞於各個樓臺與靈室，最後並達到全身。這就是我所以說這種神味起於上帝，落實在我們的身心，一切過來人都知道我在說什麼，這神慰帶來的甘馨，使整個的外我（「意識」）都能感覺得到。

——St.Teresa of Avila（1515～1582）

4

　　　　先天氣，後天氣，得之者，常似醉。

——崔希范《入藥鏡》

　　　　七返朱砂返本，九還金液還真。

　　　　休將寅子數坤申，但要五行成準。

　　　　本是水銀一味，周遊遍歷諸辰。

　　　　陰陽數足自通神，出入豈離玄牝。

——紫陽真人《西江月》第六

　　要是用比喻來說明這種結合，好比是一隻蠟臺的兩隻蠟燭，我們看到只是一燭光或者說一個燭心、光明與蠟臺。又像水，從天而降，匯入河流，河流又流向大海中，彼此再也分不開了。或者又像是一道由兩個窗子進入屋中的光線，在屋內只是一團光明。當聖保羅說：「凡是接近天主的，便與她結合在一起，與牠變成一個精神」時，就是暗示這個不可比擬的婚姻。或者他說「基督是我的生命，死亡對我是一個利益」時，也是同樣的意思。

　　但如果你們問我，既然那個時刻什麼也看不見，又如何能知道，是基督，還是聖母，或者其他的聖者顯靈的呢？這不是我所能知的，

—171—

我知道的是，他們彼此由此成為一體。

──St.Teresa of Avila（1515～1582）

追二氣於黃道，會三性於元宮，攢簇五行，合和四象，龍吟虎嘯，夫唱婦隨，玉鼎湯煎，金爐火熾，始得玄珠成象，太一歸真。

──《悟真篇‧序》

《入藥鏡》是一卷言簡意賅的上品丹經，凡一二十年讀得頭痛的，換一個思路不定就會輕些呢。

82句逐一去讀，吾人「身心」內部的機關也太多了吧？不是說好了大道至簡嗎？

「想法多」是好事，有利於物種進化，但是對於個體「退化」，不是個好事。

進也進不得，退也退不得，「吾人」之「心」能不塞堵得慌嗎？

得炁後，修行人就有了「一體」觀。帶著這種整體觀再去讀，大藥「只一味」，瞬間你就通了。

紫陽真人這一句「追二氣於黃道，會三性於元宮。」就是崔真人的起句「先天氣後天氣」最好的註腳。

《入藥境》246字，核心即「神氣」二字──

而這一組二氣，又不斷地被置換了說辭，排比、反覆，迴文如流水循環：

先天氣～後天氣、日有合～月有合、上鵲橋～下鵲橋、水怕乾～火怕寒、產在坤～種在乾、鉛龍升～汞虎降……

你再去讀《老子》，有著一樣的循環、迴文的修辭手法：玄牝、眾妙、嬰兒、橐籥、谷神、天地根，等等、等等。高度總結的一句莫過於「聖人抱一為天下式」。

《入藥鏡》是受《老子》真傳的，它的核心「技術」就是「驅二物，勿縱放。」

易雖曰兩儀，合則太極；道所謂二物，其實一體。

施肩吾曰：天人同一炁，彼此感而通。陽自空中來，抱我主人翁。

張紫陽曰：天人一氣本來同，為有形骸礙不通。煉到形神冥合處，方知色相即真空。

──《性命圭旨》

一動為陽，主升。一靜為陰，主降。此陰此陽，皆由一而生者
也。至於一呼一吸，一開一合，無不自一炁而分為二炁，此陰陽精
炁，無不賴真意為之採取烹練交媾調和。此即陰陽二炁合真意為三
體，皆自然而然，無安排無湊合也。

——《樂育堂語錄》

所以說，在丹道周天中，運行（升降）於「任督二脈」（中黃）者，雖有
「二物」、「二氣」之說，實際上只是「一物」——之上下之往復——莊子曰
「通天下一氣耳」。

還可以說，鉛在丹派中對應汞，但是舉鉛而必含汞——紫陽證人曰「便從
一氣產陰陽」。

白虎首經至寶，華池神水真金。

故知上善利源深，不比形成藥品。

若要修成九轉，先須煉己持心。

依時採取定浮沉，進火須防危甚。

——紫陽真人《西江月》第三

一真真外更無真，祖炁通靈具此身。

道一生三生妙用，元精元炁與元神。

——翛然子《明真破妄章頌·一炁生三》

對於古之此說，達人已解之無遺：

子野曰：男子二八而真精通，女子二七而天癸條。當其初降之
時，是首經耶？不是首經耶？咦，路逢俠士須呈劍，琴遇知音始可
彈，神水即首經也。老子曰：上善若水，善利萬物。真人以首經神
水為喻，言其利生之功，非其他丸散外藥可比。

——《紫陽真人悟真篇三注》

真鉛雖是一氣，其初卻因兩物結成。並兩為一，須用顛倒工夫，
先將北方水中之金，擒住南方火中之木，即以南方木中之火，制卻
北方水中之金，於是金木兼併，水火既濟，而真鉛得矣。

——《悟真篇闡幽》

悟真篇曰：「東三南二同成五，北一西方四共之。戊巳自居生數
五，三家相見結嬰兒。」乃此之義也。謹按修丹之藥物，在乎五行，
而五行之中，惟用水火土三性，而三性實只鉛砂二物而已。蓋鉛屬

坎水，砂屬離火，而鉛中有兌金，砂中有震汞。乃二體而具四象也。又坎納戊土，離納己土，其鉛砂乃土中所產，是二物互含真土以成三性，此即為五行全也。悟真篇曰：「四象五行全藉土」，又曰：「只緣彼此懷真土」。皆此之義也。是故鉛砂之名色，無論內外丹道，皆以此為至真之藥物。然合而言之，其實一氣而已矣，非有他也。是以魏公契中，本篇第十一章，敘五行之制化，而曰：「三性既合會，本性共宗祖。」其中篇第十一章，言五色之生化，而曰：「三物一家，都歸戊已。」而此章定五行之銖兩，以金水火，則明言之，其木與土，則以數稱之。而曰：「三物相含受，變化狀若神。」故此三章之旨，俱言五行，皆稱三物，而其道則歸一，乃大同而小異也。總以三五為丹道之樞要，而一氣乃修煉之根源耳。夫子曰：「天下之達道五，所以行之者三。」又曰：「所以行之者一也。」蓋彼謂修身之義理，而此言養生之玄妙，其揆一也。」

──《周易參同契正義》

另言周天，乃至任督八脈，也不過其象喻。

這個出於《參同契》的「易行周流」，實不如「橐龠」者、「氤氳」者形容更妙。

> 學仙須是學天仙，唯有金丹最的端。
> 二物會時情性合，五行全處虎龍蟠。
> 本因戊巳為媒娉，遂使夫妻鎮合歡。
> 只候功成朝玉闕，九霞光裏駕祥鑾。

──《悟真篇》七言四韻第三

《入藥鏡》在「是性命，非神氣」處，還有個急轉彎……

轉得也太急了，也就成了事故多發生地帶，我在這裡也有幸獲堵十餘年……

於今回望，還是不見盡頭的車水馬龍，喧囂嘈雜，馬蹄聲碎，喇叭聲咽……

崔公施展賦比興各種手段，簡約洗練地鋪敘「驅二物，勿縱放」，怎麼忽然地就變臉了？轉身就把前言全推翻了？

這又涉及柳老師的「名是事不是」了……

崔公前面一番寒暄，說的都「名是」，後面他覺得該說正「事」了。

於是乎，都是浮雲，向前之說。

然後就有了「是性命非神氣」的這個話歸正題了。

這裡的「神氣」，你不能把它生硬地做「神氣」解。就像起句的「後天氣」不能做「後天氣」解一樣，這是鑑於其一丹派不想你懂，其二文學修辭的需要，更重要的其三是兩教同曰「得一萬事畢」——三重因素造成的。

不想你懂——一直都是道家的風格。丹派更像一個探索宇宙與心靈奧妙的小眾團體，門欄設置得很高，首先非鴻儒不能成大道，這麼一下子，就把大眾堵在了門外。

把這些棄儒入道的大家們的文采修辭剝落後，顯而易見，「神氣」就是「陰陽」在丹派的落實，也最能代表「二物」。如中了狀元卻一笑而去的施肩吾那一名句，「陽自空中來，抱我主人翁。」陽者炁也，主人翁即神。

> 天得一以清；地得一以寧；神得一以靈；谷得一以盈；萬物得一以生；侯王得一以為天下正。
>
> ——《老子·第三十九章》

> 天地之道，可一言而盡也。其為物不二，則其生物不測。
>
> ——《中庸·第二十六章》

> 個個不識真一處，都是旁門不是真。
>
> ——《翠虛吟》

> 聖人能返一氣，而歸根覆命，與元神道合，生生無窮，總括萬象，謂之得一，強名曰丹。
>
> ——《金丹大要》

> 所謂一者，豈容易知之。如易曰：「一陰一陽之謂道。」而道德經曰：「道生一，一生二，二生三，三生萬物。」蓋此之一者，即先天一氣之謂也。分而為兩，化而為三，三才既立，而後變化無窮。故此一氣也，其大無外，其小無內。物物皆有，時時為然。乃陰陽之本，水火之根，是理之源，為數之始，即所謂道也，太極也。是故修養者，惟用先天之一氣，以結丹頭而成真體。所謂得其一，萬事畢也。但此一氣，非遇至人指點，積功累行，存養之久，不可測識。故曰：「一者以掩蔽，世人莫知之也。」黃庭經曰：「玄元上一魂魄煉，一之為物叵卒見。」此之謂歟。
>
> ——《周易參同契正義》

丹派很明確地指明了，「一」者何喻：一氣、金丹，乃至提升到本體的角度：

> 大道無非一氣而已矣，自一氣而化為三才五行也。今修煉之法，卻以三五復歸於一，是乃返本還原之道。
>
> ──《周易參同契正義》

常言道「順其自然」還用道注嗎？

丹派曰「饒他為主」還用闡幽嗎？

不僅把老君的「天得一」、聖人的「為物不二」，也把佛系「識得一，萬事畢」落於實處了：

在法藏晚年撰寫的一部賢首宗的觀法著作《妄盡還源觀》中，賢首國師開示眾生第一門就是「顯一體」。狹義上，你若識得了這個「一體」，紫陽真人所謂「道自虛無生一氣」。廣義上，僧睿說「人天交接，兩得相見」好不好？鳩摩羅什說好。遊戲就結束了……

> 古人有言：得其一，萬事畢。噫，誠哉是言也。此吾所以刻丹經之繁蕪，標紫書之樞要，蓋為是也。一也者，金丹之基也。實千經萬論之原，千變萬化之祖也。道即金丹也，金丹即一也。得一可以畢萬，故作丹經歸一論以付學者白玉蟾。
>
> ──《翠虛篇》

> 一成一切成，一壞一切壞。
> 法身無二相，總別無掛礙。
> 凡聖本自無，性天真常在。
> 寄語住山人，伊作麼生會。
>
> ──普庵《贊護教》

> 頂七星，名正一，玄牝之門那個識。
> 五千餘言道德經，正得一分萬事畢。
>
> ──上陽子《判惑歌》

> 修煉金丹，全在玄牝。玄牝一竅，而採取在此，交媾在此，烹煉在此，沐浴在此，溫養在此，結胎在此，至於脫胎神化，無不在此。修煉之士，誠能知此一竅，則金丹之道盡矣，所謂得一而萬事畢者是也。……修丹之士，不明祖竅，則真息不住而神化無基，藥

物不全而大丹不結。蓋此竅是總持之門，萬法之都。

——《性命圭旨》

老子道「天得一以清，地得一以寧，神得一以靈，谷得一以盈，萬物得一以生，侯王得一以為天下正。」佛陀說「萬法歸一」。

我得諸師之傳，兼半生之修煉，也兩句就夠了：

1. 道自虛無生一氣。2. 正得一兮萬事畢。

而且這兩句之間可以畫等號，一如「生我之門死我戶」之高度總結，「死去活來」是同時進行的一個過程：

入門就是出去；往復只在瞬間。道謂「炁沉丹田」者，或「得列仙班」也，如來曰「如去」。《瑜伽師地論》謂「真如」是轉依（轉識成智）的所緣，而轉依成滿，是名如來法身之相。換白話野語說，如者真如，來則稱佛，又名覺悟。

這次「沖炁」是什麼個結果呢？結果就是把識神沖舉個半死不活……

嗯，然後呢？

然後的修行，就是把它衝擊至死透，莫使死灰復燃，曰「轉識成智」焉：「佛法無用功處，只是平常無事，屙屎送尿，著衣吃飯，困來即臥。愚人笑我，智乃知焉。」

道心原不離尋常，待客迎賓底事忙。

試看個中關捩子，何曾移動一毫芒。

——憨山《示鄒生子胤十首其一》

所以，在這個「瞬間」這個「當下」之後呢？澄遠曰「老僧四十年方打成一片。」

至於有所謂，一股氣流出自丹田行於任督二脈奇經八絡裏周流不息者，皆「虛喻」、「暗會」、設辭、相說，執氣功而離丹道，未得真訣，妄議宗師。

「得一」是結果，結果往往是明確的，就不用多說了，「逝人」給「世人」說不明白的……

說得多了，結果就是個「不可思議」，佛系的「迷人」之處就在這裡……

所以道系就選擇了「明言命默言性」的路子。而「二物」就有說頭了，它是過程，過程是人生——修行的故事，有著與人生一樣說不完的故事、情節和傳聞；涕淚、歡樂，和苦難……

「萬物皆有二，惟太極無二。」一般而言，傳統文化對事物的對立統一，常用「陰陽二元論」，也約定俗成地謂之「二氣」；而論及事物的本體或質變

－177－

時，則用「氣一元論」。

丹經是在這個文化大背景下展開的，它大部分的談玄論道篇，總是以陰陽二元論展開的——「二字名為萬法王」；而丹法的實質性內容，是對「氣一元論」的落實：「總以三五為丹道之樞要，而一氣乃修煉之根源耳。」伍柳曰：「名是事不是。」

所以，在以（吠檀多哲學）「不二論」為主流的印度教教義裏，它的修行雖然也有從頂、心至臍輪的往返觀法，但更強調「拙火燃起」之一路上去——「昆達里尼」（軍荼利、靈量、拙火、蛇力）升至（頭）頂與「梵天」的結合——為「最高」境界。

人們知道，釋迦牟尼的老師就是婆羅門。而佛教又是在反對婆羅門教的運動中嶄露頭角，以致蔚為壯觀的。在印度教滅佛教而中興時，也把佛教安置在自己體系內成為「一脈」，這就導致二者必有著千絲萬縷的彼此對峙又互相「抄襲」的關係。雖然，佛教和婆羅門教對「即蘊我」的看法一致——不是我。但是，在「離蘊我」的看法上，佛教和婆羅門教有了根本區別。無論大乘小乘，佛系大多教派都旗幟鮮明反對「即蘊我」和「離蘊我」，即以反對一切形式的「我」，佛謂「無我」。

> 真如法界，無他無自。
> 要急相應，唯言不二。
> 不二皆同，無不包容。
> 十方智者，皆入此宗。
> 宗非促延，一念萬年。
>
> ——《信心銘》

佛陀第一次轉法輪時，他的「人無我」說還有各種表述，「眾生無我」、「生空」、「人空」、「我空」等。有學者認為原始佛教的「無我」是說「五蘊非我」，是「非我」而不是「無我」。有懂巴利語和梵文的人說了，anattā 和 anātman，解釋成「非我」和「無我」，都合語法。

> 佛性堂堂顯現，住性有情難見。
> 若悟眾生無我，我面何殊佛面？
>
> ——長沙和尚

佛教繼承了婆羅門教的一元論，它的核心內容就是「如來」。

如者，真如；來者來去。

但是佛系它明言來，默言去。

中國哲學，它有個陰陽二元論，區別就在這兒：道自虛無生一氣，便從一氣產陰陽。

在儒道家文化中，除了「一元論」外，它是講究「禮尚往來」的，「來而不往非禮也。」中國人凡事講要講個「禮數」的。於是乎，丹派就在陰陽交接、水火相濟──依著這個大道理，談之又談，論之又論……

如同人類的歷史一樣，所謂結果就是歷史的終結，都結束了，還談個什麼論個什麼來？但是，佛系還是開壇說法了，它對「結果」的「宏論」，往往是以誇張的寓言、語境，把「佛性」描繪成一個不可思議的「遍及一切處」──雖然佛教不講「本體」，像維摩詰的說法，「以須彌之高廣，內芥子中，無所增減」就是一個典型代表。其內部的互懟，以及對道系的奚落，本質問題就是給「我」這個「觀察員」是否留有位置，它在否定「吾人「之際，再推而廣之地表達宇宙觀時，「本來無一物」也就不難理解了……

換一個說法，佛系闡述「得一」而長於解「性」，丹派詳論「神氣」而要在說「命」……

好了。「是性命，非神氣」白話一下：

雖然論起性命大道來，我們經常是陰陽同舉、神氣並論，但是實操時，一舉定乾坤者只此一物。落實於藥境，內煉的主藥，只有一味水中金，而已。

所以，內丹一派雖言「水火共用」、「抽坎填離」，但又都一脈相承、異口同聲說：

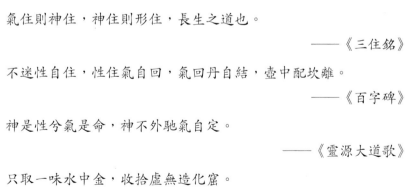

氣住則神住，神住則形住，長生之道也。

　　　　　　　　　　　　　　　　　　　　──《三住銘》

不迷性自住，性住氣自回，氣回丹自結，壺中配坎離。

　　　　　　　　　　　　　　　　　　　　──《百字碑》

神是性兮氣是命，神不外馳氣自定。

　　　　　　　　　　　　　　　　　　　　──《靈源大道歌》

只取一味水中金，收拾虛無造化窟。

　　　　　　　　　　　　　　　　　　　　──《翠虛吟》

道光曰：唯真一之氣，聖人以法追攝於一時辰內，結成一粒，
如黍米，號曰金丹，又曰真鉛，又曰陽丹，又曰真一之精，又曰真

一之水，又曰水虎，又曰太乙含真氣。人得餌之，立躋聖位，此乃無上九極上品天仙之妙道，世人罕得而遇也。五儕今得大道，斷念浮華，凝神碧落，毋為中下之圖，當證無上九極上品天仙之位。且真一之氣生於天地之先，混於虛無之中，恍惚杳冥，視之不見，聽之不聞，搏之不得，如之何而凝結以成黍米之珠哉，聖人以實而形虛，以有而形無。實而有者，真陰真陽也，同類有情之物也。虛而無者，二八初弦之炁也，有氣而無質。兩者相形，一物生焉。所謂一者，真一之氣而凝為一黍米之珠也。經曰元始懸一寶珠，大如黍米，在空玄之中者，此其證也。聖人恐泄天機，以真陰真陽取喻青龍白虎，以兩弦之氣取喻真鉛真汞也。今仙翁詩曲中，復以龍之一物名曰赤龍，曰震龍，曰天魂，曰乾家，曰乾爐，曰玉鼎，曰玉爐，曰扶桑，曰下弦，曰東陽，曰長男，曰赤汞，曰水銀，曰朱砂，曰離日，曰赤鳳，皆比喻青龍之一物也。又以虎之一物名曰黑虎，曰兌虎，曰地魄，曰坤位，曰坤鼎，曰金爐，曰金鼎，曰華嶽，曰前弦，曰西川，曰少女，曰黑鉛，曰偃月爐，曰坎月，曰黑龜，皆比喻白虎之一物也。又以龍之弦氣曰真汞，曰姹女，曰木液，曰青娥，曰朱裏汞，曰性，曰白雪，曰流珠，曰青衣女子，曰金烏，曰離女，曰乾龍，曰真火，曰二八姹女，曰玉芝之類，一也。又以虎之弦氣曰真鉛，曰金翁，曰金精，曰水中金，曰水中銀，曰情，曰黃芽，曰金華，曰素練郎君，曰玉兔，曰坎男，曰雄虎，曰真水，曰九三郎君，曰刀圭之類，一也。二物會時情性合者，二物即龍虎也。青龍在東屬木，木能生火。龍之弦氣為火，曰性屬南，謂之朱雀也。白虎在西屬金，金能生水。虎之弦氣為水，曰情屬北，謂之玄武也。木、火、金、水合，龍虎情性通，四象會中央，功歸戊巳土。土者，丹也。此之謂真五行全。戊巳為媒娉者，木在東，金在西，兩情相隔，誰為媒娉，唯有黃婆能打合，牽龍就虎作夫妻。戊巳屬土，謂之黃婆。龍虎雖處東西，黃婆能使之歡會。金木雖然間隔，黃婆能使之交並。兩者，蓋真一之氣潛，兩者同，真一之氣變，真人自出現，此外藥法象也。丹熟人間，功成天上，九霞光裏，兩腋風生。非風植靈根，廣施陰騭，其孰能語與於此哉。

上陽子曰：所謂二物者，一乾一坤也，一有一無也，一情一性

也，一離一坎也，一水一火也，一日一月也，一男一女也，一龍一
虎也，一鉛一汞也，一竅一妙也，一玄一牝也，一戊一己也，一烏
一兔也、一精一氣也，一龜一蛇也，一彼一我也，一己一身也，一
金一木也，一主一賓也，一浮一沉也，一剛一柔也，一琴一劍也，
一陰一陽也。皆云乾坤為二物之體，陰陽為二物之根，龍虎為二物
之象，男女為二物之名，鉛汞為二物之真，彼我為二物之分，精氣
為二物之用，玄牝為二物之門。

——《紫陽真人悟真篇三注》

這又說明了，無論在義理還是修法中，丹派還是「氣一元論」的落實者，
二物還是有主客輕重之分的。

也故紫陽真人云：「用將須分左右軍，饒他為主我為賓。」即水為「首相」
火為「次相」，即「識浮沉明主客」即炁為主神為賓。

也故印度古魯云：「弦斷了，人走了。剩下樂器能做什麼？」

也故黃元吉云：「惟以無思無慮、無作無為為本，其炁機之流行一聽天道
之自然，雖無採練工夫，無作為意想，而總出之以自然，運之以無跡，如此
即虛合道，道合自然矣。雖然初下手時，人心起滅不常，氣息往來不定，不
得不勉強以息思慮，調氣息，但不可太為著意。如太著意，皆屬後天之物，
非先天之道，縱云有得於身心，亦不過健旺凡體而已，不可以生法身也，知
之否？」

還是王沐先生（也我師曹爺）的摯友匡常修道長解得直白：神炁鼓蕩，熱
流翻騰，時漲時聚，上沖下竄，似在尋找出路。它不動，我不動；它將動，我
先動，用微意輕輕一引，即過關穿竅，一道白光，亮如水銀，一箭三關九竅，
周天自轉……

<blockquote>
蓮華峰下住庵人，日與雲中五老親。

瀑布從空霏玉屑，恍如賓主對談論。
</blockquote>

——憨山《寄若昧法師》

用最簡單的成語描述一下，「順其自然」好不好？

注意，廣義之「其」是天道，狹義「一氣」耳，總與「人生得意須盡歡」
無涉。

<blockquote>
草木陰陽亦兩齊，若還缺一不芳菲。

初開綠葉陽先倡，次發紅花陰后隨。
</blockquote>

常道只斯為日用，真源返覆有誰知。

報言學道諸君子，不識陰陽莫亂為。

——《悟真篇》七言四韻其五

好把真鉛著意尋，莫教容易度光陰。

但將地魄擒朱汞，自有天魂制水金。

可謂道高龍虎伏，堪言德重鬼神欽。

已知壽永齊天地，煩惱無由更上心。

——《悟真篇》七言四韻第十四

竹破須將竹補宜，抱雞當用卵為之。

萬般非類徒勞力，爭似真鉛含聖機。

——《悟真篇》七言絕句第十七

《悟真篇正義》：

真鉛者，真一之氣也。著意尋者，謂尋明師指示其道，而用意朝夕行持，則真氣生而真鉛得矣。

《悟真篇闡幽》：

真鉛乃先天一氣，從虛無中來，即金丹大藥也。此藥至靈至妙，不在四大一身中，卻又不可身外摸索，須得真意以擒之。其念一到時，入杳冥則真鉛自生，得之則命由我立，庶不遷延歲月，虛度光陰矣。

內丹學派把「理論」又稱為「藥」，但是怎麼抽怎麼填，那就是「火」，看看，名詞的含義又變了。

丹派的藥物火候，在老莊裏面比比皆是，你以為他只是在說「庖丁解牛」麼：

雖然，每至於族，吾見其難為，怵然為戒，視為止，行為遲。動刀甚微，謋然已解，如土委地。提刀而立，為之四顧，為之躊躇滿志，善刀而藏之。

如果不能行知合一、融會貫通，那麼研習丹經就會像外國學子的熱情一樣令人手足無措：「您到我國的時候，在您方便之時我也方便之時，我請您品茶。」

聖賢把什麼都說了，又說了「只是愚人識不全」，我們能怪聖賢嗎？

5

《大成捷要》有這麼一段，對這個結果，概述得已經很透徹了：

> 蓋丹田乃坎宮屬水，心乃離宮屬火。火入水內則水火交，而真
> 陽產矣。古人謂之心腎，非坎離也。正陽真人曰：降心火，是南辰
> 移入北辰位。石杏林云：以神馭氣內，丹道自然成。劉海蟾曰：我
> 悟長生理，太陽伏太陰。許旌陽云：與君說破我家風，太陽移在明
> 月中。王重陽祖師曰：初築基之時，先將上竅之神，沉潛在下竅氣
> 穴之中。心息相依，使真意常覺。一呼一吸，往來造化爐中。久久
> 純熟，自然火從臍下發，虎向水中生，不歸中而自馭中。

所以說，「逆腹呼吸」、「氣沉丹田」等等，都是一樣長期被誤解的術語。

它們都可以歸納為一個修行的結果，不是一個下手的法門。搞錯了很麻煩。

下手就去實行「逆腹呼吸」，很容易打亂植物神經系統的慣性，給呼吸系統——這套天然的程序中，添加很多「人為」和「壓力」，久而久之造成的流弊，人們再想恢復它的自然狀態，就不是容易的事了。

那麼，死守下丹田是「水火相濟」、「煉精化氣」嗎？那需要多高的溫度呢？水在一百度化蒸汽，那男精和女經最少也要在這個溫度以上吧？

那麼在這個溫度上的烹煉，不是丹熟了，而是人整個的成熟了。

笑話。那些被「煉精化氣」這麼一個「名是事不是」的概念，困惑了一生的男同志，他沒有明白，在狹義上，經與精能化成炁？才見鬼！

你守到渾身冒出蒸汽，也化不出真氣來啊。

而廣義上，先天一氣，確實又由後天轉化而來。

這麼一個，「名是事不是」的，玄中之玄，苟非耳提面命，豈可得知？！

你說我說的，概念混淆，或者含糊其辭是吧？

是的，古代修道男子居多，所以人們對「煉精化氣」說得多，對「煉經化氣」說得少。

有好事者會說經典上講的是「煉元精化氣」啊，「元精」和「精」是有區別的，我懶得回覆這些問題……

顯然，就伍柳一派的三部工夫次第而言，「精」與「經」是對應著的。

而這個「經」，很明確！

它明確指向女子子宮膜血的排出物。你說這個「經」能化成氣？那才叫見

鬼嘍！

在「活子時」得「炁」之際，人會口中生津，這個幾乎是普遍規律——區別只是深入的深淺問題。

在這個「金漿玉液」的現象上，人們絕對有理由推測，人們看不見的——內在的分泌系統（甚至也包括腦垂體在內的分泌系統），也如唾液腺一樣，也發生了同樣的變化。

這可就了不得了：人們青春期第二性徵的出現，就是從腦垂體、性腺的分泌變化開始的。

在修真的實踐中，這些（包括性腺在內的）內分泌的變化，同樣，一定會再次引起，（修道）男女的生理現象的變化。

這就使得，男女之第二性徵，向「人之初」的方向，逆轉了。

內在原因就是，「炁」改變了內分泌系統，導致了「精」與「經」的變化。

一句話，是「炁」對神經系統和內分泌系統的作用，化掉了「精」與「經」；而不是「精」與「經」通過修煉，這些後天「渣滓」，化成了「炁」。

舉一個比較言下「傷人」的例子吧：

一些「乾道」，頭髮總是油乎乎的，這就是「吸提撮閉」的骨灰玩家的，顯著的外在特徵！

那四錠金啊，對於有「痔」之士，無疑是很治癒的；

對有志於道者，是沒啥子用的。

不說了，自己悟吧。

真正的玄機妙訣，你得著了，「百日內應有驗」，祖師所言，不是虛語。

這就是大多數男同志不能把工夫，不能突破，不能向深層次做進去的原因。

因為，他們往往一生，都沒有被明白人點破這一句，「積精累氣以成真。」試以說之：

這還得從頭說起，在中國文化的源頭處，精、氣、神三個概念，雖散見於諸子百家，精氣兩者，最初是等號的關係。

《易傳·繫辭上》：「精氣為物。」「精氣」二字，從「群經之首」開始，就被捆綁在一起了，成為「氣一元論」的早期概念。西漢時，氣又被稱為「元氣」，東漢時，「精氣」逐被「元氣」替代，被道醫巨著《難經》發揚光大。

諸子百家根據自己的需要，對它們進行各自的演繹，以說各自的道理或

理想。

　　三者最終被捆綁在一起，幾乎成了一個大「範疇」，是由《內經》開始的。

　　在道醫體系中，它們賦予了生化（「母子」）關係。

　　這個「大範疇」被丹派看中以後，在伍柳一脈做「上層建築」時，得到了「重用」，成其「棟樑之才」。

　　「煉精（經）化氣」說，即由此來。並且形成了明清以來，影響最為廣泛的一說。

　　　　伍沖虛於自序曰：昔曹老師語我云：「仙道簡易，只神炁二者而
　　已。」予於是知所以長生者以炁，所以神通者，以神。此語人人易
　　曉，第先聖惓惓託喻顯道。

　　　　　　　　　　　　　　　　　　　　　——《天仙正理直論增注》

　　伍沖虛對「自序」加以「並注」：

　　　　修仙者必用精、炁、神三寶，此言只神炁二者，以精在炁中，
　　精炁本是一故也。一神、一炁即是一陰、一陽。炁者，先天炁，即
　　腎中真陽之精也。人從此炁以得生，亦修此炁而長生。唯用修而得
　　長其生，故稱「修命」。陳希夷所以云「留得陽精，決定長生」是也。
　　神者，元神，即元性，為煉金丹之主人。修行人能以神馭炁，及以
　　神入炁穴，神炁不相隔礙，則謂之內神通。能以神大定、純陽而出
　　定，變化無窮，謂之外神通。皆神之能事，故神通即馭炁之神所顯。
　　託喻者，以神喻姹女、喻離女，喻婦、喻妻、喻我、喻汞、喻砂也。
　　以元炁喻嬰兒、喻坎男、喻夫、喻彼、喻金、喻鉛也。喻雖多，不
　　過心腎中之二物。

　　「火候集古為經，所以合群聖仙機列為次第之宜也。」伍沖虛聲明其火候之集成，源自諸家，徵引各派——「燴成一鍋」者，必然要面對「眾口難調」。舉個例子：

　　　　雖然古之精氣、一氣說，被南宗張伯端所繼承，但是傳統的力量，依然強力地影響著北派。

　　　　伍沖虛對「精（等於）氣」說和「精（生）氣（化）神」說的調和工作，還是很明顯的：在古典「精氣」說中，精＝氣＝精氣；伍沖虛以「精在炁中」做了折衷。

　　大約東漢時，《難經》以元氣說替代精氣說而流行後，在天師道著名的女道士魏華存（公元 265～317 年）整理的《黃庭經》中，就顯示出了精與氣的不再相等關係，以及精氣神三者的各自獨立意義。「仙人道士非有神，積精累氣以成真」是一個優美並且很仙的句子，在這個句子裏，精氣神有了生化關係和高低順序。從道醫的角度去看，顯然啟迪了金元醫家，「氣乃神之祖，精乃氣之子，氣者精神之根蒂也，大矣哉。積氣以成精，積精以全神……」。同時，也啟迪了明清丹派。在伍沖虛的傳人柳華陽眼中，「夫精，為萬物之美，即養身立命之至寶。」他概言，「仙道煉元精為丹」。

　　顯然，《黃庭經》對伍柳的影響是巨大的。看一個人的著作，我們得瞭解他的出身和文化背景。老子時代，流行的精氣說，精＝氣＝精氣。把握文化思想大背景的這個細節，我們才能確定，那位卓越的觀察家，他於靜篤中的「真知灼見」：

　　　　恍兮忽兮，其中有物。窈兮冥兮，其中有精；其精甚真，其中有信……

　　好道之士沒有不知道這一名句的：「精滿不思欲，氣滿不思食，神滿不思寐。」也看過不少名流的注解吧，那說詞聽起來真不是個滋味。要合在一起詮釋，才得解啊：精氣神圓滿時，清淨心就出來了，表現為：清心寡欲、飲食自節、起居有常。換一句經典的話說，「嗜欲深者天機淺。」好不好？因為在道醫體系中，精氣神是互為一體的，也是互相轉化的，你不能把這三樣以解剖的方式在那裡剖析──丹派受此說的影響至深，導致精氣神已經是一個分不開了的一個大「範疇」了。把這三個字分開來行文，那是一種文學手法。從各種道醫文獻上，都可以看出，歷史上凡道醫大家的文字功底，一般都是了不得的。因為畢竟古代儒家的理想是，「進則救世，退則救民。」（張仲景）、「不為良相，便為良醫。」（范仲淹）──中國傳統文化的「哲學」成分，幾乎就集中在儒道兩家的經典中，所以才說「秀才學醫籠裏捉雞。」所以也才說，非大儒難以成高道。

　　這個道道兒弄通了，至少學子啊，你在理法上就明白了咋回事。

　　至於具體修法，每個人都離不開尋訪，道家自古有規矩：「傳藥（理論）不傳火（技術）。」要看個人的造化了，「此身無有神仙骨，縱遇真仙莫浪求。」

　　嗯，伍柳之學還有一個特色，雖以仙道為宗，既證論《黃庭經》、《胎息經》、《坐忘論》，又參佛法為用，徵引《楞嚴經》、《大般若經》、《華嚴經》──它

把大量的佛系概念，植入了丹派，謂「仙佛一體」。

看一句伍柳的「定照莫離歡喜地。」拿去比較於傳統的「只叫凝神入氣穴。」有什麼區別？

但是，此舉令「正宗」的道系，或者「正宗」的佛系，都很搓火……

但是，我得到過兩位老者指導，李錫堃、張蘇辰老先生，都是伍柳道脈……

或問，你的師從如此「複雜」，腦子不會混亂嗎？

不會的親，你腦子亂是因為你知道的太多了……

你坐擁那麼多的礦，卻始終提煉不出那「一點」東西來，能不亂麼……

南老有一個意思，修行最關鍵處，離開學理是不行的，在解悟上就犯渾了，你修十輩子也沒用。所以，還得說大道理。

同時，道醫對三者的生化關係，也是各有所取，各有所需，或各有所重，各有說道。

《素問·陰陽應象大論》：「精化為氣。」

《類經》：「蓋精能生氣。」

《脾胃論》：「精乃氣之子，積氣以成精。」

有協調派發言了：

> 以先天生成之體質論，則精生氣，氣生神；
> 以後天運用之主宰論，則神役氣，氣役精。

——《理虛元鑒》

顯然，全真道就接受了這些母子生化的觀點，並傳之伍柳：

> 神是氣之子，氣是神之母，子母相見，得做神仙。

——《陰符經注》

「煉精化氣」這個說法錯了嗎？

是的，顯然錯了，這個「精」和那個「經」，後天渣子談何化為先天之炁呢？

「煉精化氣」這個說法沒有錯嗎？是的，它沒有錯。

先天一炁在根本改動了包括包括唾液、荷爾蒙在內的分泌系統，導致了有增有減。由此導致「精」和「經」（現象）的消失，古人總結為「煉精化氣」，有什麼錯？

用佛教（從婆羅門教經典《奧義書》那裡學來的雙重否定的）慣用思維模式來總結一下，就是「非錯非非錯」。《金剛經》云「非法非非法。」

　　總之，煉精化氣煉氣化神煉神還虛這個說法，看上去很美，它是五代陳摶老祖構思經元代李道純至明代伍柳師徒完善的理論。不能說是準確的，但是很大概地描述了丹道的三個主要的、依次上遷的活動範圍，已經很不錯了。

　　煉精化氣這個理論在「大氣功潮」中被錯解了，這個精也有後天精的含義，只是「氣」原非「精」所化，煉什麼精也化不了氣，感覺氣的本質，它更像是腹腦叢中發出的生物電。而頭腦和腹腦又具有「同源性」，頭腦電波的變化引起了腹腦的「衝動」，在「沖炁以為和」的過程中，這個「炁」對吾人的身心的改造是「劇烈」的，像唾液腺的旺盛一樣，整個內分泌系統都「煥然一新」，使得修道之士在生殖系統上，向「人之初」靠攏，佛曰「漏盡通」，又曰「馬陰藏相」。

　　再換一種說法，由於先天一氣的發生，潛移默化地改變內分泌系統，荷爾蒙激素的重新調整，使得生殖系統不再生精（或經），從而出現了「伏虎降龍」這種生理現象，男女「兩儀」，返還「太極」，內丹學派視為「返老還童」。呵呵，古人以為，後天精化成先天氣了，謂之「練精化氣」。

　　也有人說練精化氣之精本來就是指先天精，它「源於外」即根於先天，那就別叫什麼先天精了，還叫「先天一氣」好了，未生之前謂之「精」，湧動之際謂之「炁」。或者說，先天元精即是元炁元神的另一說法而已，所謂「橫看成嶺側成峰」，如同冰、水、蒸汽之分。

　　這些古人的概念、理論，沒有像科學一樣是統一的，不好說清楚，大都需要在實踐中仔細琢磨，才能逐步意會和理解。理解了你就不再癡迷於古人了，是啊，結合現代的物理生化，完全可以重新設計一套程序，比如：生熱，炁流；現光，月圓。

　　同時，修行人應該提前知道的是，在實修中，每個現象出現之際，古人所謂「縱擒」者，就是說其反應是「激烈」的，但在平靜之後穩定之後，還是要融入生活之中，使之成為待人接物而我不覺知的常態。

　　煉炁化神煉神還虛就不說了，紫陽真人有說：「脫胎入口通神聖，無限神龍盡失驚。」呵呵，說了也鮮有人懂，懂了也可能是他自己的那個「懂」。一句話，淡乎其無味才是真常大道。不尚奇異，一般訓練有素的修行人，是不拿自己的功景說事的，但是，不說吧人們不知道有這麼一回事、這麼一門「形而上學」；說多了則沒有任何意義，對別人也沒有指導意義。學者該怎麼辦，只要知道一些標識性的景相就行了。

6

釋迦牟尼夜睹明星見道，他見的就是這個「標誌性的景相」。

當然，性光不僅是涵蓋面很寬泛，而且貫穿修行的始終，從乍現到圓滿，都屬於這個範疇，要不怎麼說佛陀的「法論初轉」呢？

學者還應該明瞭，所謂性光，無非生物能、神經電穿越頭腦，刺激了視覺神經和松果體而現光明一片。

無論道教還是佛教，都喜歡用比附和寓言來說法，不能望文生義的。首先你要遇到明師，他給你訣破了關節、竅門，還要破除了封建迷信和宗教迷信，才能「得訣歸來好看書」。

我讀過一些南懷瑾的文章，他也解釋過這個公案，他那個解釋你網上搜下，他說釋迦牟尼看到變幻莫測的星空，於是悟到了「緣起性空」——這麼一個「大道理」，這從學理上的泛論角度來說，也還是說得過去。

主要是，南老師後面還有一段文字，他說得則是非常好，相當多的好道人士，也犯了這個和學佛者的通病，就是，把結果，當成法門了，他講得非常中肯：

> 我們知道，一般講修證工夫，很容易犯的一個錯誤，就是把前人修持的經驗和累積的見地，拿來倒因為果，然後就變成佛學了。

> 結果我是我，佛學是佛學，兩個是對立的，對於修持一無用處。所以我經常說，佛法修持的方法，與佛學的涵義，是完全不同的。

> 注意！我們大家學佛，有點顛倒因果。怎麼說呢？「倒因為果」，也就是說我們大家都在倒因為果。是的，我們都曉得自性本空，曉得都是因緣等等。但是，這些學理和道理，不是我們的，而是釋迦牟尼佛苦行那麼多年以後，對弟子們的回答；人家把這個回答記下來以後，我們看了才懂的。事實上，不是我們懂，那不過是佛經的增上緣，我們拿到佛的成果，加以接受而已。

> 那我們應該怎麼辦呢？答案是：我們也應該走修行的路子。要學釋迦牟尼佛一樣，走禪定的路子，向真正的修持路上去求證，自己去證到那個緣起性空。

> 因為我們懂得這許多道理以後，往往會誤以為自己的成果，尤其最近多年來講打坐的，一個個道家也會、密宗也會，滿口的行話，但是看看他那樣子，又一點都不像。至於說有沒有工夫，有沒有求證到，也一望而知。如宋朝大慧杲禪師說的，你有沒有開悟，你站

在那裡我就知道了，哪裏還需要等你說。可是現在這些人，滿口的道理，尤其什麼奇經八脈，這裡通，那裡通，熱鬧得很。我說「你不要把身體通亂了」，這一切都是因為我們先學了佛經上的那些知識，把前人修持的成果，拿來倒果為因，倒因為果。

釋迦牟尼佛這一大藏教，是理也罷，是經驗也罷，他只懷疑生死問題，生命的問題。他追求的是人生怎麼樣「了」……

7

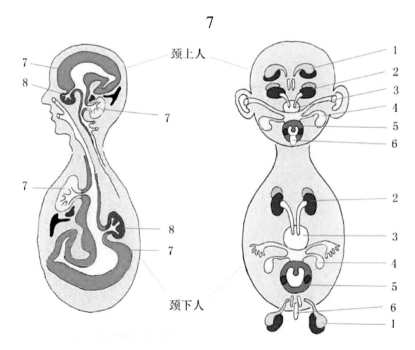

　　循環璇璣，升降上下。
　　周流六爻，難以察睹。
　　故無常位，為易宗祖。

——《周易參同契·晦朔合符章第五》

那麼，玄關一竅何以以立體的模式、上下的呼應展現呢？試一解之。

早在 1979 年英國學者就發現：從人腦中首先發現的腦啡肽、生長抑制素、神經降壓素等同時也存在於胃腸內，而最初在腸胃裏發現的胃泌素、縮膽囊肽、血管活性腸肽等同時也在腦內存在。正當人們為此大惑不解時，中國一位研究人員，偶然從人體的腦組織外觀皺褶與腸組織外觀皺褶有驚人的相似之處受到啟發，他通過移植「大陸板塊漂移」學說，對人體解剖學的大量資料進行「漂移處理」，當他把人體的消化管腔與腦室管腔兩套板塊模型漂移對位重

疊在一起時，人腦——這個大自然的「皇家花園」終於為他敞開了大門。

「腹腦（abdomen brain）」也稱「腸腦（gut brain）」或「第二大腦（TDhe Seco nd Brain）」

生物、醫學研究人員通過解剖分析，在消化道發現有數以千億計的神經元和支持細胞，從而推斷人體存在有一個「腹腦」。如此一來，傳統意義上的「人」，其實是由兩個對稱的身體構成的，以頸部為界分別稱為「頸上人」與「頸下人」。

神經元胃腸學是一門新興科學，它的主要發現就是：

人有兩個腦子，第一腦的位置眾所周知，而另一個則在腹內。兩者就像一對聯體嬰兒，互相影響。比如頭腦抑鬱的時候，處於「中焦」（消化系統）位置的「腹腦」立刻表現出「納差」。腹部的腦子又稱為「腹部神經系統」，它分布在消化道內壁、胃部、大小腸中的組織細胞皮層中，由負責信息交換的神經元網和眾多的輔助細胞組成，其結構與「真正的大腦」完全相同，只是神經元的數量少得多，並且不構成腦半球。也不像第一腦那樣能進行思考。

哦，那麼這就很有意思。按中醫學的「思維模式」延伸地探索一下，它「司」什麼「主」什麼呢？

據說目前，這一領域的研究已經取得了重大進展，人們發現腹腦是原始的神經系統的直接產物，自然給了它只在物種進化的最初階段出現過的類似管狀蠕蟲的神經機能。為了完成更為複雜的動作，所有生物都需要更為複雜的大腦，也就是中樞神經系統。在某一發育階段，胚胎中會出現兩個腦。起初兩者的發育是完全獨立的，到後來，它們通過獨特的纜線——迷走神經相連。

由此設想，玄關現象中的上下呼應，是不是也就有了一些「基礎設施」的存在？比如，現代生理學已經發現了「垂體與腎臟」間的微妙關係，腺垂體細胞主要分泌七種激素：生長激素、催乳素、促甲狀腺激素、促性腺激素、促腎上腺皮質激素和黑色細胞刺激素，全是中醫主述的腎臟功能：主髓、主先天、生殖。如果從全息論的角度來審視，頸上人的垂體，正對應著頸下人的腎臟。

生物科學領域不久前還認為，消化道充其量不過是一條只有簡單條件反射功能的彎曲管道罷了。然而，當他們在那裡（消化道）發現了數以億計的神經元後，驚訝之情無法形容。這些新發現與我們的原有觀念都相去甚遠，西醫的傳統解剖學在此處是一片空白。在醫學基礎科學研究中的這種領先對臨床醫學研究尤其是腦科學研究的影響將是深遠的，而腦科學，是終將詮釋「內

丹」現象的基礎學科，是把內丹研究從神學外套中釋放真相的途徑。

真正意義上的創新，真正使人類對自然的認識總量有所增加的那些工作絕對都是師法自然而非來自書本，書本知識是關於自然的人工概念的集合。創新是人的思想首次伸入自然特殊環境的一種感受，可以體會，卻難以傳授。

自然人有兩個腦子！人們普遍還沒有意識到這個問題的有趣，難怪我們在研究認識思維、智慧、學習等人體機能時一直沒有實質性的突破。人們長期以來一直認為智慧只是頭腦的事，與肚子無關，然而很明顯，人的靈感一定要在頭腦休息了、退出後天意識後，或者在夢中才會浮現。似乎那些高級的神經活動從一開始就來自腹腦，腹腦的發現對揭開人體智慧、人體科學、「生理煉丹」等等諸多課題，有重要的現實意義。可以設想，既然人有兩個腦子。一個是大腦，一個被稱為「腹腦」，即胃腸部分。那麼所謂的「腦滿腸肥」，即是身體的不健康堵塞狀態，也使得人心智的潛能發展受到限制。呂祖在很久以前的說法，顯然是有理了：

> 欲要長生，腹中常清。
>
> 欲要不死，腸無渣滓。

呵呵，甚至莊子說的「道在屎溺」，也可以讓一些想像力發達的人飛翔一把思想了。

原來，人的很多欲望和情緒，都與食物、腸胃息息相關。

所以，如果能儘量淨化胃腸、斷食辟穀、清除體內垃圾，也可能更大地開發大腦的功能，並使得修行中耿耿於懷，無法克服的七情六欲，實現自然自動地脫落。

研究小組還宣稱：「藉由控制胃的環境，我們能控制腦內所發生的事情。」

所以從某種意義上說，管住嘴，修行就成功了一半。

所以「過午不食」這佛教中的智慧，顯然是實實在在的「經驗之談」。

研究者把「腹腦」的生理功能定位是：食欲、情慾和性慾及代謝運動。

消化腺─平滑肌發動食欲，腎上腺─心肌發動情慾，性腺（睪丸／卵巢）─骨骼肌發動性慾，甲狀腺─神經纖維發動代謝運動。這些大量腺體─肌纖維群參與腸神經系統（entenic nervous system，ENS）活動構成腹腦的中樞。「腹腦」與「頭腦」最大不同的地方是：「腹腦」的「突觸」結構大量的是由複雜的「神經元─效應器（如平滑肌、腺體）」構成。「頭腦」的「突觸」結構則是由簡單的「神經元─神經元」構成。因此，我們用複雜的頭腦思考，「主精司

欲」則交給了腹腦。

「腹腦」是人體欲望的表達中樞。吃的欲望！愛的欲望！玩的欲望！一切不可思想的欲望盡在其間——具備「天蓬元帥」的一切「德行」，即荀子的「性本惡」。基於功能對稱性研究發現，腹腦的思考方式是用身體不自主的「行為衝動」來進行的，比如「胃腸蠕動」，「心臟跳動」，「呼吸運動」和「性交衝動」，當然，還有丹道修持中的「地應潮」……

「頭腦」的生理功能定位是：感覺、知覺、意識、記憶及語言、思維運動。「頭腦」是人體思想的表達中樞。頭腦的思考方式是用神經元的「膜電位反轉」來進行的。「頭腦」的思考方式主要是能量的位移，「腹腦」的思考方式主要是流體物質的位移。

除了通過神經—效應器環路自由宣洩欲望，「腹腦」還要與「頭腦」保持生理循環的平衡，把過剩的電信號轉換為組織的機械運動並對外界產生物理刺激。從生物電運動（「先天一氣」）釋放機械運動（「六根震動」）是「腹腦循環」的代謝技能。這是一種與「頭腦循環」運動相對稱的代謝補償活動，就像血流一定要經過肺臟清除二氧化碳，來自「頭腦」中大量的非意識的值班電信號一定要經過「腹腦」釋放欲望進行過濾消化。

與人類生命繁衍和精神昇華的主要的兩件事兒：性行為和靈感，其實都是「腹腦」在主導。我們知道，人在性行為中，頭腦就是逐步走向一個失控狀態，靈魂是不在現場的。人在獲得靈感的那一刻，頭腦也是接近失控狀態，對此，諸如「六根震動」等等現象，在宗教經典中的描述比比皆是。如果方法對頭，讓頭腦失控其實也是人獲得健康的關鍵方法，遠古以來流傳至今就有排除雜念，意守丹田（既小腹部的腹腦）的內丹之道，其可謂源遠流長。執著於名相、因循著「邏輯」、耽溺於「分析」、不情願讓頭腦失控——即「識神退位」的人，是不能入道的，當然，人在犯罪行兇的那一刻，頭腦也是處於失控狀態，然後才要後悔。

說到人的名字，根據我們的解剖基礎理論：我們每個人都應該也實際需要有兩個名字，一個是頸上人的名字，一個是頸下人的名字，前者曰「德」，後者名「道」。沒錯，前者曰「德」，後者名「道」！即「它」是本體，是「主宰」，「我」是衍生，是「客人」，那麼，在基礎層面上為內丹學派打上「唯物主義」的標籤，還有反對嗎？

或曰：「心者君主之官神明出焉」怎樣解釋？「心為身君父，身為心臣子。

不得身自由，皆為心所使。我心既知足，我身自安止。方寸語形骸，吾應不負爾。」又怎樣解讀？

這種「心身如國君臣子」之說，與現代醫學的研究、觀察結果是相符的，即不管截肢還是人造心臟，人的自我意識依然如故，「我思我在」顯然是以頭腦而非腹腦為基礎的。而「饒他為主我為賓」則是內丹學派的顛倒論、返還觀！即，一個言天道，一個論人道；一個形而上，一個形而下。二者並不矛盾。

就人道而言，我們一般人普通的名字只是頸上人的名字，那些親密的愛人或情人總是有彼此的昵稱，愛人或情人之間的昵稱是頸下人的名字，彼此呼喚昵稱是他們的頸下人之間在彼此呼喚，丹經借人道而所謂的（神與祅的）「互相勾引」、「自身陰陽自交媾」這些比較感性化的描述，也就不難理解了。

還有文學家、藝術家發表作品時總是用筆名或藝名，這些筆名或藝名代表的是作品靈感真正的創造者即作者的頸下人，這不是巧合，而是一種生理現象或是一種科學現象。藝術實踐從這裡真正走在了科學發現的前面，藝術成了科學的嚮導。

腹腦研究不僅是一項科學研究，更準確地講應該是藝術研究，和人體科學的研究，研究突破它的人應該是具有科學和藝術雙重天賦的人，其結果會對科學和藝術同時產生深遠影響，因為腹腦涉及到我們大智慧的起源，道家謂之「元神主事」。

頸上人與頸下人研究是將科學和藝術融為一體，肉體與精神「合二為一」的紐帶，從此不再分離，即「得一萬事畢」。如果不是現在，就是在不久的將來這些思想一定會倍受世人注目，成為時尚和劃時代的標誌。

丹道修持中的「開關展竅」，或許就是「腹腦」神經系統對「頭腦」神經系統處於深沉靜篤──即 α 腦電波──的一個回應。問題是，有的人回應快，有的人回應慢。這在宗教界內就有了根器「猛利」或「遲鈍」之分。人與人的區別，即個體差異，就是在日常生活中也是顯而易見的。比如，有人聽到一個坐在山頭上的、高瞻遠矚的人，說了一個比較深沉的關於人生很苦的幽默，反應快的當時就能拈花而笑背過氣去，而有的要在三、五十年後，才嘎嘎大笑，呵呵，人的一生真是個黑色的幽默。再比如，我們觀摩一些審訊的節目，隨著情緒上的積累，嫌疑人到了精神的大發作，即以身心震動、嚎啕大哭、抽煙交代為特徵的臨界點，雖然有的人來得快，有的人來得慢，但是在大智大勇、法力無邊的警察蜀黍面前，那些不遵守大家一起制定的規矩的、被大多數人稱謂

「壞蛋」的人犯們，抗拒到最後的結果都是一樣的，甚至最後的覺悟也都一樣：「交代完了如釋重負一身輕鬆」。雖然也有一些沒辦壞事的老實蛋也出現了同樣的臨界狀態，不過這從另一個方面說明了佛教那個「眾生皆有佛性」說。雖然修行和這個完全不是一碼事，卻又有著似乎相同的神經系統的反應機制。那麼，只要是一個鐵了心的人，你的方法是對頭的、心智是健全的，人到中年且有了安貧樂道的心，並且還具有一定的自我反省能力，那就一點點兒的積累吧：

> 仙人道士非有神，積精累氣以成真。
>
> ——《黃庭經》

一句話，工夫做到了，老天不會不給一個交代的，要不人們怎麼老說「蒼天不負苦心人」呢？

1907 年，美國的一位醫學博士就在他的《腹部和盆腔腦》一書中指出「腹腦」是位於腹腔內游離的神經網。不僅論述了「分布在人體腹部和盆腔內的植物神經系統是一種繼發性腦，它負責調節內臟功能（節奏，吸收，分泌和營養）。腹腦能夠在無顱腦的情況下生活（如無腦兒），相反顱腦卻不能在沒有腹腦的情況下生活」（這一點很好理解，越是低等生物，越是不靠「頭腦」生活，由此學者就要認真考慮了，在「識神退位」之前考慮好，你是否繼續「修道」，是否能力享受那無限的「寂寞」），還確定「腹腦就在兩腎之間。」他在解剖圖上用紅色文字以兩側腎臟和腎上腺為界標注出腹腦的範圍，在中間用黃色標出「腹腦」的具體解剖位置，這是人類第一次給「腹腦」掃描：

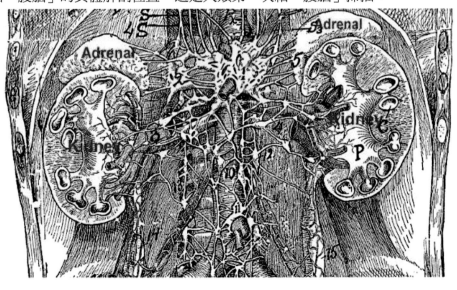

而兩腎之間，歷來就是道醫及丹道明確的「玄關一竅」的所在，扁鵲《難經·第八難》：

> 諸十二經脈者，皆係於生氣之原。所謂生氣之原者，謂十二經
> 之根本也，謂腎間動氣也。

腎間動氣，它的「發源地」，正在腹腦這個地方，也就是臍下腎間。

在水火相濟的初期，得「精生之玄關」——修行人在這裡「得竅」。就是牛女相親的「下鵲橋」，就是「緣督以為經」的起始；在水火相濟的後期，得「炁動之玄關」——一氣在心腎間直線來往。

繼而，亦無炁波，升降亦捨：

只有一股光輝從腎位直達絳宮。

這時，心腎之交為直交：

普庵謂「一道常光即我心，逼塞虛空無縫罅。」

張三豐謂「玄關往來無定位，黃庭一路皆玄關。」

黃元吉謂「到得大開之時，一身之內，無處不是玄關；一曰之間，無時不是玄關」。

> 日當午，有巴鼻，莫似這漢打瞌睡。
> 精魄沉滯識神牽，墮入三途難出離。
> 我這裡，不如是，眼若不睡諸夢除。
> 端然靜坐沒牽纏，縱橫自在無縈繫。
> 學道人，生慚愧，普庵萬劫眼不閉。
> 鼻孔連天叫大哥，海納細流通大意。
> 勸君修，休退志，坐斷乾坤無別義。
> 一條脊骨練純剛，撐天挂地更無二。
> 這光明，全體是，充滿山河崇富貴。
> 明月堂堂皎碧天，絕待靈明撒手去。
> 一事無心了便休，祖門一句普天取。
> 離相非空無別是，無聲之樂響啾啾。

——普庵《因道友說陳搏打睡警之》

得氣穴後，一直未見，有所謂真氣，在任督二脈十二經絡裏，環繞著那個大圈子忽悠忽悠地、忽悠忽悠地，在轉……

中國文化的傳統是，既有氣一元論，也有陰陽二元論。這樣的一種文化語

境，它的具體表現就是，萬物莫非陰陽組合，凡事都要講個陰陽。具體到丹派也是如此——「萬物皆有二，惟太極無二。」

> 蓋坎離二物，不離真土，乃成三家。舉二物，則四象在其中；舉三家，則五行在其中。一切藥物火候，無不在其中矣。乾坤之大用，盡於坎離。
>
> ——《參同契闡幽》

> 所謂藥物者，乃鉛砂土之三物。然三物即陰陽，而陰陽是一氣也。
>
> ——《周易參同契正義》

> 太極，理也；陰陽，氣也。理炁合一，而天地人物生矣。理炁合一，而聖賢神仙之丹成矣。
>
> ——《樂育堂語錄》

所以，祖氣之來往反覆、循環升降，從一元論來說，就是「道自虛無生一氣」；以二元論展開，就是「又從一氣產陰陽」。

這不，把陳夫子也整得頗煩：工夫越簡單，效果也越容易達到。名目越繁，步驟越多，我又是觀上，又是照下，又是進火，又是退符，時刻又怕藥老，又思藥還嫩，一會兒該引氣走這個經了，引導周轉三圈該換那個絡了，如此勞心，哪裏會有進步？！

「任督文化」經過《內經》、伍柳、金庸，和氣功大師傅們，已先入為主，深入人心。

但在道、在醫，卻指向迥異：

> 虛間一穴，空懸黍珠，醫書謂之：任督二脈。
>
> ——《奇經八脈考》

一個是後天之學，一個是先天之道，所以，最好不要以《內經》思維來考量內丹道。

以《內經》模式注解內丹，可以視為「紙上陳言」、「泛泛而談」，不謂真傳。舉個例子，你看真人怎麼說：

> 草木陰陽亦兩齊，若還缺一不芳菲。
> 初開綠葉陽先倡，次發紅花陰后隨。
> 常道只斯為日用，真源返覆有誰知。
> 報言學道諸君子，不識陰陽莫亂為。
>
> ——《悟真篇》七言四韻第五

道光《悟真篇注》曰：

> 花葉芳菲，春以之生而開綠葉，夏以之長而發紅花，此陽氣使
> 之然也。秋以之肅而結實，冬以之殺而糞土，此陰氣使之然也。陰
> 陽兩齊，化生不已。若還缺一則萬物不生。

顯然，是以《內經》的陰陽觀，來解讀「天垂之象」（後天）……

因為《內經》道醫體系講後天時，它把氣分為了「具體」的陰氣和陽氣了。

而在內丹道裏面沒有陰氣、陽氣之分。

內丹道裏面的陰陽與二氣，對應的是神氣二物。

內丹道所關注的先天，即這神氣二物，也只是一氣：

> 人之性命神炁，皆乾坤陰陽之所與我者，此性命之源，亦即神
> 炁之所由立也。是玄關一動，太極開基，判而為陰陽，寄之人身則
> 為性命，為神炁，猶是一而二。

——《樂育堂語錄》

「道自虛無生一氣，便從一氣產陰陽。」這第二句比較容易「誤解」：

從學術觀點看，這是真人從氣一元論，向陰陽二元論的轉換、「跳躍」，或折衷。

但是，他用了一個「產」字，就是「生」的意思。結果，誤導得很：

它把本來是屬於「氣機」之屬性的「陰陽」，演變成了一氣的「產物」了。

眾生凡夫讀書於此，必然浮想聯翩，注解紛紛，這不奇怪，也習氣使然。

南宗之「便從一氣產陰陽」，很容易令人與北宗那個設計感很強的那個「周天」說進行關聯。伍柳之學對後世的影響，也實在是太大了！

伍柳之學的結構非常「高大」、「莊重」、「肅穆」、「嚴謹」，幾乎「無懈可擊」……

以至於鮮有人能從其外在看到，這個以《內經》任督二脈及道醫體系之精氣神範疇為「法相」、為基礎——所創造的「上層建築」的——它的名是事不事……

直到你下了「河車」，踏上彼岸，驀然回首時，哦——，原來如此……

哦，伍柳兩位老師所「暗會」者，「一樣不差」，而且還多做了不少「虛喻」……

是不是賺了？

所以尤其得說道說道，內丹道南宗，包括西派，這個陰陽不是陰氣和陽氣，

穿梭於任督二脈……

這個陰陽是描寫氣機的，即真氣的形勢和動態。

請黃先生繼續說：

> 煉丹瑣事，自古聖賢千經萬典說不盡金丹妙蘊，而其的真宗，只須一言可盡。昔人云「玄關竅」，可以了結千經萬典之意。天地未開之前一元真炁宰於一理之中，古人無可名而名之曰無極太極，宇宙間生生化化，有形無形，有聲無聲之物類，無不包括於其中，此實為天下萬事萬物之大根本、大樞紐也。所以動而生物，則為陽。靜而歸根，則為陰。一陰一陽，一動一靜之間，為天地人物之最玄最妙者也。修道煉丹，又豈可離此無極太極之理、陰陽動靜之炁而能有成也？學者必識得此理此炁，返之於身心日用之間，而後有道可修，有丹可煉。

> ——《樂育堂語錄》

噫——

各種丹經中，所描述所提及的「機關」、「對象」和「關竅」，實在是多如牛毛，你若以為是「寫實」，不病都難。

黃元吉把所謂「陰陽」、所謂「周天」細細道來，真正的好！

> 天地生生之道，不過一陰一陽往來迭運，氤氳無間而已，然而此皆是後起之物也。若論其原，只是無極太極，渾渾淪淪，無可測識，浩浩淵淵，無可名狀。惟靜極而動，陰陽兆象，造化分形，而陽之陞於上者為天，陰之降於下者為地。太極，理也，實為天地萬物之主宰。兩儀陰陽之發端無不自太極而來。當其動而為陰陽，是炁機之蓄極必泄，非太極之有動也。其動也，炁機之曲而伸也。靜及而為太極，是炁機之歸根返本，非太極之有靜也。其靜也，亦其炁之伸而曲也。要之，炁機有動靜，而太極無動靜。天地之所以萬古不磨者，由此理此炁之運行而已。學人務須明得這個源頭，始不落於形氣之私。修煉要採陰陽之炁機以為長生之藥物，尤其要得太極之渾淪才是神仙之根本，二者不容偏廢。其在人身，父母未生以前，則虛無而已，此時無動無靜，即太極也。雖無動靜，然而動靜之機無不包孕於虛無之內。及炁機一動，落在人身，而太極判矣。人物得其理者成性，得其炁者成命。陰陽分，五官百骸從此始矣。

一陰一陽往來升降，皆離不得太極之理。理既無存，炁亦因之餒矣。

我效天地之無為而行，務令百無存想，萬慮全消，即得太極之理。

調其神炁，運行周天，即是陰陽之炁。

——《樂育堂語錄》

氣功大潮時，很流行的一種說法是，有那麼一股陽氣緣督以為經，另有那麼一股陰氣順任脈而下，是謂小大周天……

黃先生算是把陰陽二氣與周天，說透徹了。

這個陰陽，詳細地說，是對一氣的「炁機之曲而伸」、「炁之伸而曲」──所進行的形勢與動態上的描述，比如蓄泄，比如來往，比如開合，比如聚散，比如動靜……

真實的藥境簡言之：所謂開合往來、所謂陰陽升降，於吾人就是「胎息」之一呼一吸，一開一闔之間，一氣推蕩於虛無之中，一如潮起、汐落，老子曰「橐籥」。

所以，經典要讀上古的，因其至簡矣。

讀後世之書，大多今人對古典文化的掌控能力，更重要的是分辨能力，顯然不夠……

妙運三田須上下，須知一體合西東。

幾回笑指崑山上，夾脊分明有路通。

——蕭廷芝《七言絕句八十一首其一》

原人生受氣之初，在胞胎內，隨母呼吸，受氣而成。此縷與母相連；漸推漸開，中空如管，氣通往來，前通於臍，後通於腎，上通夾脊，由明堂至山根而生雙竅，由雙竅下至準頭而成鼻之兩孔，是以名曰鼻祖。斯時我之氣通母之氣，母之氣通天地之氣，天地之氣通太虛之氣，竅竅相通，無有閡隔。及乎數足，裂胞而出，剪斷臍帶，霍地一聲，一點元陽，落於臍輪之後，號曰天心，虛靈一點是也。自此後天用事，雖有呼吸往來，不得與元始祖氣相通。人生自幼至老，斷未有一息注於其中；塵生塵滅、萬死萬生，皆為尋不著舊路耳！所以太上立法，教人修煉，由其能奪先天之正氣，所以能奪者，由其有兩孔之呼吸也。所呼者，自己之元氣，從中而出；所吸者，天地之正氣，從外而入。人若使根源牢固，呼吸之間亦可奪天地之正氣，而壽命綿長；若根源不固，所吸天地之正氣，恒隨

呼吸而出，元氣不為己有，反為天地所得，亦只為不得其門而入耳：
蓋常人呼吸，皆從咽喉而下，至中脘而回，不能與祖氣相通，所謂
眾人之息以喉也。若至人呼吸，直貫明堂而上，（此惟息息自先天，
故能息息由黃道）。蓋切切然以意守夾脊雙關，（其間即黃中、即神
室，又名黃堂。位在關前心後，非後天呼吸所得經也）、自然通於天
心一竅，得與元始祖氣相連，如磁吸鐵而同類相親，即莊子所謂真
人之息以踵也。踵者深也，即真人潛深淵、浮游守規中之義。既潛
深淵，則我命在我，而不復為大冶所陶矣。

　　　　　　　　　　　　　　　──《尹真人皇極闔闢仙經》

　　關於「夾脊」與任督二脈，高道閔一得有正解於後，不得不看、不可不知
的真知灼見！

　　可謂「聽君一席話，勝讀十年書」：

　　　　按此竅在脊前脘後，而有形無形，未開謂之玄關，既萬謂之玄
竅。學者行到虛極靜篤時，此竅乃現，胎息於此也。我身元神，於
此升降，乃謂得道道路也。謂得徹天徹地也。故此元神一入，自覺
此中大無外、細無內也。丹書一名神室，又曰黃房，其名不一。總
之，結胎養胎造至脫胎，皆基於此處，第非後天三寶所得闖入也。
蓋以此處是黃中，先天休養之所，主君之堂，臣輔得入須憑宣召者。
若夫任督，乃為赤黑道，後天精血所由之徑，為之導者，亦藉神氣。
世人未知分別，每有後天闖黃之弊。歷古丹經，不敢徑示由中升降，
而但示以由任而降、由督而升，職此故也。是經慈示，實為萬古未
嘗少泄之秘；而為證道捷徑。是故諄諄導以自然。自然則無後天升
降，升降純是先天矣。一得唯恐學者妄用心意，不從自然，致遭不
測識此數行，以告同學云。

　　凡古之任督二脈者，拳學之任督二脈者，於《內經》道醫體系中，可謂「名
是」；於內丹道中，則「事不是」。也正屬於伍柳之學中的「名是事不是」的範
疇。

　　當伍老師（或柳老師）給出「名是事不是」這個（創造性的）說法時，同
時，也就把伍柳一派創建的建築特徵，也給道明了。

　　所以，有人說伍柳也恐泄天機，刊世之書上的演示，並非上品丹法。也就
是說，伍柳之學的核心不在書面，這是有道理的。不知道立志要打通身前體後

那二根筋而位列仙班的人們，腦筋拉開了沒有？融匯釋道是伍柳一派的特徵，說下佛經中的「三獸渡河」吧。《優婆塞戒經‧三種菩提品》說：「如恒河三獸俱渡：兔、馬、香象。兔不至底，浮水而過；馬或至底，或不至底；象則盡底。恒河水者，即是十二因緣河也。聲聞渡時，猶如彼兔；緣覺渡時，猶如彼馬；如來渡時，猶如香象，是故如來得名為佛。」《傳燈錄》說：「同在佛所，聞說一味之法，然所證有淺深。譬如兔馬象三獸渡河，兔渡則浮，馬渡則及半，象徹底截流。」佛法以兔、馬、象三獸渡河入水之深淺，喻小、中、大三乘證境——即便是同在佛祖身邊受教的教徒，他們領會教義的深淺也是不同的……

> 道自虛無生一氣，便從一氣產陰陽。
>
> 陰陽再合成三體，三體重生萬物昌。

——《悟真篇》七言絕句第一

這時，再看紫陽真人的這首契歌，氣功流行時代「先入為主」的種種偏見與妄想，也就不擊也自破。

先簡注一下：

> 三生萬物。

——《道德經》

> 天地氤氳，萬物化醇。

——《易傳‧繫辭下》

「陰陽再合成三體，三體重生萬物昌」可以白話了：

虛極靜篤，沖炁潮湧，至頂而復從頭返，和於黃庭。丹派以陰陽二元論進行概述，這就是「產陰陽」——一來一往，一陰一陽。動極復靜，而成三體（金丹）。

呂洞賓：「一粒粟中藏世界。」

普庵：「一粒破時全體露。」

好了，「三體重生萬物昌」還用解釋嗎？

一即一切——心即宇宙，宇宙即心。

> 勘破塵凡萬劫心，歸來遙向白雲深。
>
> 金輪峰下松濤急，日聽無生妙法音。

——憨山《示達本禪人》

落實在修行中，那感覺就是——猶如鞋子與腳，特得勁，恰恰好！

高道高僧說法論道，咋驚人得相似？

因為禪宗本就不是如來親子，是道家走失的娃兒——

養大後就認如來做了乾爹，要不它咋老是跟佛對著幹呢？不是親生啊。

> 靈山一會費商量，四十餘年久覆藏。
>
> 今日通身全吐露，分明只在一毫芒。
>
> ——憨山《答雨法師寄法華新疏》

嗯，不妨乘著雅興，再比較一個：

高道語錄：「若過崑崙西北去，張騫始得見麻姑。」

高僧語錄：「普賢腹裏接觀音，善財稽首稱奇特。」

也很相似是吧？卻完全不是一個意義：

佛法是「不二法門」，它沒有「雙方」意識，它只有體用之別。

丹派呢，秉承了中國傳統的一分為二（後天）和合二為一（先天）的世界觀、本體論。

顯然，禪宗雖是道家的基因，但是已經浸染了很深佛教的習氣……

事實上，人類的文化，一直都是在兼收並蓄的融合中發展的。比如西方文明之源——希臘文化也經過了伊斯蘭文化的呵護和發展，而奧林匹斯山上的諸神呢，祖籍在埃及。

再讀黃先生的文言文：

> 至虛之中，一炁萌動。一生二，一炁動化為陽，靜化為陰，天地生矣。其在人身，即微茫之中，一覺而動，炁機往來，動而流行者為陽為炁，靜而凝聚者為陰為精。
>
> ——《樂育堂語錄》

嗯，老子時代，氣＝精。

所以，黃先生又說，「而陰陽是一氣也。」

> 火候不須時，冬至豈在子？
>
> 及其沐浴法，卯酉亦虛比。
>
> ——《金丹四百字》

> 妄言一竅在眉心，直入三分可許深。
>
> 誤殺世人真可笑，如將鍮石作黃金。
>
> ——翛然子《明真破妄章頌·似是而非》

「道在丹田達者知，分明悟了更何疑。」學者達此境地，也就明白古人「丹田」與「玄竅」的命名了，其寓意恰如「子時」與「活子時」：

「玄竅」與「活子時」，來時無蹤去則無影，不僅不好言說，同樣不能「圖示」。

而「丹田」與「子時」之「名」，則可以理論，可以講課，更方便以圖示人。

所以說，「丹田（存儲）」也是「名是事不是」的一個典型例子。

這種觀念深入人心，且千瘡百孔，不忍目視。

搞得吾人都不知該挖哪處瘡、補哪個孔了。

這幾天地裏忙，是不是等幹完農活兒再說？

「奇經八脈」同樣也是這樣，這個也不說了。此者只能說與把式，與眾則多說無益。老子曰，「多言數窮。」

主要原因是，大醫李時珍先生也在丹派群裏，最好聽他說：

身為懸壺濟世的專家，李時珍一定是要探究經絡說之來源的：

> 八脈散在群書者，略而不悉。醫不知此，罔探病機；仙不知此，難安爐鼎。時珍不敏，參考諸說，萃集於左，以備學仙、醫者，筌蹄之用云。
>
> ——《奇經八脈考》

在「陰蹻脈」一章中，李時珍不知於何處搜集到的《張紫陽八脈經》，藥聖轉錄了真人對「陰蹻一脈，散在丹經，其名頗多」的一番詮釋，然後，真人以「醫家不知有此」而結束了講話。

緊跟著，是李時珍的發言，他舉例說明了丹書「與醫家之說不同」後，就是那一句廣為人知的名句了，「然內景隧道，唯返觀者能照察之，其言必不謬也。」

道醫同源的那個意思就有了，而且，道為醫之本。

人們常以這句話，為經絡之依據，而很少關注到這本學習筆記所轉載的關鍵內容……

也就那麼幾句話……

自己看。能不能找者個「＝」？呵呵，那才算是看清楚了：

> 張紫陽八脈經云：八脈者，沖脈在風府穴下，督脈在臍後，任脈在臍前，帶脈在腰，陰蹻脈在尾閭前陰囊下，陽蹻脈在尾閭後二節，陰維脈在頂前一寸三分，陽維脈在頂後一寸三分。凡人有此八脈，俱屬陰神，閉而不開，惟神仙以陽氣衝開，故能得道。八脈者，

先天大道之根，一氣之祖。採之惟在陰蹻為先，此脈才動，諸脈皆通。次督、任、沖三脈，總為經脈造化之源。而陰蹻一脈，散在丹經，其名頗多，曰天根、曰死戶、曰覆命關、曰酆都鬼戶、曰死生根，有神主之，名曰桃康，上通泥丸，下透湧泉。倘能知此，使真氣聚散，皆從此關竅，則天門常開，地戶永閉，尻脈周流於一身，貫通上下，和氣自然上朝，陽長陰消，水中火發，雪裏花開。所謂天根月窟閒來往，三十六宮都是春。得之者，身體輕健，容衰返壯，昏昏默默，如醉如癡，此其驗也。要知西南之鄉乃坤地，尾閭之前，膀胱之後，小腸之下，靈龜之上，此乃天地逐日所生，氣根產鉛之地也，醫家不知有此。

　　瀕湖曰：丹書論及陽精河車。皆往往以任、沖、督脈、命門、三焦為說，未有專指陰蹻者。而紫陽八脈經所載經脈，稍與醫家之說不同。然內景隧道，唯返觀者能照察之，其言必不謬也。

看到沒有？

陰蹻一脈＝玄關一竅。

丹派把道醫學中的一個知名的經絡範疇取來，為氣穴、為玄竅，設計了一個很「實在」很「直觀」的脈相！

又在「督脈」一章中，李時珍玩讀丹經《大道三章直指》，大醫的心情是不言而喻的，他摘錄了一段言之分明的文字，放在了學習筆記中：「虛間一穴，空懸黍珠，醫書謂之任、督二脈。」

要白話翻譯嗎？

二脈＝一穴。

嗯，全書最金貴的句子之一。

可惜，那本丹經如今已經失傳了。

噫，再沒有說得這麼分明這麼敞亮的話了：醫家之任督二脈，援引入丹派後，就像曾經引入的一個「丹」字——名稱依舊，但是內涵變了：亦指氣穴，亦指玄竅。

比伍柳還說得敞亮：

　　華陽曰：此圖直泄玄機。實願得藥之士不失運行之路。丹道最秘，非余之敢妄泄也。古聖雖無圖，卻有言存留，奈何不全之過耳。又因舊說謂督脈在脊骨外，而任脈止於上下唇，此二說皆俗醫之妄

指，豈知仙家說任督，實親自在脈中所行過，以為證驗，非但行一回也。金丹神炁之元妙必要在脈中所行過數百回，方得成就。謬妄不但俗醫亂指，今之修玄者，亦此謬妄亂指，愈加紛紛。苟不親自領會境遇，妄億猜指，淺學信受，誤喪屬志，豈不痛哉！故余將師所授之訣，以親自領會之熟境盡畫圖以證其非，然而此圖一出，遊方之士與那假道學則無容身之地。

——《金仙證論·任督二脈圖》

要知道，伍柳法門的建築「材料」——任督二脈，即取自《內經》的道醫體系，但柳老師又告誡入室弟子，莫從「俗醫」角度理解啊，不得真訣，不識「虛喻」、「暗會」，萬劫不復啊……

所以說，內丹道的核心天機，就這麼「一點」。

所以說，「真傳一句話。」

別抬槓啊，別說：人家分明在說身前體後的二根脈，你卻說分明是玄關一個竅……

也別說：二脈加起來好長？一個竅才多大……

閉嘴啊，煩。死腦筋。

前面說過，古人說「氣」時，有兩套理論，氣一元論與陰陽二元論。

如「易有太極是生兩儀。」這兩儀就是陰陽，陰陽又常常約定俗成地稱呼為二物與二氣。

注意：不是有兩個什麼東西兩股什麼氣！

不是有兩個什麼東西兩股什麼氣！！

不是有兩個什麼東西兩股什麼氣！！！

呵呵，說了三遍。

這裡呢，不過是又添了一個「二脈」說，同學你著啥子相啊？

於丹派而言，只不過是又為玄竅添了一個內藥之法象耳。

> 道路者，即採取升降任督之脈絡也。
>
> 俞玉吾云：任督二脈呼吸往來之黃道也。

——《金仙證論》

再說了，這個玄關竅，知音咋說的？「無弦琴」。

趙州咋說的？「庭前柏樹子。」

呂祖咋說的？「端的上天梯。」

寒山子咋說的？「上有犧神窟，橫安治命橋。」

普庵咋說的？「一條椰栗杖，兩頭光晃晃。」

山中宰相咋說的？「山中何所有？嶺上多白雲。」

洛浦咋說的？「一片白雲橫谷口，幾多歸鳥盡迷巢。」

憨山咋說的？「萬山深處一茅庵，朝暮雲霞當小參。」

漢語詞典的定義：

擬人修辭方法，就是把事物人格化，將本來不具備人動作和感情的事物變成和人一樣具有動作和感情的樣子。

把人當作物，或把此物當作彼物來寫的修辭方式，叫做擬物。

陳摶吟曰：「半夜天香入岩谷，西風吹落嶺頭蓮。空愛掌痕侵碧漢，無人曾歎巨靈仙。」

邵康節說了：「忽然夜半一聲雷，萬戶千門次第開。若識無中含有象，許君親見伏羲來。」

陳泥丸注了：「玄關一穴無人知，此是刀圭甚奇絕。夜來撞見呂秀才，有一丹訣猶奇哉。」

紫陽真人道：「雪山一味好醍醐，傾入東陽造化爐。若過崑崙西北去，張騫始得見麻姑。」

最後，李時珍在引用兩段著名經典的語錄時，一語帶過了一個關鍵詞：「人能通此二脈，則百脈皆通。……天經乃吾身之黃道，呼吸往來於此也。」

達摩道「寬時遍法界，窄也不容針。」

到底藥聖的志向是弘揚治病救人的本草學，而不是大內御醫零零發，一心只想天外飛仙：

> 滑伯仁曰：任、督二脈，一源而二岐，一行於身之前，一行於身之後，人身之有任、督，猶天地之有子、午，可以分可以合，分之以見陰陽之不離，合之以見渾淪之無間，一而二二而一者也。

> 李瀕湖曰：任、督二脈，人身之子、午也。乃丹家陽火陰符升降之道，坎水離火交媾之鄉。故魏伯陽參同契云：上閉則稱有，下閉則稱無，無者以奉上，上有神德居，此兩孔穴法，金氣亦相須。

> 崔希范天元入藥鏡云：上鵲橋，下鵲橋，天應星，地應潮；歸根竅，覆命關，貫尾閭，通泥丸。大道三章直指云：修丹之士，身中一竅，名曰玄牝。正在乾之下、坤之上、震之西、兌之東、坎離交媾之地，

在人身天地之正中，八脈、九竅、十二經、十五絡聯轄，虛間一穴，
空懸黍珠，醫書謂之任、督二脈。此元氣之所由生，真息之所由起，
修丹之士，不明此竅，則真息不生，神化無基也。俞琰注參同契云：
人身血氣，往來循環，晝夜不停，醫書有任、督二脈，人能通此二
脈，則百脈皆通。黃庭經言：皆在心內運天經，晝夜存之自長生。
天經乃吾身之黃道，呼吸往來於此也。鹿運尾閭，能通督脈；龜納
鼻息，能通任脈，故二物皆長壽。此數說，皆丹家河車妙旨也。而
藥物火候，自有別傳。

——《奇經八脈考》

藥聖一言帶過的「黃道」，在丹派中什麼意思？

君子黃中通理，正位居體，美在其中。

——《易·坤》六五文言

日有中道，月有九行。中道者，黃道，一曰光道。

——《漢書·天文志》

追二氣於黃道，會三性於元宮。

——《悟真篇》

（是竅）上通絳宮而透泥丸，下接丹田而致黃泉，上徹下空，
而黃道中通焉。此即聚藥物之聖地也。

——《金丹正宗》

最後，大醫學家表達了自己的默契所得，十分愜意：「此數說，皆丹家河
車妙旨也。」

任督二脈有沒有？我一定會說有！

誰說沒有，中醫跟誰急眼。

任督二脈有沒有？修行人一定要知道，實在沒有！

你說有，丹派笑道，此身無有神仙骨，縱遇真仙莫浪求。

從修道的意義上說，任督二脈這個內藥之法象不能參破（或明師與你說
破），任爾穿鑿一生幾世，任爾瞎胡去扯，縱然你能把它扯——斷，也打不通
那「兩根筋」啊……

因為落實於修行而言，它確實是一個另眾生凡夫難以超越的「死相」……

夢謁西華到九天，真人授我《指玄篇》。

其中簡易無多語，只是教人煉汞鉛。

——《悟真篇》七言絕句第十五

中國文化至於唐宋，「務虛」到了巔峰，明清開啟了「實學」模式。

你看這時候，不同領域的專家都在幹什麼：

顧炎武在清算陸王心學，做「確實憑據，辨別源流，審核名實」的工作；

李時珍在「考古證今、窮究物理。」破除迷信，重訂本草；

漢學（「考據學」）研究在乾嘉時達到鼎盛；

鄧石如則振起千年之衰，把篆書提升到新高度；

國子監祭酒呢，在病榻上咀嚼龍骨上的「符號」；

伍柳呢，就造出來了可以展示給世人觀摩的這麼一個有經有絡有丹田的——一個這麼「實在」的「直觀的」模型……

內丹道的上層建築，一直是在文化的大背景下開工建設的。

伍柳就是在這個三教合一已經發酵成熟的、又「務實」的時期，建造出來了這麼一個具有展示意義、具有「實體」形象的，這麼一個大小周天的模型。讓人們，像丹田、像經絡一樣，「看得見」、「摸得著」、「用得上」：

這個理論取《內經》道醫體系的知名範疇——任督二脈為樑柱，和稀泥以精氣神為材料，建造得相當「高大」、「恢弘」、和「嚴謹」……

印光法師曾經反對的，不是內丹道：「夫欲煉丹，即以己煉丹家之言論倡導即已，何得挽正作邪，作掩耳盜鈴之計？引人之言，而不依人之義，既慕其名，而反惡其實，豈非喪心病狂，求升反墜乎哉。」他也不反對佛道同源說，讓印光法師十分搓火的，也不是伍柳借助了經絡說丹田說於是乎在設計中難免出現的「實在」、與「脈相」的觀感。

「《慧命經》，係清初魔民柳華陽所著，彼出家為僧，而種性邪謬，故引佛經中文，一一皆以己意妄會，以作煉丹之證。」他是認為伍柳亂用佛語，把佛系的規模和格調給降低了。

平心而論，正相反，佛教應該合十、感恩，為它初來乍到時，道家曾經給予的禮遇：

伍柳像歷代丹派一樣，把佛系的「大」話「空」言，乃至那「不可說」的計數單位，一一落實了：

一如「無根樹」、一如「一粒粟」、一如「無弦琴」、一如「無孔笛」、一如「不識玄中顛倒顛，爭知火裏好栽蓮。」

　　換言之，沒有丹派的解釋和介紹，使得佛經接上了地氣，在中土得以落地生根，很難⋯⋯

　　印光法師要是暫停念佛，鑽一鑽書袋了，從純粹學術研究角度去溯源下，不知道老頭會不會驚訝？啊──

　　平心而論。淨土宗才是佛系裏面最大的一支「外道」──如果有迷信的看見了，當我沒說。呵呵，即便我說了，也等於沒說。除了會對修行文化的愛好者提供多個視角作用外，絲毫動搖不了迷信者的信仰⋯⋯

　　就像禪宗是換了「奇裝異服」的道家一樣，淨土宗呢，真心是佛系中最大的「外道」⋯⋯

　　論及其模型構造，伍柳的周天論比起淨土的西天說，簡直是個小兒科⋯⋯

　　南老師有一段漂亮話：所有的宗教都要脫掉宗教的外衣。宗教像軍事機關一樣，外面掛一個牌子「遊人止步」，不准參觀。哲學就不同了，你為什麼不准我參觀？我從門縫裏看看可以吧？科學不行哦，你要打開門，我要摸一下看！所以宗教只到這裡為止，這個方式站不住了。二十一世紀開始，宗教的外衣要脫掉，宗教的大門要打開了，不然所有的宗教都會垮掉。為什麼會垮呢？不是哪個要反對你，而是因為科技的進步，自然的趨勢。

　　人啊人，從生到死，就是一個著相的過程⋯⋯

　　放之於人類，也復如此⋯⋯

　　完全不迷信的人，是沒法詩意而棲居於這個婆娑世界的⋯⋯

　　現在，人們正在迷信科學，可以在遙遠的地方，找到新的棲息地⋯⋯

　　未來人帶著一腦袋的、這個世界上的「形象」，到達了某地：

　　如果那裡的河流是一床甲烷在流淌，未來人啊，找不到刻印在頭腦中的那些幾百萬年來對地球的「印象」時，還能感覺到今人之──

　　　　春眠不覺曉，處處聞啼鳥。

　　　　夜來風雨聲，花落知多少。

　　那優美的意境嗎？

　　呵呵，這是未來人的事，今之「古人」不操閒心。佛曰「各人生死各人了」。

　　吾人眼中，淨土也是佛系中最好的一脈：乾淨似蓮，厚德如土，也如其名。其「構造」也優美，其回味也無窮──尤其是在契合人性這一點上，古今無比，歎為觀止。還有是，創宗之初，就知道如何尊重領導，沒有一絲的禪宗

做派——遵守了「有情眾生」（生物界）都遵守著的「叢林法則」。

> 草澤吾皇詔，圖南搏姓陳。
> 三峰千載客，四海一閒人。
> 世態從來薄，詩情自得真。
> 乞全麋鹿性，何處不稱臣。

——《辭上歸進詩》

吾人眼中，伍柳的創造也無可厚非：世人好道得多，能玩到骨灰級別也無幾。

對於相當多的好道之人，總得有個合適的玩意兒吧？

讓人們手裏握著個不郎鼓，總比握著刀槍劍戟、「不祥之器」好吧？

不也多少能收住人們些許野心？

不也多少能保持眾生一份初心？

若天賦使命，你玩著玩著，一不小心玩進去了……

> 一條直路少人尋，尋到山根始入門。
> 坐定更知行炁主，真人之息自深深。
> 不是玄門消息深，高山流水少知音。
> 若能尋著來時路，赤子依然混沌心。

——《性命圭旨·洗心退藏圖》

回頭再看先師李錫堃的《丹道》，前半部分，就是「氣功」啊。

當年老人家所行者，即伍柳之法。

坐進此道、摸到天元後，攘臂呼也：「我得到了、我得道了……」

其慨然之狀、其興奮之情也，歷歷在目……

獨不知師曰「得到」了，還是「得道」了……

要不，請高道大德來說一說？

讓槓精去跟他們抬，野人還得去挑茅糞肥田。

> 覺後空空無大千，今年不離舊時天。
> 春夏秋冬花木節，皆標實相耀心源。

——普庵《頌證道歌》

> 人言心下一包空，精氣元神聚此中。
> 何事癡人容易惑，蓋緣不識主人翁。

——翛然子《明真破妄章頌·心下元神》

有言臍下寸三分，作用金光此處存。

豈識此中陰濁氣，運成穢濁不堪聞。

──翛然子《明真破妄章頌‧穢氣觸真》

臍輪後與腎相連，兩處空空總後天。

若問先天玄妙處，除非得遇至人傳。

──翛然子《明真破妄章頌‧錯認後天》

識得此竅，則安神在此，聚氣在此，採藥歸此，交媾在此，烹煉在此，結胎在此，脫胎溫養，皆在此矣。其次第工夫，又在下丹田、上丹田等竅也。

──《覓玄子語錄》

性命之道，始終修養先天虛無真一之氣而已，別無他物，採藥採者是此，煉藥煉者是此，還丹還者是此，脫丹脫者是此，服丹服者是此，結胎結者是此，脫胎脫者是此，以術延命，延者是此，以道全角，全者是此，始而有為，有為者是此，終而無為，無為者是此，長生長者是此，無生無者是此。

古經云：知得一，萬事畢。此語可了千經萬卷矣。但此氣，非色非空，無形無象，不可以知知，不可以識識，視之不見，聽之不聞，搏之不得，恍恍惚惚，杳杳冥冥，不可形容，強而圖之〇，這個而已；強而名之，儒曰太極，道曰金丹，釋曰圓覺；本無可言，有何可守？

如其可言可守，則非先天虛無之氣，乃是後天呼吸之氣。先天之氣，歷萬劫而不壞；後天之氣，隨幻身而有無。

世間未得真傳之流，不知先天之氣為何物，誤認後天有形之氣，或言在氣海，或言在丹田，或言在黃庭，或言在任督二脈，或言在兩腎中間，或閉口調呼吸以勻氣，或閉息定胎息以藏氣，或搬運後升前降於黃庭以聚氣，或守或運，等等不一，皆欲妄想結丹。

試問將此有形之氣，終久凝結於何處？凝結作甚模樣？其必凝結成氣塊乎？每見世之守上者，多得腦漏；守下者，多得底漏；守中者，多得膨脹；守明堂者失明，守頑心者得癲症，欲求長生，反而促死，哀哉！

殊不知先天虛無之氣，包羅天地，生育萬物，其大無外，其小無內，放之則彌六合，卷之則退藏於密，僅可知，不可言，僅可養，不可守，無言無守，言守兩忘，不養而養，入於養氣之三昧矣。

夫大道活活潑潑，不落於有無邊界；落於有則著相，落於無則著空，著相著空皆非天地造化流行之道，亦非聖賢真空妙有之道。曰養炁，則必有所養者在，不著於空也；曰忘言守，則必無方所、無定位，不著於相也。不著空，不著相，則必有不空不相之養者在，不空不相之養，寂然不動，感而遂通，感而遂通，寂然不動，養氣之道在是矣。

——《百字碑注》

其中，解惑破疑最為透徹的，還是西派祖師李涵虛，真人把「死的」（紙上陳言），全給說活了：

玄關一竅，自虛無中生。不居於五臟六腑，肢體間無論也。今以其名而言：此關為玄妙機關，故曰玄關。此竅為萬法歸一之地，有獨無對，故曰一竅。一言以備之曰：中是也。中在上下之中，亦不在上下之中，有死、有活故也。何謂死？以黃庭、炁穴、丹田為此中，就是死的。何謂活？以凝神聚炁，現出此中，就是活的。以死的論，就叫做黃庭、炁穴、丹田。以活的論，乃算做玄關一竅。故曰：自虛無中生。

——《道竅談》

工夫再進一步，心腎相依，似乎心和腎之間的距離在逐漸縮小：

真人至妙，若有若無。

彷彿大淵，乍沉乍浮。

——《周易參同契·養己守母章第八》

往來洞無極，怫怫被容中。

——《周易參同契·關鍵三寶章第二十二》

白頭老子眉垂地，碧眼胡僧手托天。

——《內經圖》引用《呂祖全書》詩

最後，「鉛盡汞乾」，達到心腎合一，或曰身心合一、水火既濟：

雖然經由胚胎分裂、演化（而來）的兩個臟器永遠已經不能再返回原始（混沌未化）狀態——「受精卵」了，但是先天之精神、二者之精華，在丹道修煉

——213——

中得以「故人相見」，此謂「返還」。

「一壺濁酒喜相逢，古今多少事，都付笑談中。」

　　道光曰：凡鉛者，即後天生滓之物。真鉛者，即真一之氣。人之精氣日逐飛散，無由凝聚以結聖胎。聖人煉真鉛，取而伏之，凝結成砂，日逐運火，漸漸添汞，汞氣漸多，鉛氣漸散，添汞減鉛，真妙如此。十月火足，六百卦終，鉛氣飛浮，只留得一味乾水銀。鉛盡汞乾，化為金液大丹，體變純陽，與天齊壽。學者問道至此則知師恩難報，當盟心於天日之下，誓當成道，以答師恩。若負師恩，如負天日也。

　　子野曰：用鉛之法，如捕魚兔之筌蹄，魚兔賴筌蹄而得之，既得則筌蹄無用矣。亦如鉛池煎銀，銀出不甩鉛矣。知此義者，則知用鉛矣。

　　上陽子曰：《老子》經云：天地無全功，聖人無全能，萬物無全用。深明斯旨，則知用了真鉛即棄之義。

　　　　　　　　　　　　　　　──《紫陽真人悟真篇三注》

「識神」經此一擊而退位，隨後就是「元神主事」的一種精神境界了。

　　他方行遍久歸來，梵剎家山坐地開。

　　衲子入門無別事，吃茶洗缽亦奇哉。

　　　　　　　　　　　　　　　──憨山《示碧霞老衲》

所以說要維繫「元神」的穩定的統治地位，那一個漫長的「損之又損」的「保任」期，是不可或缺的：

或遠離紅塵，或和光同塵，隨緣而定，隨機而行。

　　滾滾長江東逝水，浪花淘盡英雄。

　　是非成敗轉頭空，青山依舊在，幾度夕陽紅。

　　白髮漁樵江渚上，慣看秋月春風。

「五氣朝元」、「三花聚頂」是它的最高結果：

四肢百骸、五臟六腑的「精華」，合為「混沌」，凝成「胚胎」，此謂「真人」，又曰「法身」。

　　叱吒望空將令打，不識元神召使者。

　　天高星遠豈能聞，從他之乎並者也。

　　　　　　　　　　　　　　　──翛然子《明真破妄章頌‧呼天叱地》

　　既做了卯酉周天，火逼金行，一點金精，遂上乾宮。漸采漸積，
日烹日熔，損之又損，到得煉無可煉，此時藥也不生，輪也不轉，
液也不降，火也不炎，五氣俱朝於上陽，三華皆積於乾頂。《經》云：
「鼎中有寶非真寶，重結靈胎是聖胎。」但珠在崑崙，何由得下？
必假神爐，竊靈陽真氣以催之，太陽真火以逼之。催逼既久，靈丹
應手脫落，化為金液，吞入口中，直射丹烏之內。於一切時中，時
時照顧，念茲在茲，混混沌沌，不即不離，所謂「時時在烏中，刻
刻守黃中」是也。又云：「漫守藥爐看火候，但安神息任天然。」陳
虛白曰：「念不可起，念起則火燥；意不可散，意散則水冷。只要一
念不起，一意不散，含光默默，真息綿綿，此長養聖胎之真火候也。」
故白玉蟾曰：「採藥物於不動之中，行火候於無為之內。如此十月，
聖胎成矣。胎完成就，脫出其胞，移神上宮，出神外遊，復返本體，
無證無修。」

——《丹經指南》

　　中國古人認為「心想」事成，現代生物學揭示了「思想」位於頭腦，而現
代「腹腦」的發現，又指出了「頭腦」的根源在於「腹部」。

　　換一句話說：「頭腦」是在物種進化過程中，由「腹腦」衍生而來的「終
極產物」，也是讓釋迦牟尼頗感心煩的根源。

　　因為頭腦和腹腦具有「同源性」，那麼頭腦在「靜篤」態下，引起了腹腦
的「響應」和「衝動」，是不難理解的。

　　在玉液還丹階段，吾人基本上就把「心猿意馬」，粗略地拴住了。

　　以後的修煉，就是更為細微地調教，直到「金液還丹」，月照千山。

　　策杖遙來雙徑深，別峰相見是知音。

　　故人若問餘生事，萬疊雲山一片心。

——憨山《示無瑕禪人》

　　雖然，道醫有五臟六腑說，內丹道最重視的還是「心」、「腎」，是不是兩
者位置中正呢？這個問題比較燒腦，留給學者研究去吧。

　　雖然在「玉液還丹」時，也就是五（髒之）炁朝元時，但古人還是更看中
這個中正之位上的「聚精會神」：

　　謂水火既濟，謂取坎填離，謂以鉛投汞。

　　心腎交融的後期，快意達最高度。

道得「清靜無為」，佛曰「淨土」、「極樂」、「三摩地」、「兜率天」。

紫陽真人道「不移一步到西天。」普庵禪師云「不動遍周塵剎海。」

而水火既濟的高峰體驗，也就是「頭腦」回歸「腹腦」之際──

> 了了見，無一物，唯有天真一如佛。
>
> 普賢腹裏接觀音，善財稽首稱奇特。

──普庵《頌證道歌》

高僧此偈是真相論，不是「理論」。

本來，普賢與文殊是佛陀協侍，一對「黃金搭檔」分別表達智與慧。

這裡，高僧換了菩薩，請上來了觀音──但義與前同，「體用」而已。

高道也有兩句很「相似」，比較一下來：

> 雪山一味好醍醐，傾入東陽造化爐。
>
> 若過崑崙西北去，張騫始得見麻姑。

──《悟真篇》七言絕句第五十二

雖然都用擬人的文學手法，雖然說的都是「兩人」的「會晤」，但是所談內容很不一樣──一個是講「一物」的「兩面」，一個是說神炁之「二物」。

道家、丹派的理論，是在中國傳統的氣一元論與陰陽二元論的綜合層面上展開的，真人所言是過程──以「兩人」（二物）相見，說攝二歸一之金丹大道。簡言之，一分為二（後天）與合二為一（先天），是中國丹派的中國傳統文化文化的背景。

佛家是「不二法門」，它沒有「雙方」意識，只有體用之說。而其體用，也是不二的──證性體之後，由體而達用，謂之體用不二，由此延伸：空有不二、自他不二、人我不二、心佛不二、凡聖不二、淨穢不二、是非不二、美醜不二、善惡不二、法身與報化身不二、煩惱與菩提不二、生死與涅槃不二。等等、等等。

「獨一無二」是佛法根本法！雖然龍樹認為全空也不行，空中還得有，於是僧肇援道入佛，創造了「真空」與「妙有」說──但是在根本上，大乘沒有脫離「色即是空空即是色」這個綱領！

> 一芥庵中絕點塵，從來無物可相親。
>
> 靜觀寂滅清涼地，頓見如來妙法身。

──憨山《題方覺之離垢庵》

看了，高僧說得分明，「體」與「用」耳：

> 文殊體，用普賢，活人歌裏現金仙。
>
> 藥王藥上非他術，扁鵲孫真共一言。
>
> ——普庵《活人歌》

在此當下，短暫的「歸根覆命」之間，丹道內景意義上的「炁沉丹田」與「收視返聽」就實現了：

與「只教凝神入炁穴」一樣，不是「我」要如此來著，要「收視」要「返聽」要「凝神」於斯，實在是被「他」挾持著、包裹著，你不得不如此……

> 大道教人先止念，念頭不住亦枉然。
>
> ——《規中指南》

上陽子的箴言，還用解嗎？

「一念不生」就發生在這時……

這就是「順其自然」，其者道、炁也，非順乎人情之自然。

內丹借外丹術語就是「以鉛制汞」，紫陽真人道：「饒他為主我為賓。」

出藥鏡後，心猶如被天雨洗滌了似的，各種欲望，滌蕩一空。道曰「嗜欲深者天機淺。」

注意，是種種嗜欲，不是吾人思想都沒了。

見解與思想如果都沒有了，聖人教誨、釋道經典從何而來？

「惠能無伎倆，不斷百思想。」何況吾輩？

「定力」由此就出現了，好好修養，即得大定。

定能生慧，佛說「六神通」道曰「出神入化」。

又說，慧而不用，不要問為什麼。

你可以用，只要不怕「精神分裂」……

都是古人從實踐中得來的，無比珍貴的真知灼見！

六祖說「真心是慧，佛性是定，定慧不二，心佛一體。」

所以有一個說法，女子容易得定而難以開慧之說，你說它說得通嗎？

確實，你看切磋「機鋒」的，基本都是男同志。女同志參與這個，只能是呵呵、呵呵了：

> 「什處來？」
>
> 「大日山來。」
>
> 「日出也未？」
>
> 「若出則溶卻雪峰。」

「汝名什麼？」

「玄機。」

「日織多少？」

「寸絲不掛。」

遂禮拜，退。

才行三五步，身後一句傳來：

「衣服掉了。」

女尼回頭時，完敗！

拿玄機和雪峰說高低比究竟，沒啥子意思。

她是輸給了性別，輸給了人性。

因為最核心的人性，是不能超越的，除非「涅槃」。

再舉個通俗點兒的例子：

劉邦剛死不久，冒頓給呂雉寫了一封情書，你讀讀，那文采，顯然是大老粗手下的漢儒之傑作：「孤僨之君，生於沮澤之中，長於平野牛馬之域，數至邊境，願遊中國。陛下獨立，孤僨獨居，兩主不樂，無以自娛，願以所有，易其所無。」

你剛剛死了丈夫，我也剛剛死了妻子，咱們兩個不如一起過吧，豈不美哉？

呂雉接到了如此一個「機鋒」後，斟酌一番，她沒有逞能，而是給冒頓單于回信，「單于不忘弊邑，賜之以書，弊邑恐懼。退而自圖，年老氣衰，髮齒墮落，行步失度，單于過聽，不足以自污。」

多麼謙卑：謝謝哈，我倒是想伺候大單于，只是美人遲暮，年老色衰，就怕污了大單于的眼球啊。

冒頓接讀了書信，感覺到自己有些過分了，急忙寫信回去，說自己是說個笑話，切莫見怪。於是，又贏得了幾年漢匈和平。

女子學法修道，潛修密證就是了。

把自己搞成思想家、哲學研究者是很尷尬的——人情之故耳。

我在一個道學論壇的女丹版塊，做過斑竹多年，其間認識不少沉默不語的坤道、女修，就發現一個現象，女子一旦發願修行，快得很！男性十年或一生都難以達到的——本性之故耳，而女性三五年就坐到——證得了「道竅」（「性體」），這裡就是修行中發生質變的一個轉折處——

「普賢腹裏接觀音」不是「話頭」。此際有一「景觀」，赫然「眼前」。祖師道「只在眼前人不識」：

吾人之「視聽」之「內觀」，即猶如懸在「腹中」，又猶如置之於浩瀚的宇宙——「了了見，無一物」。

Be careful not to regret the past. Be a Sufi, don't talk of the past. You are the son of the moment, you are young, you have vanquished time. This short present moment must not be wasted.

——Rumi（1207〜1273）

當心，

莫失良機，

修行人。

就在當下，

你已經征服了時間。

眼前的剎那，

不要錯失！

然，人已經「掛」了——

既然「吾喪我」了，「腹中」又何在？

即不在內，也不在外，佛說「一體同觀」（金剛經‧第十八品一體同觀分》）。

丹派若給它評級別，劃歸五 A；佛說四 A——說是景觀，即非景觀，是名景觀。呵呵。佛法心中只有涅槃出趣，不屑山水之樂哉。

物我如空不可求，無邊大海一浮漚。

但看起處無蹤跡，苦樂從教當下休。

——憨山《題羼提庵》

故也，此情此景，亦真亦幻。

有歌唱道：留一半清醒留一半醉……

虛實之間，釋道共同說「中觀」。

說是中觀，即非中觀，是名中觀。

此其時也：

內外沒有了間隔，故而真人道「內通外亦須通。」和尚說「一見慧光獨露，表裏洞然，如冰壺玉鑒，自是般若中人。」

但見無生寂滅心，了無妄想敢來侵。

　　根塵總是空花影，佛祖何須向外尋。

　　觀心生處了無生，閃電光中眼倍明。

　　為問西來成底事，今人都只解貪程。

——憨山《南嶽山居》

　　一片身心放下時，直教內外似琉璃。

　　其中無著纖塵處，日用頭頭只自知。

——憨山《示鄭白生居士》

更無所謂內外，故而祖師道「雖由外來，實從內孕。」

梁代寶公說：「有相身中無相身。」

此其時也：

我＝祂；

人＝天；

小＝大；

芥子＝須彌山；

一粒粟＝世界；

一滴水＝大海；

道曰「齊物」佛說「平等」。

　　一家有事百家憂，心淨還如佛淨土。

　　盧陵米價也尋常，一粒破時全體露。

——普庵《偈頌十四首》

而出了藥鏡、法界之外——

叢林法則，談何平等呀？

換一個角度，老子講仁義道德是大道破碎後的渣滓，

但是在後天於世道，一個不講信義的人，走不遠的。

一個國也如此。

人們驚訝地看著美帝起高樓、宴賓客，樓塌了……

維摩詰曰：「內芥子中，無所增減。」不大也不小，正好滿足。

雪峰道：「盡大地攝來，如粟米粒大。」恰恰好，特跟腳。

大珠稱：「老僧尚無卓錐之地，什麼處聚眾來？老僧無舌，何曾勸人來？」

此時何曾有老僧？唯見「天人」，兀自獨立。

　　可貴天然物，獨一無伴侶。

> 覓他不可見，出入無門戶。
> 促之在方寸，延之一切處。
> 你若不信受，相逢不相遇。

　　　　　　　　　　　　　　　——寒山子

> 有物先天地，無名本寂寥。
> 能為萬物主，不逐四時凋。

　　　　　　　　　　　　　　　——傅大士

此其時也：

汝＝佛；生＝死：

> 光明寂照遍河沙，凡聖含靈共我家。
> 一念不生全體現，六根才動被雲遮。
> 斷除煩惱重增病，趣向真如亦是邪。
> 隨順世緣無掛礙，涅槃生死等空花。

　　　　　　　　　　　　　　——張拙《見道偈》

> 凡夫造貪嗔癡，而為我障。即一切聖人諸修行者，知見未忘盡
> 屬我障，尤為生死難拔之根。故二種障中，粗細不同。粗則易遣，
> 細則難除，以其知見深潛根於心者難拔。故經云：存我覺我，俱名
> 障礙。

　　　　　　　　　　　　　　——憨山《示慧侍者》

咦，大顛咋引說「超越佛祖」？

呵呵，禪宗何時把如來放在眼裏了？「超佛越祖」也從不「大言不慚」。

禪宗的芒靴是大了一碼，這不有人就墊上了一雙鞋墊。好了，跟腳了，鞋子不會跑掉了：

> 圓悟云：何物高於天？生天者是。何物厚於地？育地者是。何
> 物寬於虛空？包虛空者是。何物超佛越祖？植佛祖者是。

　　　　　　　　　　　　　　　　——《慧命經》

今曰「天人同構」又曰「全息論」。

吳中高士魏伯陽有個象喻，後人不落窠臼者鮮矣，實為今天「氣功」流行病之濫觴。

> 旁有垣闕，狀似蓬壺。
> 環匝關閉，四通踟躕。

守禦密固，閼絕姦邪。

曲閣相通，以戒不虞。

知白守黑，神明自來。

——《周易參同契·養己守母章第八》

玄關者，神氣交媾之靈光。初見玄關，明滅無定。初入玄關，惝惚無憑。以其神氣乍合，未能固結也。到得交抱純熟，死心不離，始識玄關之中，人我皆忘，鬼神莫測，渾混沌沌，兀兀騰騰。此中玄妙，變化萬端，不可名狀。無怪其名之多也，各人所見不同。各因所見而字，各就所用而號。古仙師秘而不言，都要摩頂受戒，乃有傳述。即有所諭，不過曰非心、非腎而已。吾謂其並非黃庭、炁穴、丹田也。

中者何？玄關是也。《參同》云：「運移不失中」，「浮游守規中。」皆指此也。

——《道竅談》

唐代玄宗的妹妹玉真公主的師父司馬承禎有詩曰：

虛無一竅號玄關，正在人身天地間。

八萬四千分上下，九三六五列循環。

大包天地渾無際，細入微塵不見顏。

此處名為祖氣穴，虛無一竅正中懸。

此處者，即老子「抱一為天下式」、「遊心於物之初」。

此非言語能道哉，強為之說，先看進化論怎麼說：

人類的眼睛之所以長在頂部，是為了更好地覓食和逃命，到底是「站得高看得遠」嘛。

但是在這個丹道的「瞬間」，學者的「視野」會隨著「頭腦」的下沉，而落在「腹腦」的位置……

吾人也因失去「高瞻遠矚」，而成為愚鈍之人，「既瞎且聾」……

《大學》云「視而不見、聽而不聞。」老子云「視之不見名曰夷，聽之不聞名曰希。」莊子曰「呆若木雞。」普庵禪師道「耳不聞聲目似盲。」王重陽說「活死人。」

不知道愚人說明白了沒有？

聽不明白先放下，去瞭解下「頭腦」與「腹腦」怎麼說。

　　生物學有一個胚胎重演論，主要描述內容就是：胎兒的發育過程會重演人類進化過程。就是說，人類從受精卵到娩出母體，就是一段非常生動的生物演化全程的快鏡頭。受精卵在三周後，腦部才開始膨起。對應著生物進化就是，人類在爬蟲階段，身心結構簡單的只有神經網（「腹腦」）而沒有神經中樞。這個階段，不需要「頭腦」，「腹腦」就足以應付生存的需要。後來，人類進化出了「頭腦」（包括眼睛等「五官」）這麼一個東西，雖然俗話說「腦子是個好東西」，但想想看，低等動物頭腦簡單，不用想那麼多亂七八糟的事情，也很少有精神病或神經病，從某種意義上說，注意，是從某種意義上說：是名「先天」，道曰「赤子」。

　　簡而言之，頭腦與腹腦，兩者本來具有同源性，隨著物種進化而「分手」了。

　　在逆行之道、顛倒之術中，兩家相見，「故人」重逢。聽老子說道：

> 孔德之容，唯道是從。
> 道之為物，惟恍惟惚。
> 惚兮恍兮，其中有象；
> 恍兮惚兮，其中有物；
> 窈兮冥兮，其中有精，
> 其精甚真，其中有信，
> 自今及古，其名不去，
> 以閱眾甫。吾何以知眾甫之狀哉？以此。

　　意譯一下：

　　德這個形而下器，是道的演化。先天之道，在恍恍惚惚之間，有其形象，有其實質。這是真實的，是有信驗的。它橫亙古今、囊括宇宙。我是怎麼知道初始的情形呢？逆行上溯，「入道」而知。

　　老子的「內經圖」是不是最優美、最簡約、最有提綱挈領的意義？

　　還不明白的話，就聽侯先生說相聲吧。

　　他有個段子好像是說，一個不通人情世故的人老碰壁，一次是碰得狠了吧，把腦袋撞到「腰鋪」裏面了，腦袋頭一次進腰鋪，人跡罕至，好地方啊，舒坦。這裡風吹不著、雨淋不著、太陽曬不著，也免了迎送之費神累心，就賴在裏面不走了。腰鋪的掌櫃不高興了，您待在這兒什麼也不買，這不耽誤了別人的生意嗎？

請看，大師在《小止觀》中強調「行人」的下座事項，是何其的重要：

> 若坐禪將竟，欲出定時，應前放心異緣，開口放氣，想從百脈隨
> 意而散，然後微微動身，次動肩膊及手頭頸，次動二足，悉令柔軟，
> 次以手摩諸毛孔，次摩手令暖。待身熱稍歇，方可隨意出入。若不爾
> 者，坐或得住心，出既頓促，則細法未散，住在身中，令人頭痛，百
> 骨節疆，猶如風勞，於後坐中煩燥不安。是故心欲出定，每須在意。

一句話，一個修行人，如果把「所緣境」和生活境混為一談，即把「功境」
帶入生活，或者帶著「生活」進入功境，這樣的話哪一樣都做不好，就像那些
神漢子巫婆子在生活中無時無處不是他的「功境」，這和我們平時說的「行立
坐臥不離這個」，根本就是兩碼事。所謂修行的圓滿，是一種隨時可以從心所
欲、隨意轉換的、不為人覺的，即把功境和柴米油鹽、吃喝拉撒和起立坐臥，
錘鍊成常態、常道。進得去還要出得來，才是如來也如去。《參同契》曰「動
靜休息，常與人俱。」

上面說的那個「相聲」，落實在內丹之道上，即水火既濟二物和合時，你
「看」世界的「眼睛」，就不再是普通人那樣，用嵌在泥丸最高處的、以便「高
瞻遠矚」的那雙肉眼張望和觀察，而是在中間的腰鋪裏，以「臍眼」來「窺視」
世界，此即謂之「中觀」也。太上謂「多言數窮不如守中。」

不要望文生義地理解為，此際道人之視野就在其人腹內，猶如鼠目寸光，
不亦狹隘乎？

此「鋪」者，即氣穴、玄竅，俗話「丹田」。這個過程就是傳說已久的「氖
沉丹田」。

此「鋪」也，即老子之「於物之初」，也似宇宙形成之起點。那裡沒有時
間沒有空間，自然也「杳無人煙」。

在這個「藥鏡」中，「人」孑然而行、獨自而立——與「天」合一，曰「天
人同構」曰「心即宇宙宇宙即心」曰「三界唯心」。

> 度人經云，元始天尊，懸一寶珠，去地五丈，於空懸之中，萬聖
> 千真，從珠口中出，渤渤然後從珠口中入。存養之久，自然元神黍米，
> 劫劫相會，漸漸相化。……觀天地在玄妙中，如太倉一粒黍，太虛一
> 片云耳。有何五行拘繫也，有何陰陽變化也，於斯天地，由吾提挈，
> 陰陽由吾把握，永無終始，浩劫度存，與道合真，神哉神哉。

——《五篇靈文》

侯先生還說了一個相聲，

兩個說醉話的，一個取出手電筒，推開開關，讓另一個順著光柱，向上爬。不要忽悠人，那個說，我抱著光柱爬到一半，你把電筒一關，我還不摔死了？

他沒醉，他知道哪條道可以走，那條道不可走。

抱著光柱往上爬，沒有出路。

出路在哪？佛說「月落後相見」——

佛教真的是視人生為苦海無邊……

視今生為毫無意義了……

> 涅名為出，槃名為趣，謂永出諸趣生死，則亦可譯為出趣也。
>
> ——《智論》

幸好中國有孔子，他給中國人奠定的人生觀、價值觀——

「天行健，君子自強不息。」

這就是西方不能理解的文化基因的力量——

經歷了百年的屈辱，中華民族依然崛起！

呵呵，不說笑話了，外行看熱鬧內行看門道吧。

總而言之，腹腦的研究成果顯示：每個人實際上是兩個人。

工夫做到這一步，內丹學派喋喋不休的「彼此」（關照）、「內外」（呼應）、「你我」（之別）、「身心」（合一）、「主賓」（之宜）、「天人」（合發）也就一一落實了，也就合二為一了。

丹經中每每有以「夫妻合歡」來描述抽坎填離、水火相濟，這些都是古代修士在內煉中真實不虛的感受，和譬喻之辭。讓高僧說：

> 蓮華峰下住庵人，日與雲中五老親。
>
> 瀑布從空霏玉屑，恍如賓主對談論。
>
> ——憨山《寄若昧法師》